사일 동안
이것만 풀면
다 합격!

KB215515

KT그룹
온라인
종합적성검사

시대에듀

2025 최신판 시대에듀 All-New 사이다 모의고사
KT그룹 온라인 종합적성검사

Always with you

사람의 인연은 길에서 우연하게 만나거나 함께 살아가는 것만을 의미하지는 않습니다.
책을 펴내는 출판사와 그 책을 읽는 독자의 만남도 소중한 인연입니다.
시대에듀는 항상 독자의 마음을 헤아리기 위해 노력하고 있습니다. 늘 독자와 함께하겠습니다.

머리말 PREFACE

KT그룹은 1981년 창립되었으며, 2002년 민영화되어 대한민국 정보통신을 선도해 왔다. 창립 당시 450만 회선에 불과했던 전화시설을 12년 만에 2,000만 회선으로 확대하였으며, 아시아 최초의 첨단 인터넷망과 위성통신망 구축, 대한민국 최초 통신위성인 '무궁화호' 발사 등을 통해 우리나라를 정보통신 선진국 대열에 올려놓는 데 기여하였다.

앞으로도 KT그룹은 음성과 데이터, 유선과 무선, 통신과 방송이 융합하는 컨버전스(Convergence) 시대에 최고의 서비스 품질과 기술력을 확보하여 세계 시장을 선도하고 사회적 · 환경적 차원에서도 기업의 책임을 성실히 이행하여 신뢰와 사랑을 받는 기업이 되도록 노력할 것이다.

KT그룹은 채용절차에서 지원자가 업무에 필요한 역량을 갖추고 있는지를 평가하기 위해 온라인 종합인적성검사를 실시하여 맞춤인재를 선발하고 있다. KT그룹 온라인 종합인적성검사는 인성검사와 적성검사로 구성되어 있으며, 2022년 상반기부터 온라인으로 시행되고 있다.

이에 시대에듀에서는 KT그룹 온라인 종합적성검사를 준비하는 수험생들이 시험에 효과적으로 대비할 수 있도록 다음과 같은 특징의 본서를 출간하게 되었다.

도서의 특징

❶ 2024년 하반기~2022년 하반기에 시행된 KT그룹 온라인 종합적성검사 기출복원문제로 구성한 모의고사를 수록하여 출제경향을 파악하도록 하였다.

❷ 언어/언어 · 수추리/수리/도형 총 4개의 출제영역으로 구성된 모의고사 4회분을 수록하여 매일 1회씩 풀며 시험 전 4일 동안 자신의 실력을 최종적으로 점검할 수 있도록 하였다.

❸ 전 회차에 도서 동형 온라인 실전연습 서비스를 제공하여 실제로 온라인 시험에 응시하는 것처럼 연습할 수 있도록 하였다.

❹ 온라인 모의고사 2회분을 더해 부족한 부분을 추가적으로 학습할 수 있도록 하였다.

끝으로 본서를 통해 KT그룹 입사를 준비하는 여러분 모두에게 합격의 기쁨이 있기를 진심으로 기원한다.

SDC(Sidae Data Center) 씀

◇ **비전**

고객의 보다 나은 미래를 만드는 AI 혁신 파트너

KT의 유무선 통신과 AX 역량으로 고객이 필요로 하는 가치를 제공하여
고객의 더 발전된 미래를 만드는 데 기여한다.

◇ **핵심가치**

고객

고객의 니즈 충족과 문제 해결을 위해 치열하게 고민하고 새로운 고객 경험을 제시한다.

역량

고객의 문제를 해결하고 고객이 원하는 혁신을 가장 잘할 수 있도록 전문성을 높인다.

실질

본업인 통신과 ICT를 단단히 하고 화려한 겉모습보다 실질적인 성과를 추구한다.

화합

다름을 인정하되 서로 존중하고 합심해 함께 목표를 이뤄간다.

◇ **인재상**

> 기본과 원칙에 충실하고 고객 가치 실현을 위해
> 끊임없이 소통하며 근성을 가지고 도전하는 KT인

**끊임없이
도전하는 인재**

▶ 시련과 역경에 굴하지 않고 목표를 향해 끊임없이 도전하여 최고의 수준을 달성한다.
▶ 변화와 혁신을 선도하여 차별화된 서비스를 구현한다.

**벽 없이
소통하는 인재**

▶ 동료 간 적극적으로 소통하여 서로의 성장과 발전을 위해 끊임없이 노력한다.
▶ KT그룹의 성공을 위해 상호 협력하여 시너지를 창출한다.

**고객을
존중하는 인재**

▶ 모든 업무 수행에 있어 고객의 이익과 만족을 먼저 생각한다.
▶ 고객을 존중하고, 고객과의 약속을 반드시 지킨다.

**기본과 원칙을
지키는 인재**

▶ 회사의 주인은 나라는 생각으로 자부심을 갖고 업무를 수행한다.
▶ 윤리적 판단에 따라 행동하며 결과에 대해 책임을 진다.

신입사원 채용 안내 INFORMATION

◇ **채용시기**

수시채용으로 진행되며 계열사별로 여건에 따라 채용일정 및 방식이 다를 수 있음

◇ **지원자격**

❶ 정규 4년제 대학 졸업(예정)자
❷ 남성의 경우, 병역 필 또는 면제자
❸ 해외여행/체류에 결격사유가 없는 자

◇ **채용절차**

지원서 접수　서류전형　인적성검사　실무면접　임원면접　채용검진　최종합격

지원서 작성	KT 채용홈페이지(recruit.kt.com)를 통해 온라인 지원서 접수
서류전형	지원자격 보유 여부 확인 및 자기소개서를 통한 잠재역량 평가
인적성검사 및 실무면접	지원자의 인성과 적성이 KT그룹의 조직과 인재상에 부합하는지 종합적으로 평가
임원면접	지원자의 자질, 인성 및 태도 등 종합적으로 평가
채용검진	지정된 기관을 통해 건강검진을 진행

◇ **기타사항**

❶ 최종 배치부서는 회사의 인력계획을 고려하여 결정
❷ 신입 채용 최종합격자에게는 학위나 경력에 관계없이 동일한 신입사원 처우를 제공
❸ 취업보호 대상자(보훈)는 관련 법령 및 내부 기준에 의거하여 우대

❖ 채용절차는 채용유형, 채용직무, 채용시기 등에 따라 변동될 수 있으므로 반드시 발표되는 채용공고를 확인하기 바랍니다.

온라인 시험 Tip TEST TIP

◇ **필수 준비물**

❶ 신분증 : 주민등록증, 외국인등록증, 여권, 운전면허증 중 하나
❷ 그 외 : 휴대폰, 휴대폰 거치대, 노트북, 웹캠, 노트북/휴대폰 충전기

◇ **온라인 종합인적성검사 프로세스**

❶ 전형 안내사항 확인
❷ 응시자 매뉴얼 숙지/검사 프로그램 설치
❸ 사전점검 진행(지정 기한 내)
❹ 본 검사 응시

◇ **유의사항**

❶ 오답 감점이 있으므로 모르는 문제는 찍지 말고 놔두는 것이 좋다.
❷ 필기도구는 일절 사용이 불가하다(프로그램 내 메모장 및 계산기 사용 가능).
❸ 터치스크린 노트북은 사용이 불가하다.

◇ **알아두면 좋은 Tip**

❶ 원활한 시험 진행을 위해 삼각대와 책상 정리가 필요하다.
❷ 개인용 핫스팟은 사용이 불가하며 네트워크 연결 이상 여부를 잘 확인해야 한다.
❸ PC 전원공급 상태를 확인하고, 배터리 충전기는 미리 꽂아두어야 한다.
❹ 각종 전자기기는 전원 종료 후 손에 닿지 않는 곳에 치워두어야 한다.
❺ 인성검사를 위해 KT그룹의 인재상에 대해 숙지해둔다.

학습플랜 STUDY PLAN

1일 차 학습플랜	1일 차 기출복원 모의고사

_____월 _____일			
언어	언어 · 수추리	수리	도형

2일 차 학습플랜	2일 차 기출응용 모의고사

_____월 _____일			
언어	언어 · 수추리	수리	도형

3일 차 학습플랜　　3일 차 기출응용 모의고사

_____월 _____일

언어	언어 · 수추리	수리	도형

4일 차 학습플랜　　4일 차 기출응용 모의고사

_____월 _____일

언어	언어 · 수추리	수리	도형

취약영역 분석 WEAK POINT

1일 차 취약영역 분석

시작 시간	:	종료 시간	:
풀이 개수	개	못 푼 개수	개
맞힌 개수	개	틀린 개수	개

취약영역 / 유형	
2일 차 대비 개선점	

2일 차 취약영역 분석

시작 시간	:	종료 시간	:
풀이 개수	개	못 푼 개수	개
맞힌 개수	개	틀린 개수	개

취약영역 / 유형	
3일 차 대비 개선점	

3일 차 취약영역 분석

시작 시간	:	종료 시간	:
풀이 개수	개	못 푼 개수	개
맞힌 개수	개	틀린 개수	개
취약영역 / 유형			
4일 차 대비 개선점			

4일 차 취약영역 분석

시작 시간	:	종료 시간	:
풀이 개수	개	못 푼 개수	개
맞힌 개수	개	틀린 개수	개
취약영역 / 유형			
시험일 대비 개선점			

이 책의 차례 CONTENTS

1일 차
기출복원 모의고사

(2024년 하반기 ~ 2022년 하반기)
KT그룹 온라인 종합적성검사

〈문항 수 및 시험시간〉

KT그룹 온라인 종합적성검사		
영역	문항 수	시험시간
언어	20문항	20분
언어 · 수추리	20문항	25분
수리	20문항	25분
도형	15문항	20분

1일 차 기출복원 모의고사

| 문항 수 : 75문항 |
| 시험시간 : 90분 |

제1영역 언어

│ 2024년 하반기

01 다음 글을 이해한 내용으로 적절하지 않은 것은?

> 언어는 생성, 변천, 소멸과 같은 과정을 거치면서 발전해 간다. 또한 각 언어는 서로 영향을 미치고 영향을 받으면서 변천해 간다. 그런데 어떤 언어는 오랜 역사 동안 잘 변하지 않는가 하면, 어떤 언어는 쉽게 변한다. 한 나라의 여러 지역 방언들도 이와 같은 차이가 일어날 수 있다. 즉, 어떤 지역의 방언은 빨리 변천하여 옛말을 찾아보기 어려운 반면, 어떤 지역의 방언은 그 변천의 속도가 느려서 아직도 옛말의 흔적이 많이 남아 있는 것이다.
>
> 방언의 변천은 지리적·문화적·정치적인 면에서 그 원인을 찾을 수 있다. 지리적으로는 교통이 원활히 활용되는 곳이 그렇지 않은 곳보다 전파가 빨리 이루어진다. 문화적으로는 문화가 발달한 곳에서 발달하지 못한 곳으로 영향을 미치게 된다. 이는 대개의 표준말이 수도를 중심으로 결정되며 도시의 언어가 시골의 언어에 침투됨이 쉽다는 말과 같다. 또한 정치적으로는 정치의 중심지가 되는 곳에서 지배를 받는 지역으로 전파된다.
>
> 이러한 여러 요인으로 인한 방언의 전파에도 불구하고 자기 방언의 특성을 지키려는 노력을 하게 되는데 이것이 방언의 유지성이다. 각 지역의 방언은 그 유지성에도 불구하고 서로 영향을 끼쳐서 하나의 방언에서도 사실은 여러 방언의 요소가 쓰이고 있다. 따라서 각 방언을 엄밀히 분리한다는 것은 어려운 일이다.
>
> 방언은 한편으로는 통일되려는 성질도 가지고 있다. 즉, 국가, 민족, 문화가 동일한 지역 내에 살고 있는 주민들은 원활한 의사소통을 위하여 방언의 공통성을 추구하려는 노력을 하는 것이다. 그 대표적인 결과가 표준어의 제정이다.

① 방언의 변화 양상은 언어의 변화 양상과 유사하다.
② 방언에는 다른 지역 방언의 요소들이 포함되어 있다.
③ 방언의 통일성은 표준어 제정에 영향을 주었을 것이다.
④ 방언이 유지되려는 힘이 클수록 방언의 통일성은 강화될 것이다.
⑤ 정치적·문화적·지리적 조건은 방언의 유지성과 통합성에 영향을 끼친다.

02 다음 글의 중심 내용으로 가장 적절한 것은?

서점에 들러 책을 꾸준히 사거나 도서관에서 지속적으로 빌리는 사람들이 있다. 그들이 지금까지 사들이거나 빌린 책의 양만 본다면 겉보기에는 더할 나위 없이 훌륭한 습관처럼 보인다. 그러나 과연 그 모든 사람들이 처음부터 끝까지 책을 다 읽었고, 그 내용을 온전히 이해하고 있는지를 묻는다면 이야기는 달라진다. 한 권의 책을 사거나 빌리기 위해 우리는 돈을 지불하고, 틈틈이 도서관을 들르는 수고로움을 감수하지만, 우리가 단순히 책을 손에 쥐고 있다는 사실만으로는 그 안에 담긴 지혜를 배우는 필요조건을 만족시키지 못하기 때문이다. 그러므로 책을 진정으로 소유하기 위해서는 책의 '소유방식'이 바뀌어야 하고, 더 정확히 말하자면 책을 대하는 방법이 바뀌어야 한다.

책을 읽는 데 가장 기본이 되는 것은 천천히, 그리고 집중해서 읽는 것이다. 보통의 사람들은 책의 내용이 쉽게 읽히지 않을수록 빠르게 책장을 넘겨 버리려고 하는 경향이 있다. 지겨움을 견디기 힘들기 때문이다. 그러나 속도가 빨라지면 이해하지 못하고 넘어가는 부분은 점점 더 많아지고, 급기야는 중도에 포기하는 경우가 생기고 만다. 그러므로 지루하고 이해가 가지 않을수록 천천히 읽어야 한다. 천천히 읽으면 이해되지 않던 것들이 이해되기 시작하고, 비로소 없던 흥미도 생기는 법이다.

또한, 어떤 책을 읽더라도 그것을 자신의 이야기로 읽어야 한다. 책을 남의 이야기처럼 읽어서는 절대 자신의 것으로 만들 수 없다. 다른 사람이 쓴 남의 이야기라고 할지라도, 자신과 글쓴이의 입장을 일치시키며 읽어 나가야 한다. 그리하여 책을 다 읽은 후 그 내용을 자신만의 말로 설명할 수 있다면, 그것은 성공한 책 읽기라고 할 수 있을 것이다. 남의 이야기처럼 읽는 글은 어떤 흥미도, 그 글을 통해 얻어가는 지식도 있을 수 없다. 그러나 아무 책이나 이러한 방식으로 읽으라는 것은 아니다. 어떤 책을 선택하느냐 역시 책 읽는 이의 몫이기 때문이다. 좋은 책은 쉽게 읽히고, 누구나 이해할 수 있을 만큼 쉽게 설명되어 있다. 그런 책을 분별하기 어렵다면 주변으로부터 책을 추천받거나 온라인 검색을 해보는 것도 좋다. 하지만 책이 쉽게 읽히지 않는다고 해도 쉽게 좌절하거나 포기해서는 안 된다.

현대사회에서는 더 이상 독서의 양에 따라 지식의 양을 판단할 수 없다. 지금 이 시대에 중요한 것은 얼마나 많은 지식이 나의 눈과 귀를 거쳐 가느냐가 아니라, 우리에게 필요한 것들을 얼마나 잘 찾아내어 효율적으로 습득하며, 이를 통해 나의 지식을 확장할 수 있느냐인 것이다.

① 책은 쉽게 읽혀야 한다.
② 글쓴이의 입장을 생각하며 책을 읽어야 한다.
③ 독서의 목적은 책의 내용을 온전히 소유하는 것이다.
④ 독서 이외의 다양한 정보 습득 경로를 확보해야 한다.
⑤ 같은 책을 반복적으로 읽어 내용을 완전히 이해해야 한다.

03 다음 문단을 논리적 순서대로 바르게 나열한 것은?

> (가) 하지만 영화를 볼 때 소리를 없앤다면 어떤 느낌이 들까? 아마 내용이나 분위기, 인물의 심리 등을 파악하기 힘들 것이다. 이런 점을 고려할 때 영화 속 소리는 영상과 분리해서 생각할 수 없는 필수 요소라고 할 수 있다. 소리는 영상 못지않게 다양한 기능이 있기 때문에 현대 영화감독들은 영화 속 소리를 적극적으로 활용하고 있다.
>
> (나) 이와 같이 영화 속 소리는 다양한 기능을 수행하기 때문에 영화의 예술적 상상력을 빼앗는 것이 아니라 오히려 더 풍부하게 해 준다. 그래서 현대 영화에서 소리를 빼고 작품을 완성한다는 것은 생각하기 어려운 일이 되었다.
>
> (다) 영화의 소리에는 대사, 음향 효과, 음악 등이 있으며, 이러한 소리들은 영화에서 다양한 기능을 수행한다. 우선, 영화 속 소리는 다른 예술 장르의 표현 수단보다 더 구체적이고 분명하게 내용을 전달하는 데 도움을 줄 수 있다. 그리고 줄거리 전개에 도움을 주거나 작품의 상징적 의미를 전달할 뿐만 아니라 주제 의식을 강조하는 역할을 하기도 한다. 또 영상에 현실감을 줄 수 있으며, 영상의 시공간적 배경을 확인시켜 주는 역할도 한다. 이외에도 영화 속 소리는 영화의 분위기를 조성하고 인물의 내면 심리도 표현할 수 있다.
>
> (라) 유성영화가 등장했던 1920년대 후반에 유럽의 표현주의나 형식주의 감독들은 영화 속의 소리에 대한 부정적인 견해가 컸다. 그들은 가장 영화다운 장면은 소리 없이 움직이는 그림으로만 이루어진 장면이라고 믿었다. 그래서 그들은 영화 속 소리가 시각 매체인 영화의 예술적 효과와 영화적 상상력을 빼앗을 것이라고 내다보았다.

① (다) – (가) – (라) – (나)
② (다) – (라) – (가) – (나)
③ (라) – (가) – (다) – (나)
④ (라) – (다) – (가) – (나)
⑤ (라) – (다) – (나) – (가)

04 다음은 '전기 에너지 부족 문제'에 대한 글을 쓰기 위해 작성한 개요이다. 다음 개요의 수정·보완 및 자료 제시 방안으로 적절하지 않은 것은?

> Ⅰ. 서론 : 우리나라 전기 에너지 부족 현황 ···················· ㉠
> Ⅱ. 본론
>   1. 문제의 원인 분석
>   가. 전기 에너지 생산 시설의 부족과 노후화
>   나. 기업의 과도한 전기 에너지 사용 ···················· ㉡
>   다. 가정의 무분별한 전기 에너지 사용
>   2. 문제의 해결 방안 ····································· ㉢
>   가. 기업의 과도한 전기 에너지 사용 규제
>   나. 홍보를 통한 가정의 절전 실천 유도 ·············· ㉣
> Ⅲ. 결론 : 전기 에너지 부족 문제의 심각성 강조 ············ ㉤

① ㉠ : 전기 에너지의 공급량과 사용량을 구체적으로 제시하여 수요 대비 공급이 부족한 현황을 나타낸다.

② ㉡ : 기업이 저렴한 가격의 산업용 전기를 사용함으로써 얻을 수 있는 연간 이익을 근거로 제시한다.

③ ㉢ : 'Ⅱ－1－가'를 고려하여 '전기 에너지 생산 시설의 확충과 노후 시설 개선'을 하위 항목으로 추가한다.

④ ㉣ : 전기 에너지 절약을 위한 캠페인 활동 등을 사례로 제시한다.

⑤ ㉤ : 전기 에너지 부족 문제의 심각성을 강조하기보다는 이를 해결하기 위해 정부, 기업, 가정이 함께 노력해야 함을 강조한다.

05 다음 글의 내용으로 적절하지 않은 것은?

> 지난해 충청남도에서 청년농업인의 맞춤형 스마트팜인 '온프레시팜 1호'가 문을 열었다. 이는 청년농업인이 안정적으로 농업을 경영하여 자리 잡고 살아갈 수 있는 영농 터전을 마련하기 위한 맞춤형 사업이다. 이를 통해 이제 막 농업에 뛰어든 농작물 재배 능력이 낮고 영농 기반이 부족한 청년농업인들이 농촌 안에서 안정적으로 농작물을 생산하고, 경제적으로 정착할 수 있을 것으로 기대되고 있다.
> 온프레시팜은 에어로포닉스와 수열에너지를 접목시켜 토양 없이 식물 뿌리와 줄기에 영양분이 가득한 물을 분사해 농작물을 생산하는 방식이다. 이는 화석연료 대비 경제적으로 우수할 뿐만 아니라 병해충의 발생이 적고 시설적으로도 쾌적하다. 또한 토양이 없어 공간 활용에 유리하며, 재배 관리 자동화가 가능해 비교적 관리도 수월하다. 하지만 초기 시설비용이 많이 들고 재배 기술의 확보가 어려워 접근이 쉽지 않다.

① 온프레시팜 사업은 청년농업인들이 영농 활동을 지속할 수 있도록 지원하는 사업이다.
② 온프레시팜은 기존 농업인이 아닌 농촌에 새로 유입되고 있는 청년농업인을 위한 사업이다.
③ 온프레시팜 방식으로 농작물을 재배할 경우 흙 속에 살고 있는 병해충으로 인해 발생하는 피해를 예방할 수 있다.
④ 온프레시팜 방식은 같은 재배 면적에서 기존 농업방식보다 더 많은 농작물의 재배를 가능하게 한다.
⑤ 청년농업인들은 기존의 농업방식보다는 자동화 재배 관리가 가능한 온프레시팜 방식의 접근이 더 수월하다.

06 다음 글을 읽고 알 수 있는 내용이 아닌 것은?

전 세계적인 과제로 탄소중립이 대두되자 친환경적 운송수단인 철도가 주목받고 있다. 특히 국제에너지기구는 철도를 에너지 효율이 가장 높은 운송수단으로 꼽으며, 철도 수송을 확대하면 세계 수송 부문에서 온실가스 배출량이 그렇지 않을 때보다 약 6억 톤이 줄어든다고 하였다.

특히 철도의 에너지 소비량은 도로의 22분의 1이고, 온실가스 배출량은 9분의 1에 불과하기에 탄소 배출이 높은 도로 운행의 수요를 친환경 수단인 철도로 전환한다면 수송 부문 총배출량이 획기적으로 감소할 것으로 전망하고 있다.

이에 발맞추어 우리나라의 S철도공단 역시 '녹색교통'인 철도 중심 교통체계를 구축하기 위해 박차를 가하고 있다. 정부 또한 '2050 탄소중립 실현' 목표에 맞춰 저탄소 철도 인프라 건설·관리로 탄소를 지속적으로 감축하고자 노력하고 있다.

S철도공단은 철도 인프라 생애주기 관점에서 탄소를 감축하기 위해 먼저 철도 건설 단계에서부터 친환경·저탄소 자재를 적용해 탄소 배출을 줄이고 있다. 실제로 중앙선 안동 ~ 영천 간 궤도 설계 당시 철근 대신에 저탄소 자재인 유리섬유 보강근을 콘크리트 궤도에 적용했으며, 이를 통한 탄소 감축효과는 약 6,000톤으로 추정된다. 이 밖에도 저탄소 철도 건축물 구축을 위해 2025년부터 모든 철도 건축물을 에너지 자립률 60% 이상(3등급)으로 설계하기로 결정했으며, 도심의 철도 용지는 지자체와의 협업을 통해 도심 속 철길 숲 등 탄소 흡수원이자 지역민의 휴식처로 철도부지 특성에 맞게 조성되고 있다.

S철도공단은 이와 같은 철도로의 수송 전환으로 약 20%의 탄소 감축 목표를 내세웠으며, 이를 위해서는 정부의 노력도 필요하다고 강조하였다. 특히 수송 수단 간 공정한 가격 경쟁이 이루어질 수 있도록 도로 차량에 집중된 보조금 제도를 화물차의 탄소배출을 줄이기 위한 철도 전환교통 보조금으로 확대하는 등 실질적인 방안의 필요성을 제기하고 있다.

① 녹색교통으로 철도 수송이 대두된 배경
② 철도 수송 확대를 통해 기대할 수 있는 효과
③ 국내의 탄소 감축 방안이 적용된 설계 사례
④ 정부가 철도 중심 교통체계 구축을 위해 시행한 조치
⑤ S철도공단의 철도 중심 교통체계 구축을 위한 방안

07 다음 글을 논리적 순서대로 바르게 나열한 것은?

(가) 이글루가 따뜻해지는 원리를 과정에 따라 살펴보면 먼저 눈 벽돌로 이글루를 만든 후에 이글루 안에서 불을 피워 온도를 높이는 것을 알 수 있다.

(나) '에스키모'라고 하면 연상되는 것 중의 하나가 이글루이다.

(다) 이 과정을 반복하여 눈 벽돌집은 얼음집으로 변하며, 눈 사이에 들어 있던 공기는 빠져나가지 못하고 얼음 속에 갇히면서 내부가 따뜻해진다.

(라) 이글루는 눈을 벽돌 모양으로 잘라 만든 집임에도 불구하고 사람이 거주할 수 있을 정도로 따뜻하다.

(마) 온도가 올라감에 따라 눈이 녹으면서 벽의 빈틈을 메워 주고, 어느 정도 눈이 녹으면 출입구를 열어 물이 얼도록 한다.

① (가) – (다) – (나) – (라) – (마)

② (나) – (라) – (가) – (마) – (다)

③ (나) – (라) – (다) – (마) – (가)

④ (라) – (나) – (다) – (마) – (가)

⑤ (라) – (다) – (나) – (가) – (마)

08 다음 글을 읽고 추론한 내용으로 가장 적절한 것은?

> 환경 결정론을 간단히 정의하면 모든 인간의 행동, 노동과 창조 등은 환경 내의 자연적 요소들에 의해 미리 결정되거나 통제된다는 것이다. 이에 대하여 환경 가능론은 자연 환경은 단지 인간이 반응할 수 있는 다양한 가능성의 기회를 제공할 뿐이며, 인간은 환경을 변화시킬 수 있는 능동적인 힘을 가지고 있다고 반박한다. 환경 결정론 사조 형성에 영향을 준 사상은 1859년에 발표된 다윈의 진화론이다. 다윈의 진화 사상과 생물체가 환경에 적응한다는 개념은 인간도 특정 환경에 적응해야 한다는 것으로 수용되었다. 이러한 철학적 배경 하에 형성되기 시작한 환경 결정론의 발달에 공헌한 사람으로는 라첼, 드모랭, 샘플 등이 있다. 라첼은 인간도 자연 법칙 아래에서 살고 있다고 보았으며, 문화의 형태도 자연적 조건에 의해 결정되고 적응한 결과로 간주하였다. 드모랭은 보다 극단적으로 사회 유형은 환경적 힘의 산물로 보고 초원 지대의 유목 사회, 지중해 연안의 상업 사회를 환경 결정론적 사고에 입각하여 해석하였다.
>
> 환경 결정론이 인간의 의지와 선택의 자유를 인정하지 않는다는 점이 문제라면 환경 가능론은 환경이 제공한 많은 가능성 중 왜 어떤 가능성이 선택되어야 하는가를 설명하기 힘들다. 과학 기술의 발달에 의해 인간이 자연의 많은 장애물을 극복하게 된 것은 사실이지만, 실패로 인해 고통받는 사례도 많다. 사실 결정론이냐 가능론이냐 결론을 내리는 것은 그리 중요하지 않다. 인간과 환경의 관계는 매우 복잡하며, 지표상의 경관은 자연적인 힘과 문화적인 힘에 의해 이루어지기 때문에 어떤 한 가지 결정 인자를 과소평가하거나 과장하면 안 된다. 인간 활동의 결과로 인한 총체적인 환경 파괴 문제가 현대 문명 전반의 위기로까지 심화되는 오늘날, 인간과 자연의 진정한 상호 관계는 어떠해야 할지 생각해야 할 것이다. 이제 자연이 부여한 여러 가지 가능성 중에서 자연 환경과 조화를 이룰 수 있는 가능성을 선택해야 할 때이다.

① 인간과 자연은 항상 대립하고 있어. 자연의 위력 앞에서 우리는 맞서 싸워야 해.

② 자연의 힘은 대단해. 몇 해 전 동남아 대해일을 봤지? 인간이 얼마나 무력한지 알겠어.

③ 우리는 잘 살기 위해서 자연을 너무 훼손했어. 이제는 자연과 공존하는 삶을 생각해야 해.

④ 인간은 자연의 위대함 앞에 굴복해야 돼. 인간의 끝없는 욕망이 오늘의 재앙을 불러왔다고 봐야 해.

⑤ 인간의 능력은 초자연적이야. 이런 능력을 잘 살려 나간다면 에너지 부족 사태쯤이야 충분히 해결할 거야.

09 다음 글의 내용으로 적절하지 않은 것은?

최근 국내 건설업계에서는 3D 프린팅 기술을 건설 분야와 접목하고자 노력하고 있다. 해외 건설사에서도 3D 프린팅 기술을 이용한 건축 시장을 선점하기 위해 경쟁이 활발히 이루어지고 있으며, 이미 미국 텍사스 지역에서 3D 프린팅 기술을 이용하여 주택 4채를 일주일 만에 완공한 바 있다. 또한 우리나라에서도 인공 조경 벽 등 건설 현장에서 3D 프린팅 건축물을 차차 도입해 가고 있다.

왜 건설업계에서는 3D 프린팅 기술을 주목하게 되었을까? 3D 프린팅 건축 방식은 전통 건축 방식과 비교하여 비용을 절감할 수 있고 공사 기간이 단축되는 점을 장점으로 꼽을 수 있다. 특히 공사 기간이 짧은 점은 천재지변으로 인한 이재민 등을 위해 주거시설을 빠르게 준비할 수 있다는 부분에서 호평받고 있다. 또한 전통 건축 방식으로는 구현하기 힘든 다양한 디자인을 선보일 수 있는 점과 건축 폐기물 감소 및 CO_2 배출량 감소 등 환경보호 면에서도 긍정적인 평가를 받고 있으며, 각 국가 사이의 이해관계 충돌로 인한 직·간접적 자재 수급난을 해결할 수 있는 점도 긍정적 평가를 받는 요인이다.

어떻게 3D 프린터로 건축물을 세우는 것일까? 먼저 일반적인 3D 프린팅의 과정을 알아야 한다. 일반적인 3D 프린팅은 컴퓨터를 통해 물체를 3D 형태로 모델링 한 후 용융성 플라스틱이나 금속 등을 3D 프린터 노즐로 분사하여 아래부터 겹겹이 쌓는 과정을 거친다.

3D 프린팅 건축 방식도 마찬가지이다. 컴퓨터를 통해 건축물을 모델링 한 후 모델링 정보에 따라 콘크리트, 금속, 폴리머 등의 건축자재를 노즐을 통해 분사시켜 층층이 쌓아 올리면서 컴퓨터로 설계한 대로 건축물을 만든다. 기계가 대신 건축물을 만든다는 점에서 사람의 힘으로 한계가 있는 기존 건축 방식의 보완은 물론 인건비 상승 및 전문인력 수급난을 해결할 수 있다는 점 또한 호평받고 있다.

하지만 아쉽게도 우리나라에서의 3D 프린팅 건설 사업은 관련 인증 및 안전 규정 미비 등의 제도적 한계와 기술적 한계가 있어 상용화 단계로 나아가기는 힘들다. 특히 3D 프린터로 구조물을 적층하여 구조물을 쌓아 올리는 데에는 로봇 팔이 필요한데, 아직은 5층 이하의 저층 주택 준공이 한계이고 현 대한민국 주택시장은 고층 아파트 등 고층 건물이 주력이므로 3D 프린터 고층 건축물 제작 기술을 개발해야 한다는 주장도 더러 나오고 있다.

① 이미 해외에서는 3D 프린터를 이용하여 주택을 시공한 바 있다.
② 3D 프린터 건축 기술은 전통 건축 기술과는 달리 환경에 영향을 덜 끼친다.
③ 3D 프린터 건축 기술은 인력난을 해소할 수 있는 새로운 기술이다.
④ 3D 프린터 건축 기술로 인해 대량의 실업자가 발생할 것이다.
⑤ 현재 우리나라는 3D 프린터 건축 기술의 제도적 장치 및 기술적 한계를 해결해야만 하는 과제가 있다.

10 다음은 윤리적 소비에 대한 글이다. (가) ~ (다)와 관련된 사례를 〈보기〉에서 골라 바르게 짝지은 것은?

윤리적 소비란 무의식적으로 하는 단순한 소비 활동이 아닌 자신의 소비 활동의 결과가 사람과 동물, 사회와 환경에 어떠한 영향을 끼칠지 고려하여 행동하는 것을 말한다. 이와 같은 소비 행위는 그 이념에 따라 다음과 같이 나눌 수 있다.

(가) 녹색소비 : 환경보호에 도움이 되거나, 환경을 고려하여 제품을 생산 및 개발하거나 서비스를 제공하는 기업의 제품을 구매하는 친환경적인 소비행위를 말한다.

(나) 로컬소비 : 자신이 거주하는 지역의 경제 활성화를 돕고, 운반 시 소비되는 연료나 배출되는 환경오염 물질을 줄이기 위해 자신이 거주하는 지역에서 만들어진 상품과 서비스를 소비하는 지속 가능한 소비 행위를 말한다.

(다) 공정무역 : 불공정 무역구조로 인하여 선진국에 비해 경제적 개발이 늦은 저개발국가에서 발생하는 노동력 착취, 환경파괴, 부의 편중 등의 문제를 해소하기 위한 사회적 소비 운동이다. 이를 위해 소비자는 저개발국가의 생산자가 경제적 자립을 이루고 지속 가능한 발전을 할 수 있도록 '가장 저렴한 가격'이 아닌 '공정한 가격'을 지불한다.

이와 같이 소비자는 자신의 소비행위를 통해 사회적 정의와 평등을 촉진하고, 환경 보호에 기여하는 등 사회적 영향력을 행사할 수 있다.

〈보기〉

ㄱ. A사는 비건 트렌드에 맞춰 기존에 사용해왔던 동물성 원료 대신 친환경 성분의 원료를 구입하여 화장품을 출시했다.

ㄴ. B레스토랑은 고객들에게 신선한 샐러드를 제공하고 지역 내 농가와의 상생을 위하여 인접 농가에서 갓 생산한 채소들을 구매한다.

ㄷ. C사는 해안가에 버려진 폐어망 및 폐페트병을 수집해 이를 원사로 한 가방 및 액세서리를 구매해 유통한다.

ㄹ. D카페는 제3세계에서 생산하는 우수한 품질의 원두를 직수입하여 고객들에게 합리적인 가격에 제공한다.

ㅁ. E사는 아시아 국가의 빈곤한 여성 생산자들의 경제적 자립을 돕기 위해 이들이 생산한 의류, 생활용품, 향신료 등을 국내에 수입 판매하고 있다.

	(가)	(나)	(다)
①	ㄱ, ㄷ	ㄴ	ㄹ, ㅁ
②	ㄱ, ㄹ	ㄴ	ㄷ, ㅁ
③	ㄱ, ㄴ, ㄷ	ㅁ	ㄹ
④	ㄱ, ㄷ, ㅁ	ㄴ	ㄹ
⑤	ㄹ, ㅁ	ㄴ	ㄱ, ㄷ

11 다음 글을 논리적 순서대로 바르게 나열한 것은?

(가) 칸트의 '무관심성'에 대한 논의에서 이에 대한 단서를 얻을 수 있다. 칸트는 미적 경험의 주체가 '객체가 존재한다.'는 사실성 자체로부터 거리를 둔다고 주장한다.

이에 따르면, 영화관에서 관객은 영상의 존재 자체에 대해 '무관심한' 상태에 있다. 영상의 흐름을 냉정하고 분석적인 태도로 받아들이는 것이 아니라, 영상의 흐름이 자신에게 말을 걸어오는 듯이, 자신이 미적 경험의 유희에 초대된 듯이 공감하며 체험하고 있다. 미적 거리 두기와 공감적 참여의 상태를 경험하는 것이다. 주체와 객체가 엄격하게 분리되거나 완전히 겹쳐지는 것으로 이해하는 통상적인 동일시 이론과 달리, 칸트는 미적 지각을 지각 주체와 지각 대상 사이의 분리와 융합의 긴장감 넘치는 '중간 상태'로 본 것이다.

(나) 관객은 영화를 보면서 영상의 흐름을 어떻게 지각하는 것일까? 그토록 빠르게 변화하는 앵글, 인물, 공간, 시간 등을 어떻게 별 어려움 없이 흥미진진하게 따라가는 것일까? 흔히 영화의 수용에 대해 설명할 때 관객의 눈과 카메라의 시선 사이에 일어나는 동일시 과정을 내세운다. 그러나 동일시 이론은 어떠한 조건을 기반으로, 어떠한 과정을 거쳐서 동일시가 일어나는지 영상의 흐름을 지각할 때 일어나는 동일시의 고유한 방식이 어떤 것인지에 대해 의미 있는 설명을 제시하지 못하고 있다.

(다) 이렇게 볼 때 영화 관객은 자신의 눈을 단순히 카메라의 시선과 직접적으로 동일시하는 것이 아니다. 관객은 영화를 보면서 영화 속 공간, 운동의 양상 등을 유희적으로 동일시하며, 장소 공간이나 방향 공간 등 다양한 공간의 층들을 동시에 인지할 뿐만 아니라 감정 공간에서 나오는 독특한 분위기의 힘을 감지하고, 이를 통해 영화 속의 공간과 공감하며 소통하고 있는 것이다.

(라) 관객이 영상의 흐름을 생동감 있게 체험할 수 있는 이유는 영화 속의 공간이 단순한 장소로서의 공간이라기보다는 '방향 공간'이기 때문이다. 카메라의 다양한 앵글 선택과 움직임, 자유로운 시점 선택이 방향 공간적 표현을 용이하게 해 준다.

두 사람의 대화 장면을 보여 주는 장면을 생각해 보자. 관객은 단지 대화에 참여한 두 사람의 존재와 위치만 확인하는 것이 아니라, 두 사람의 시선 자체가 지닌 방향성의 암시, 즉 두 사람의 얼굴과 상반신이 서로를 향하고 있는 방향 공간적 상황을 함께 지각하고 있는 것이다.

(마) 영화의 매체적 강점은 방향 공간적 표현이라는 데에만 그치지 않는다. 영상의 흐름에 대한 지각은 언제나 생생한 느낌을 동반한다. 관객은 영화 속 공간과 인물의 독특한 감정에서 비롯된 분위기의 힘을 늘 느끼고 있다. 따라서 영화 속 공간은 근본적으로 이러한 분위기의 힘을 느끼도록 해 주는 '감정 공간'이라 할 수 있다.

① (가) – (라) – (나) – (마) – (다)

② (나) – (가) – (라) – (마) – (다)

③ (나) – (다) – (가) – (라) – (마)

④ (나) – (라) – (마) – (다) – (가)

⑤ (라) – (가) – (다) – (나) – (마)

12 다음 글을 읽고 추론한 내용으로 적절하지 않은 것은?

커피 찌꺼기를 일컫는 커피박이라는 단어는 우리에게 생소한 편이다. 하지만 외국에서는 커피 웨이스트(Coffee Waste), 커피 그라운드(Coffee Ground) 등 다양한 이름으로 불린다. 커피박은 커피원두로부터 액을 추출한 후 남은 찌꺼기를 말하는데 이는 유기물뿐만 아니라 섬유소, 리그닌, 카페인 등 다양한 물질을 풍부하게 함유하고 있어 재활용 가치가 높은 유기물 자원으로 평가받고 있다.

특히 우리나라는 높은 커피 소비국으로, 관세청 자료에 의하면 매년 지속적으로 커피원두 및 생두 수입이 증가한 것으로 나타났다. 1인당 연간 커피 소비량은 평균 328잔 정도에 달하며 커피 한잔에 사용되는 커피콩은 0.2%, 나머지는 99.8%로 커피박이 되어 생활폐기물 혹은 매립지에서 소각처리된다.

이렇게 커피 소비량이 증가하고 있는 가운데 커피를 마시고 난 후 생기는 부산물인 커피박도 연평균 12만톤 이상 발생하고 있는 것으로 알려져 있다. 이렇듯 막대한 양의 커피박은 폐기물로 분류되며 폐기처리만 해도 큰 비용이 발생된다.

따라서 우리나라와 같이 농업분야의 유기성 자원이 절대적으로 부족한 곳에서는 비료 원자재 대부분을 수입산에 의존하고 있는데, 원재료 매입비용이 적은 반면 부가가치를 창출할 수 있는 수익성이 매우 높은 재료로 고가로 수입된 커피박 자원을 재활용할 수 있다면 자원절감과 비용절감 두 마리 토끼를 잡을 수 있을 것으로 기대된다.

또한 커피박은 부재료 선택에 신경을 쓴다면 분명 더 나은 품질의 퇴비가 가능하다고 전문가들은 지적한다. 그 가운데 톱밥, 볏짚, 버섯폐배지, 한약재찌꺼기, 쌀겨, 스테비아분말, 채종유박, 깻묵 등의 부재료 화학성 pH는 4.9 ~ 6.4, 총탄소 4 ~ 54%, 총질소 0.08 ~ 10.4%, 탈질률 7.8 ~ 680으로 매우 다양했다. 그중에서 한약재찌꺼기의 질소함량이 가장 높았고, 유기물 함량은 톱밥이 가장 높았다.

유기물 퇴비를 만들기 위한 조건은 수분함량, 공기, 탄질비, 온도 등이 중요하다. 흔히 유기퇴비의 원료로는 농가에서 쉽게 찾아볼 수 있는 볏짚, 나무껍질, 깻묵, 쌀겨 등이 있다. 그밖에 낙엽이나 산야초를 베어 퇴비를 만들어도 되지만 일손과 노동력이 다소 소모된다는 단점이 있다. 무엇보다 양질의 퇴비를 만들기 위해서는 재료로 사용되는 자재가 지닌 기본적인 탄소와 질소의 비율이 중요한데 탄질률은 20 ~ 30:1 인 것이 가장 이상적이다. 농촌진흥청 관계자는 이에 대해 "탄질률은 퇴비의 분해 속도와 관련이 있어 지나치게 질소가 많거나 탄소성분이 많을 경우 양질의 퇴비를 얻을 수 없다. 또한 퇴비재료에 미생물이 첨가되면서 자연 분해되면 열이 발생하는데 이는 유해 미생물을 죽일 수 있어 양질의 퇴비를 얻기 위해서는 퇴비 더미의 온도를 50℃ 이상으로 유지하는 것이 바람직하다."라고 밝혔다.

① 커피박을 이용하여 유기농 비료를 만드는 것은 환경 보호뿐만 아니라 경제적으로도 이득이다.

② 커피박과 함께 비료에 들어갈 부재료를 고를 때에는 질소나 유기물이 얼마나 들어있는지가 중요한 기준이다.

③ 비료에서 중요한 성분인 질소가 많이 함유되어 있을수록 좋은 비료라고 할 수 있다.

④ 퇴비 재료에 있는 유해 미생물을 50℃ 이상의 고온을 통해 없앨 수 있다.

⑤ 커피박을 이용하여 유기 비료를 만들 때 질소 보충이 필요한 사람이라면 한약재찌꺼기를 첨가하는 것이 좋다.

※ 다음 글의 내용으로 가장 적절한 것을 고르시오. [13~14]

| 2023년 상반기

13

우리 속담에 '울다가도 웃을 일이다.'라는 말이 있듯이 슬픔의 아름다움과 해학의 아름다움이 함께 존재한다면 이것은 우리네의 곡절 많은 역사 속에 밴 미덕의 하나라고 할 만하다. 울다가도 웃을 일이라는 말은 물론 어처구니가 없을 때 하는 말이기도 하지만 애수가 아름다울 수 있고 또 익살이 세련되어 아름다울 수 있다면 그 사회의 서정과 조형미에 나타나는 표현에도 의당 이러한 것이 반영되어 있어야 한다.

이러한 고요의 아름다움과 슬픔의 아름다움이 조형 작품 위에 옮겨질 수 있다면 이것은 바로 예술에서 말하는 적조미의 세계이며, 익살의 아름다움이 조형 위에 구현된다면 물론 이것은 해학미의 세계일 것이다.

① 익살은 우리 민족만이 지닌 특성이다.
② 익살은 풍속화에서 가장 잘 표현된다.
③ 익살이 조형 위에 구현된다면 적조미이다.
④ 익살은 우리 민족의 삶의 정서를 반영한다.
⑤ 익살은 예술 작품을 통해서만 표현될 수 있다.

| 2023년 상반기

14

1899년 베이징의 한 금석학자는 만병통치약으로 알려진 '용골'을 살펴보다가 소스라치게 놀랐다. 용골의 표면에 암호처럼 알 듯 모를 듯한 글자들이 빼곡히 들어차 있었던 것이다. 흥분이 가신 후에 알아보니, 용골은 은 왕조의 옛 도읍지였던 허난성 안양현 샤오툰(小屯)촌 부근에서 나온 것이었다. 바로 갑골문자가 발견되는 순간이었다. 현재 갑골문자는 4천여 자가 확인되었고, 그중 약 절반 정도가 해독되었다. 사마천의 『사기』에는 은 왕조에 대해서 자세히 기록되어 있었으나, 사마천이 살던 시대보다 1천 수백 년 전의 사실이 너무도 생생하게 표현되어 있어 마치 '소설'처럼 생각되었다. 그런데 갑골문자를 연구한 결과, 거기에는 반경(般庚) 때부터 은 말까지 약 2백여 년에 걸친 내용이 적혀 있었는데, 이를 통하여 『사기』에 나오는 은나라의 왕위 계보도 확인할 수 있었다.

① 베이징은 은 왕조의 도읍지였다.
② 용골에는 당대의 소설이 생생하게 표현되었다.
③ 사마천의 『사기』에 갑골문자에 관한 기록이 나타난다.
④ 현재 갑골문자는 2천여 자가 해독되었다.
⑤ 사마천의 『사기』는 1천 수백 년 전의 사람이 만들었다.

15 다음 글의 내용으로 적절하지 않은 것은?

> 혐기성 미생물은 산소에 비해 에너지 대사 효율이 낮은 질소산화물로 에너지를 만든다. 혐기성 미생물이 에너지 대사 효율이 높은 산소를 사용하지 않는 이유는 무엇일까? 생물체가 체내에 들어온 영양분을 흡수하기 위해서는 산소를 매개로 한 여러 가지 화학 반응을 수행해야 한다. 영양분이 산화 반응을 통해 세포 안으로 흡수되면 전자가 나오는데, 이 전자가 체내에서 퍼지는 과정에서 ATP가 생긴다. 그리고 에너지를 생산하기 위해 산소를 이용하는 호흡 과정에서 독성 물질인 과산화물과 과산화수소와 같은 활성산소가 생긴다.
>
> 이 두 물질은 DNA나 단백질 같은 세포 속 물질을 산화시켜 손상시킨다. 일반 미생물은 활성산소로부터 자신을 보호하는 메커니즘이 발달했다. 사람도 몸속에 독성 산소화합물을 해독하는 메커니즘이 있어 활성산소로 인해 죽지는 않는다. 단지 주름살이 늘거나 신체기관이 서서히 노화될 뿐이다. 인체 내에서 '슈퍼 옥사이드 분해효소(SOD)'가 과산화물 분자를 과산화수소와 산소로 바꾸고, 카탈리아제가 과산화수소를 물과 산소로 분해하기 때문이다. 그러나 혐기성 미생물에는 활성산소를 해독할 기관이 없다. 그렇기 때문에 혐기성 미생물은 활성산소를 피하는 방향으로 진화해 왔다고 할 수 있다.

① 산소는 일반 생물체에 이로움과 함께 해로움을 주기도 한다.
② 체내 활성산소의 농도가 증가되면 생물체의 생명이 연장된다.
③ 혐기성 미생물은 활성산소를 분해하는 메커니즘을 갖지 못했다.
④ 활성산소가 생물체의 죽음을 유발하는 직접적인 원인은 아니다.
⑤ 혐기성 미생물은 활성산소를 피하는 방향으로 진화해 왔다.

16 다음은 '기부 문화의 문제점과 활성화 방안'에 대한 글을 쓰기 위해 작성한 개요이다. 다음 개요의 수정 · 보완 및 자료 제시 방안으로 적절하지 않은 것은?

> Ⅰ. 서론
>   – 현황 및 실태 : 기부 참여 저조와 기부 시기의 편중 …… ㉠
> Ⅱ. 본론
>   1. 기부 문화의 문제점 분석
>   가. 기부에 대한 대중의 인식 부족 ……………………… ㉡
>   나. 금액 기부 위주의 기부 제도
>   다. 기부 단체에 대한 대중의 낮은 신뢰도
>   2. 기부 문화의 활성화 방안 ……………………… ㉢
>   가. 기부에 대한 대중의 인식 전환
>   나. 기부 단체의 원활한 운영을 위한 정부의 지원 ……… ㉣
> Ⅲ. 결론 : _____ ……………………… ㉤

① ㉠ : 일반인의 기부 참여율과 기부 시기를 조사한 설문조사 자료를 제시한다.

② ㉡ : 상위 항목과의 연관성을 고려하여 'Ⅱ – 2 – 가'와 위치를 바꾼다.

③ ㉢ : 상위 항목을 고려하여 '기부 유형과 방식의 다양화'를 하위 항목으로 추가한다.

④ ㉣ : 'Ⅱ – 1 – 다'의 내용을 고려하여 '투명성을 강화하기 위한 기부 단체의 운영 개선'으로 고친다.

⑤ ㉤ : 글의 주제를 고려하여 '기부 문화의 활성화를 위한 일반인의 인식 전환과 기부 단체의 제도 및 운영 방향 개선'을 결론으로 작성한다.

17 다음 글을 읽고 추론할 수 있는 내용으로 적절하지 않은 것은?

> 김치는 넓은 의미에서 소금, 초, 장 등에 '절인 채소'를 말한다. 김치의 어원인 '딤채(沈菜)'도 '담근 채소'라는 뜻이다. 그러므로 깍두기, 오이지, 오이소박이, 단무지는 물론 장아찌까지도 김치류에 속한다고 볼 수 있다. 우리나라의 김치는 '지'라고 불렸다. 그래서 짠지, 싱건지, 오이지 등의 김치에는 지금도 '지'가 붙는다. 초기의 김치는 단무지나 장아찌에 가까웠을 것이다.
>
> 처음에는 서양의 피클이나 일본의 쓰케모노와 비슷했던 김치가 이들과 전혀 다른 음식이 된 것은 젓갈과 고춧가루를 쓰기 시작하면서부터이다. 하지만 이때에도 김치의 주재료는 무나 오이였다. 우리가 지금 흔히 먹는 배추김치는 18세기 말 중국으로부터 크고 맛이 좋은 배추 품종을 들여온 뒤로 사람들이 널리 담그기 시작하였고, 20세기에 들어와서야 무김치를 능가하게 되었다.
>
> 김치와 관련하여 우리나라 향신료의 대명사로 쓰이는 고추는 생각만큼 오랜 역사를 갖고 있지 못하다. 중미 멕시코가 원산지인 고추는 '남만초'나 '왜겨자'라는 이름으로 16세기 말 조선에 전래되어 17세기부터 서서히 보급되다가 17세기 말부터 가루로 만들어 비로소 김치에 쓰이게 되었다. 조선 전기까지 주요 향신료는 후추, 천초 등이었고, 이 가운데 후추는 값이 비싸 쉽게 얻을 수 없었다. 19세기 무렵에 와서 고추는 향신료로서 압도적인 우위를 차지하게 되었다. 그 결과 후추는 더 이상 고가품이 아니게 되었으며, '산초'라고도 불리는 천초의 경우 지금에 와서는 간혹 추어탕에나 쓰일 정도가 되었다.
>
> 우리나라의 고추는 다른 나라의 고추 품종과 달리 매운맛에 비해 단맛 성분이 많고, 색소는 강렬하면서 비타민C 함유량이 매우 많다. 더구나 고추는 소금이나 젓갈과 어우러져 몸에 좋은 효소를 만들어 내고 몸의 지방 성분을 산화시켜 열이 나게 함으로써 겨울의 추위를 이기게 하는 기능이 있다. 고추가 김장김치에 사용되기 시작한 것도 이 때문이라고 한다.

① 초기의 김치는 서양의 피클이나 일본의 쓰케모노와 크게 다르지 않았다.
② 고추가 들어오기 전까지는 김치에 고추 대신 후추, 천초와 같은 향신료를 사용하였다.
③ 김장김치에 고추가 사용되기 시작한 것은 몸에 열을 발생시키는 효능 때문이다.
④ 배추김치가 김치의 대명사가 된 것은 불과 100여 년밖에 되지 않았다.
⑤ 19세기 이후 후추와 천초는 향신료로서의 우위를 고추에 빼앗겼다.

18 다음 글의 문단 (가) ~ (마)의 핵심 화제로 적절하지 않은 것은?

(가) 한 아이가 길을 가다가 골목에서 갑자기 튀어나온 큰 개에게 발목을 물렸다. 아이는 이 일을 겪은 뒤 개에 대한 극심한 불안에 시달렸다. 멀리 있는 강아지만 봐도 몸이 경직되고 호흡 곤란을 느꼈으며 심할 경우 응급실을 찾기도 하였다. 이것은 한 번의 부정적인 경험이 공포증으로 이어진 경우라고 할 수 있다.

(나) '공포증'이란 위의 경우에서 보듯이 특정 대상에 대한 과도한 두려움으로 그 대상을 계속해서 피하게 되는 증세를 말한다. 특정한 동물, 높은 곳, 비행기나 엘리베이터 등이 공포증을 유발하는 대상이 될 수 있다. 물론 일반적인 사람들도 이런 대상을 접하여 부정적인 경험을 할 수 있지만 공포증으로까지 이어지는 경우는 드물다.

(다) 심리학자 와이너는 부정적인 경험을 한 상황을 어떻게 해석하느냐에 따라 이러한 공포증이 생길 수도 있고 그렇지 않을 수도 있으며, 공포증이 지속될 수도 있고 극복될 수도 있다고 했다. 그는 상황을 해석하는 방식을 설명하기 위해 상황의 원인을 어디에서 찾느냐, 상황의 변화 가능성에 대해 어떻게 인식하느냐의 두 가지 기준을 제시했다. 상황의 원인을 자신에게서 찾으면 '내부적'으로 해석한 것이고, 자신이 아닌 다른 것에서 찾으면 '외부적'으로 해석한 것이다. 또 상황이 바뀔 가능성이 전혀 없다고 생각하면 '고정적'으로 인식한 것이고, 상황이 충분히 바뀔 수 있다고 생각하면 '가변적'으로 인식한 것이다.

(라) 와이너에 의하면, 큰 개에게 물렸지만 공포증에 시달리지 않는 사람들은 개에게 물린 상황에 대해 '내 대처 방식이 잘못되었어.'라며 내부적이고 가변적으로 해석한다. 이것은 나의 대처 방식에 따라 상황이 충분히 바뀔 수 있다고 생각하는 것이므로 이들은 개와 마주치는 상황을 굳이 피하지 않는다. 그 후 개에게 물리지 않는 상황이 반복되면 '나도 어떤 경우라도 개를 감당할 수 있어.'라며 내부적이고 고정적으로 해석하는 단계로 나아가게 된다.

(마) 반면에 공포증을 겪는 사람들은 개에 물린 상황에 대해 '나는 약해서 개를 감당하지 못해.'라며 내부적이고 고정적으로 해석하거나 '개는 위험한 동물이야.'라며 외부적이고 고정적으로 해석한다. 자신의 힘이 개보다 약하다고 생각하거나 개를 맹수로 여기는 것이므로 이들은 자신이 개에게 물린 것을 당연한 일로 받아들인다. 하지만 공포증에 시달리지 않는 사람들처럼 상황을 해석하고 개를 피하지 않는 노력을 기울이면 공포증에서 벗어날 수 있다.

① (가) : 공포증이 생긴 구체적 상황
② (나) : 공포증의 개념과 공포증을 유발하는 대상
③ (다) : 와이너가 제시한 상황 해석의 기준
④ (라) : 공포증을 겪지 않는 사람들의 상황 해석 방식
⑤ (마) : 공포증을 겪는 사람들의 행동 유형

19 다음 글의 내용으로 가장 적절한 것은?

연료전지는 전해질의 종류에 따라 구분한다. 먼저 알칼리형 연료전지가 있다. 대표적인 강염기인 수산화칼륨을 전해질로 이용하는데, 85% 이상의 진한 농도는 고온용에, 35 ~ 50%의 묽은 농도는 저온용에 사용한다. 촉매로는 은, 금속 화합물, 귀금속 등 다양한 고가의 물질을 쓰지만, 가장 많이 사용하는 것은 니켈이다. 전지는 연료나 촉매에서 발생하는 이산화탄소를 잘 버티지 못한다는 단점이 있는데, 이 때문에 1960년대부터 우주선에 주로 사용해 왔다.

인산형 연료전지는 진한 인산을 전해질로, 백금을 촉매로 사용한다. 인산은 안정도가 높아 연료전지를 장기간 사용할 수 있게 하는데, 원래 효율은 40% 정도이나 열병합발전 시 최대 85%까지 상승하고, 출력 조정이 가능하다. 천연가스 외에도 다양한 에너지를 대체 연료로 사용하는 것도 가능하며 현재 분산형 발전 컨테이너 패키지나 교통수단 부품으로 세계 곳곳에 많이 보급되어 있다.

세 번째 용융 탄산염형 연료전지는 수소와 일산화탄소를 연료로 쓰고, 리튬·나트륨·칼륨으로 이루어진 전해질을 사용하며 고온에서 작동한다. 일반적으로 연료전지는 백금이나 귀금속 등의 촉매제가 필요한데, 고온에서는 이런 고가의 촉매제가 필요치 않고, 열병합에도 용이한 덕분에 발전 사업용으로 활용할 수 있다.

다음은 용융 탄산염형과 공통점이 많은 고체 산화물형 연료전지이다. 일단 수소와 함께 일산화탄소를 연료로 이용한다는 점이 같고, 전해질은 용융 탄산염형과 다르게 고체 세라믹을 주로 이용하는데, 대체로 산소에 의한 이온 전도가 일어나는 800 ~ 1,000℃에서 작동한다. 이렇게 고온에서 작동하다 보니, 발전 사업용으로 활용할 수 있다는 공통점도 있다. 원래부터 기존의 발전 시설보다 장점이 있는 연료전지인데, 연료전지의 특징이자 한계인, 전해질 투입과 전지 부식 문제를 보완해서 한 단계 더 나아간 형태라고 볼 수 있다. 이러한 장점들 때문에 소형기기부터 대용량 시설까지 다방면으로 개발하고 있다.

다섯 번째로 고분자 전해질형 연료전지이다. 주로 탄소를 운반체로 사용한 백금을 촉매로 사용하지만, 연료인 수소에 일산화탄소가 조금이라도 들어갈 경우 백금과 루테늄의 합금을 사용한다. 고체 산화물형과 더불어 가정용으로 주로 개발되고 있고, 자동차, 소형 분산 발전 등 휴대성과 이동성이 필요한 장치에 유용하다.

① 알칼리형 연료전지는 이산화탄소를 잘 버텨내기 때문에 우주선에 주로 사용해 왔다.
② 안정도가 높은 인산형 연료전지는 진한 인산을 촉매로, 백금을 전해질로 사용한다.
③ 발전용으로 적절한 연료전지는 용융 탄산염형 연료전지와 고체 산화물형 연료전지이다.
④ 고체 산화물형 연료전지는 전해질을 투입하지 않아 전지 부식 문제를 보완한 형태이다.
⑤ 고분자 전해질형 연료전지는 수소에 일산화탄소가 조금이라도 들어갈 경우 백금을 촉매로 사용한다.

20 제시된 문단을 논리적 순서대로 바르게 나열한 것은?

> (가) 이러한 수평적 연결은 사물인터넷 서비스로 새로운 성장 동력을 모색할 수 있다. 예를 들어, 스마트 컵인 프라임베실(개인에 필요한 수분 섭취량을 알려줌), 스마트 접시인 탑뷰(음식의 양을 측정함), 스마트 포크인 해피포크(식사 습관개선을 돕는 스마트 포크. 식사 속도와 시간, 1분간 떠먹는 횟수 등을 계산해 식사 습관을 분석함)를 연결하면 식생활 습관을 관리할 수 있을 것이다. 이를 식당, 병원, 헬스케어 센터에서 이용하면 고객의 식생활을 부가 서비스로 관리할 수 있다.
>
> (나) 마치 100m 달리기를 하듯 각자의 트랙에서 목표를 향해 전력 질주하던 시대가 있었다. 선택과 집중의 논리로 수직 계열화를 통해 효율을 확보하고, 성능을 개선하고자 했었다. 그런데 세상이 변하고 있다. 고객 혹은 사용자를 중심으로 기존의 제품과 서비스가 재정의되고 있는 것이다. 이러한 산업의 패러다임적 전환을 신성장 동력이라 말한다.
>
> (다) 기존의 가스 경보기를 만들려면 미세한 가스도 놓치지 않는 센서의 성능, 오래 지속되는 배터리, 크게 알릴 수 있는 알람 소리, 인테리어에 잘 어울리는 멋진 제품 디자인이 필요하다. 그런데 아무리 좋은 가스 경보기를 만들어도 사람의 안전을 담보하지는 못한다. 만약 집에서 가스 경보기가 울리면 아마 창문을 열어 환기시키고, 가스 밸브를 잠그고, 119에 신고를 해야 할 것이다. 사람의 안전을 담보하는, 즉 연결 지배성이 높은 가스 경보기는 이런 일을 모두 해내야 한다. 이런 가스 경보기를 만들려면 전기, 전자, 통신, 기계, 인테리어, 디자인 등의 도메인들이 사용자 경험을 중심으로 연결돼야 한다. 이를 수평적 연결이라 부른다.
>
> (라) 똑똑한 사물인터넷은 점점 더 다양해진다. A통신사의 스마트 스피커는 사용자가 언제 어디든, 일상에서 인공 비서로 사용하는 시대가 되었다. 그리고 B보일러의 사물인터넷 서비스는 보일러 쪽으로 직접 가지 않아도 스마트폰 전용 앱으로 보일러를 관리할 수 있다. 이제 보일러가 언제, 얼마나, 어떻게 쓰이는지, 그리고 보일러의 상태는 어떠한지, 사용하는 방식과 에너지 소모 등의 정보도 얻을 수 있다. 4차 산업혁명의 전진기지 역할을 하는 사물인터넷 서비스는 이제 거스를 수 없는 대세이다.

① (나) – (가) – (다) – (라)
② (나) – (다) – (가) – (라)
③ (다) – (가) – (라) – (나)
④ (다) – (나) – (가) – (라)
⑤ (라) – (나) – (가) – (다)

제2영역 언어 · 수추리

01 다음 명제를 통해 추론할 수 있는 내용으로 가장 적절한 것은?

- 진달래를 좋아하는 사람은 감성적이다.
- 백합을 좋아하는 사람은 보라색을 좋아하지 않는다.
- 감성적인 사람은 보라색을 좋아한다.

① 감성적인 사람은 백합을 좋아한다.

② 백합을 좋아하는 사람은 감성적이다.

③ 진달래를 좋아하는 사람은 보라색을 좋아한다.

④ 보라색을 좋아하는 사람은 감성적이다.

⑤ 백합을 좋아하는 사람은 진달래를 좋아한다.

02 제시된 내용을 바탕으로 내린 A, B의 결론에 대한 판단으로 항상 옳은 것은?

- 중국어를 잘하면 불어를 못한다.
- 스페인어를 잘하면 중국어를 잘한다.
- 일본어를 잘하면 스페인어를 잘한다.

A : 일본어를 잘하면 불어를 못한다.
B : 스페인어를 잘하면 불어를 잘한다.

① A만 옳다.

② B만 옳다.

③ A, B 모두 옳다.

④ A, B 모두 틀리다.

⑤ A, B 모두 옳은지 틀린지 판단할 수 없다.

03 준수, 민정, 영재, 세희, 성은 5명은 항상 진실만 말하거나 거짓만 말한다. 다음 진술을 바탕으로 추론할 때 거짓을 말하는 사람을 모두 고르면?

> • 준수 : 성은이는 거짓만 말한다.
> • 민정 : 영재는 거짓만 말한다.
> • 영재 : 세희는 거짓만 말한다.
> • 세희 : 준수는 거짓만 말한다.
> • 성은 : 민정이와 영재 중 1명만 진실만 말한다.

① 민정, 세희
② 영재, 준수
③ 영재, 성은
④ 영재, 세희
⑤ 민정, 영재, 성은

04 다음 명제가 모두 참일 때, 반드시 참인 명제는?

> • 창조적인 기업은 융통성이 있다.
> • 오래 가는 기업은 건실하다.
> • 오래 가는 기업이라고 해서 모두가 융통성이 있는 것은 아니다.

① 융통성이 있는 기업은 건실하다.
② 창조적인 기업이 오래 갈지 아닐지 알 수 없다.
③ 융통성이 있는 기업은 오래 간다.
④ 어떤 창조적인 기업은 건실하다.
⑤ 창조적인 기업은 오래 간다.

05 제시된 내용을 바탕으로 내린 A, B의 결론에 대한 판단으로 항상 옳은 것은?

> • 원숭이를 좋아하면 코끼리를 좋아한다.
> • 낙타를 좋아하면 코끼리를 좋아하지 않는다.
> • 토끼를 좋아하면 원숭이를 좋아하지 않는다.

> A : 코끼리를 좋아하면 토끼를 좋아한다.
> B : 낙타를 좋아하면 원숭이를 좋아하지 않는다.

① A만 옳다.
② B만 옳다.
③ A, B 모두 옳다.
④ A, B 모두 틀리다.
⑤ A, B 모두 옳은지 틀린지 판단할 수 없다.

06 회사원 K씨는 건강을 위해 평일에 다양한 영양제를 먹고 있다. 요일별로 비타민 B, 비타민 C, 비타민 D, 칼슘, 마그네슘을 하나씩 먹는다고 할 때, 다음에 근거하여 바르게 추론한 것은?

> • 비타민 C는 월요일에 먹지 않으며, 수요일에도 먹지 않는다.
> • 비타민 D는 월요일에 먹지 않으며, 화요일에도 먹지 않는다.
> • 비타민 B는 수요일에 먹지 않으며, 목요일에도 먹지 않는다.
> • 칼슘은 비타민 C와 비타민 D보다 먼저 먹는다.
> • 마그네슘은 비타민 D보다 늦게 먹고, 비타민 B보다는 먼저 먹는다.

① 비타민 C는 금요일에 먹는다.
② 마그네슘은 수요일에 먹는다.
③ 칼슘은 비타민 C보다 먼저 먹지만, 마그네슘보다는 늦게 먹는다.
④ 마그네슘은 비타민 C보다 먼저 먹는다.
⑤ 월요일에는 칼슘, 금요일에는 비타민 B를 먹는다.

07 다음 명제가 모두 참일 때, 반드시 참인 명제는?

> - 사과를 좋아하면 배를 좋아하지 않는다.
> - 귤을 좋아하면 배를 좋아한다.
> - 귤을 좋아하지 않으면 오이를 좋아한다.

① 사과를 좋아하면 오이를 좋아하지 않는다.

② 배를 좋아하면 오이를 좋아한다.

③ 귤을 좋아하면 사과를 좋아한다.

④ 배를 좋아하지 않으면 사과를 좋아한다.

⑤ 사과를 좋아하면 오이를 좋아한다.

08 제시된 내용을 바탕으로 내린 A, B의 결론에 대한 판단으로 항상 옳은 것은?

> - 휴가는 2박 3일이다.
> - 혜진이는 수연이보다 하루 일찍 휴가를 간다.
> - 지연이는 수연이보다 이틀 늦게 휴가를 간다.
> - 태현이는 지연이보다 하루 일찍 휴가를 간다.
> - 수연이는 화요일에 휴가를 간다.

> A : 수요일에 휴가 중인 사람의 수와 목요일의 휴가 중인 사람의 수는 같다.
> B : 태현이는 금요일까지 휴가이다.

① A만 옳다.

② B만 옳다.

③ A, B 모두 옳다.

④ A, B 모두 틀리다.

⑤ A, B 모두 옳은지 틀린지 판단할 수 없다.

09 다음 다섯 사람 중 두 사람은 진실만을 말하고, 세 사람은 거짓만을 말하고 있다. 지훈이 거짓을 말할 때, 진실만을 말하는 사람을 짝지은 것은?

> • 동현 : 정은이는 지훈이와 영석이를 싫어해.
> • 정은 : 아니야. 난 둘 중 한 사람은 좋아해.
> • 선영 : 동현이는 정은이를 좋아해.
> • 지훈 : 선영이는 거짓말만 해.
> • 영석 : 선영이는 동현이를 싫어해.
> • 선영 : 맞아. 그런데 정은이는 지훈이와 영석이 둘 다 좋아해.

① 동현, 선영　　　　　　　　② 정은, 영석

③ 동현, 영석　　　　　　　　④ 정은, 선영

⑤ 선영, 영석

10 다음 명제가 모두 참일 때, 반드시 참인 명제는?

> • 속도에 관심 없는 사람은 디자인에도 관심이 없다.
> • 연비를 중시하는 사람은 내구성도 따진다.
> • 내구성을 따지지 않는 사람은 속도에도 관심이 없다.

① 연비를 중시하지 않는 사람도 내구성은 따진다.

② 디자인에 관심 없는 사람도 내구성은 따진다.

③ 연비를 중시하는 사람은 디자인에는 관심이 없다.

④ 내구성을 따지지 않는 사람은 디자인에도 관심이 없다.

⑤ 속도에 관심이 있는 사람은 연비를 중시하지 않는다.

11 | 2024년 하반기

$$51 \quad 58 \quad 42 \quad 49 \quad (\ ) \quad 40 \quad 24$$

① 39　　　　　　　　　② 36
③ 35　　　　　　　　　④ 33
⑤ 31

12 | 2024년 하반기

$$\underline{4{,}567 \quad 22 \quad 4} \quad \underline{371 \quad 11 \quad 2} \quad \underline{8{,}521 \quad 16 \quad (\ \ )}$$

① 4　　　　　　　　　② 5
③ 6　　　　　　　　　④ 7
⑤ 8

13 | 2024년 상반기

$$77 \quad 35 \quad 42 \quad -7 \quad 49 \quad (\ ) \quad 105 \quad -161$$

① -54　　　　　　　　② -56
③ -58　　　　　　　　④ -60
⑤ -64

14

$$\frac{3}{35} \quad \frac{15}{63} \quad \frac{35}{99} \quad (\quad) \quad \frac{99}{195} \quad \frac{143}{255}$$

① $\frac{63}{143}$ 　　　　② $\frac{67}{143}$

③ $\frac{63}{147}$ 　　　　④ $\frac{67}{147}$

⑤ $\frac{70}{149}$

15

$$6 \quad 24 \quad 60 \quad 120 \quad (\quad) \quad 336 \quad 504 \quad 720$$

① 198 　　　　② 210

③ 256 　　　　④ 274

⑤ 292

16

$$(\quad) \quad 3 \quad 81 \quad 2 \quad 4 \quad 16 \quad 3 \quad 5 \quad 125$$

① 1 　　　　② 3

③ 4 　　　　④ 5

⑤ 7

17

| 3 | 4 | 0 | 16 | −5 | 36 | −12 | ( ) |

① − 36   ② 64

③ 72   ④ 121

⑤ 144

18

| $\frac{27}{358}$ | $\frac{30}{351}$ | $\frac{32}{345}$ | $\frac{33}{340}$ | ( ) | $\frac{32}{333}$ |

① $\frac{35}{338}$ ② $\frac{34}{338}$

③ $\frac{33}{338}$ ④ $\frac{34}{336}$

⑤ $\frac{33}{336}$

19

| 0.2 | ( ) | 2.8 | 20.6 | 146.2 | 1026.4 |

① 0.4   ② 1.4

③ 1.5   ④ 1.6

⑤ 2.4

20

| 1 | 2 | 2 | 2 | 4 | 2 | 3 | 12 | ( ) |

① 4   ② 5

③ 6   ④ 7

⑤ 8

Ⅰ 2024년 하반기

01 용민이와 효린이가 호수를 같은 방향으로 도는데 용민이는 7km/h, 효린이는 3km/h의 속력으로 걷는다고 한다. 두 사람이 처음으로 다시 만났을 때 7시간이 지나있었다면, 호수의 둘레는?

① 24km   ② 26km

③ 28km   ④ 30km

⑤ 32km

Ⅰ 2024년 하반기

02 농도가 20%인 묽은 염산 300g이 있다. 농도가 5%인 묽은 염산을 섞어 실험에 쓸 수 있는 묽은 염산으로 희석하려고 한다. 농도가 10%보다 진하면 실험용 염산으로 사용할 수 없다고 할 때, 농도가 5%인 묽은 염산의 최소 필요량은?

① 600g   ② 650g

③ 700g   ④ 750g

⑤ 800g

Ⅰ 2024년 하반기

03 올림픽 양궁 시합에서 우리나라 선수가 10점 만점 중 10점을 쏠 확률은 $\frac{1}{5}$ 이다. 4번의 화살을 쐈을 때 4번 중 2번은 10점, 나머지 2번은 10점을 쏘지 못할 확률은?

① $\frac{16}{125}$ ② $\frac{24}{125}$

③ $\frac{16}{625}$ ④ $\frac{96}{625}$

⑤ $\frac{124}{625}$

04 민지네 과일가게에서는 토마토와 배를 각각 1개당 90원, 210원에 판매를 하고, 1개의 무게는 각각 120g, 450g이다. 한 바구니에 토마토와 배를 몇 개씩 담아 무게를 재어보니 6.15kg이었고, 가격은 3,150원이었다. 바구니의 무게가 990g이며 가격은 300원이라고 할 때, 바구니 안에 들어있는 배의 개수는?

① 5개   ② 6개
③ 7개   ④ 8개
⑤ 9개

05 A ~ E 5명은 여름휴가를 떠나기 전 원피스를 사러 백화점에 갔다. 모두 마음에 드는 원피스 하나를 발견해 각자 원하는 색깔을 고르기로 하였다. 원피스가 노란색 2벌, 파란색 2벌, 초록색 1벌이 있을 때, 5명이 각자 1벌씩 고를 수 있는 경우의 수는?

① 28가지   ② 30가지
③ 32가지   ④ 34가지
⑤ 36가지

06 길이가 390m인 터널을 완전히 통과하는 데 9초가 걸리는 A열차와 길이가 365m인 터널을 완전히 통과하는 데 10초가 걸리는 B열차가 있다. 두 열차가 서로 마주보는 방향으로 달려 완전히 지나가는 데 걸리는 시간은 4.5초이다. B열차의 길이가 335m라면, A열차의 길이는?

① 365m   ② 360m
③ 355m   ④ 350m
⑤ 345m

07 세빈이는 이번 주말에 등산을 하였다. 올라갈 때에는 4km/h의 속력으로 걷고 내려올 때에는 올라갈 때보다 2km 더 먼 거리를 6km/h의 속력으로 걸어 내려왔다. 올라갈 때와 내려올 때 걸린 시간이 같았다면 내려올 때 걸린 시간은?

① 1시간   ② 1.5시간
③ 2시간   ④ 2.5시간
⑤ 3시간

08 직원 A~P 16명이 야유회에 가서 4명씩 4개의 조로 행사를 한다. 첫 번째 이벤트에서 같은 조였던 사람은 두 번째 이벤트에서 같은 조가 될 수 없다. 두 번째 이벤트에서 1, 4조가 〈보기〉처럼 주어졌을 때, 두 번째 이벤트에서 나머지 2개 조로 가능한 경우의 수는?

─────────〈보기〉─────────
- 1조 : I, J, K, L
- 4조 : M, N, O, P

① 8가지   ② 10가지
③ 12가지   ④ 14가지
⑤ 16가지

09 무게가 1개당 15g인 사과와 20g인 자두를 합하여 14개를 사는데 총무게가 235g 이상 250g 이하가 되도록 하려고 한다. 사과를 최대 몇 개까지 살 수 있는가?

① 7개   ② 8개
③ 9개   ④ 10개
⑤ 11개

10 어느 학생이 두 문제 A, B를 푸는데 문제 A를 맞히지 못할 확률은 60%, 두 문제를 모두 맞힐 확률은 24%이다. 이 학생이 문제 A는 맞히고, 문제 B는 맞히지 못할 확률은?

① 36%   ② 30%
③ 28%   ④ 24%
⑤ 16%

11 다음은 1월 2일 K사 주식에 100,000원을 투자한 후 매일 주가 등락률을 정리한 자료이다. 이를 참고하여 주식을 모두 매도했을 때의 설명으로 옳은 것은?

〈전일 대비 주가 등락률〉

구분	1월 3일	1월 4일	1월 5일	1월 6일	1월 9일
등락률	10% 상승	20% 상승	10% 하락	20% 하락	10% 상승

① 1월 5일에 매도할 경우 5,320원 이익이다.
② 1월 6일에 매도할 경우 이익률은 −6.9%이다.
③ 1월 4일에 매도할 경우 이익률은 30%이다.
④ 1월 6일에 매도할 경우 4,450원 손실이다.
⑤ 1월 9일에 매도할 경우 주식 가격은 104,544원이다.

12 다음은 로봇산업현황 중 국내시장 규모를 나타낸 자료이다. 제조업용 로봇 생산액의 2021년 대비 2023년의 성장률은?(단, 소수점 둘째 자리에서 반올림한다)

〈국내시장(생산기준) 규모〉

(단위 : 억 원, %)

구분		2021년		2022년			2023년		
		생산액	구성비	생산액	구성비	전년 대비	생산액	구성비	전년 대비
제조업용 로봇		6,272	87.2	6,410	85.0	2.2	7,016	84.9	9.5
서비스용 로봇		447	6.2	441	5.9	−1.1	483	5.9	9.4
	전문 서비스용	124	1.7	88	1.2	−29.1	122	1.5	38.4
	개인 서비스용	323	4.5	353	4.7	9.7	361	4.4	2.2
로봇부품 및 부분품		478	6.6	691	9.1	44.5	769	9.2	11.4
계		7,197	100	7,542	100	4.8	8,268	100	9.6

① 7.3%　　　　　　　　② 8.9%
③ 10.2%　　　　　　　④ 11.9%
⑤ 13.4%

13 다음은 2021년도 연령별 인구수 현황을 나타낸 그래프이다. 다음 그래프를 볼 때, 각 연령대를 기준으로 남성 인구가 40% 이하인 연령대 ㉠과 여성 인구가 50% 초과 60% 이하인 연령대 ㉡이 바르게 연결된 것은?

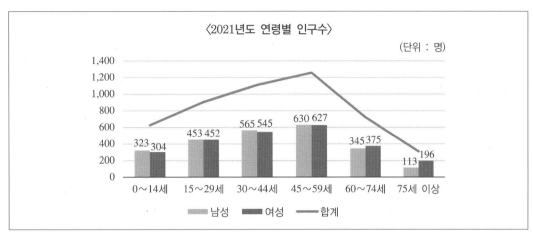

〈2021년도 연령별 인구수〉

	㉠	㉡		㉠	㉡
①	0 ~ 14세	15 ~ 29세	②	30 ~ 44세	15 ~ 29세
③	45 ~ 59세	60 ~ 74세	④	75세 이상	60 ~ 74세
⑤	75세 이상	45 ~ 59세			

14 A보건소에 근무 중인 B대리는 금연치료 프로그램 참가자의 문의전화를 받았다. 참가자는 금연치료의약품과 금연보조제를 처방받아서 복용하고 있는데, 1월 한 달 동안 본인이 부담하는 의약품비가 얼마인지 궁금하다고 하였다. B대리는 참가자가 1월 4일부터 의약품으로는 바레니클린을 복용하며, 금연보조제로는 패치를 사용하고 있다는 사실을 확인한 후 1월 한 달 기준 의약품에 대한 본인부담금을 안내하였다. 이때 B대리가 안내한 본인부담금은?

〈의약품 본인부담금 정보〉

구분	금연치료의약품		금연보조제		
	부프로피온	바레니클린	패치	껌	정제
용법	1일 2정	1일 2정	1일 1장	1일 4 ~ 12정	1일 4 ~ 12정
시장가격	680원/정	1,767원/정	1,353원/장	375원/정	417원/정
국가 지원액	500원/정	1,000원/정	1,500원/일		

※ 의료급여수급권자 및 최저생계비 150% 이하인 자는 상한액 이내 지원
※ 1월 투여기간 : 4 ~ 31일

① 40,068원 ② 41,080원
③ 42,952원 ④ 43,085원
⑤ 44,065원

15 다음은 제54회 전국기능경기대회 지역별 결과이다. 이에 대한 내용으로 옳은 것은?

〈제54회 전국기능경기대회 지역별 결과표〉

(단위 : 개)

지역＼상	금메달	은메달	동메달	최우수상	우수상	장려상
합계(점)	3,200	2,170	900	1,640	780	1,120
서울	2	5	–	10	–	–
부산	9	–	11	3	4	–
대구	2	–	–	–	–	16
인천	–	–	1	2	15	
울산	3	–	–	–	7	18
대전	7	–	3	8	–	–
제주	–	10	–	–	–	–
경기도	13	1	–	–	–	22
경상도	4	8	–	12	–	–
충청도	–	7	–	6	–	–

※ 합계는 전체 참가지역의 각 메달 및 상의 점수합계임

① 메달 1개당 점수는 금메달 80점, 은메달 70점, 동메달 60점이다.
② 메달 및 상을 가장 많이 획득한 지역은 경상도이다.
③ 전국기능경기대회 결과표에서 메달 및 상 중 동메달의 개수가 가장 많다.
④ 울산 지역에서 획득한 메달 및 상의 총점은 800점이다.
⑤ 장려상을 획득한 지역 중 금·은·동메달의 총개수가 가장 적은 지역은 대전이다.

16 다음은 국민연금 운용수익률 추이에 대한 자료이다. 이에 대한 내용으로 옳은 것은?

〈국민연금 운용수익률 추이〉

(단위 : %)

구분		11년 연평균 (2013 ~ 2023년)	5년 연평균 (2019 ~ 2023년)	3년 연평균 (2021 ~ 2023년)	2023년 (2023년 1년간)
1전체		5.24	3.97	3.48	−0.92
금융부문		5.11	3.98	3.49	−0.93
	국내주식	4.72	1.30	3.07	−16.77
	해외주식	5.15	4.75	3.79	−6.19
	국내채권	4.84	3.60	2.45	4.85
	해외채권	4.37	3.58	2.77	4.21
	대체투자	8.75	9.87	8.75	11.80
	단기자금	4.08	1.58	1.59	2.43
공공부문		8.26	−	−	−
복지부문		6.34	−1.65	−1.51	−1.52
기타부문		1.69	0.84	0.73	0.96

① 2023년의 운용수익률은 모든 부문에서 적자를 기록했다.

② 금융부문 운용수익률은 연평균기간이 짧을수록 꾸준히 증가하고 있다.

③ 공공부문은 조사기간 내내 운용수익률이 가장 높은 부문이다.

④ 국민연금 전체 운용수익률은 연평균기간이 짧을수록 점차 감소하고 있다.

⑤ 단기자금 운용수익률은 매년 증가하고 있다.

17 다음은 중성세제 브랜드별 용량 및 가격을 정리한 표이다. 브랜드마다 용량에 대한 가격을 조정했을 때, 브랜드별 판매 가격 및 용량의 변경 전과 변경 후에 대한 판매 금액 차이가 바르게 짝지어진 것은?

〈브랜드별 중성세제 판매 가격 및 용량〉

(단위 : 원, L)

구분		1L당 가격	용량		1L당 가격	용량
A브랜드		8,000	1.3		8,200	1.2
B브랜드	변경 전	7,000	1.4	변경 후	6,900	1.6
C브랜드		3,960	2.5		4,000	2.0
D브랜드		4,300	2.4		4,500	2.5

	A브랜드	B브랜드	C브랜드	D브랜드
①	550원 증가	1,220원 감소	2,000원 증가	930원 증가
②	550원 감소	1,240원 증가	1,900원 증가	930원 증가
③	560원 감소	1,240원 증가	1,900원 감소	930원 증가
④	560원 증가	1,240원 감소	2,000원 감소	900원 감소
⑤	560원 감소	1,220원 증가	1,900원 감소	900원 감소

18 다음은 주요 온실가스의 연평균 농도 변화 추이를 나타낸 표이다. 이에 대한 설명으로 옳지 않은 것은?

〈주요 온실가스의 연평균 농도 변화 추이〉

구분	2016년	2017년	2018년	2019년	2020년	2021년	2022년
이산화탄소(CO_2, ppm)	387.2	388.7	389.9	391.4	392.5	394.5	395.7
오존전량(O_3, DU)	331	330	328	325	329	343	335

① 이산화탄소의 농도는 계속해서 증가하고 있다.
② 오존전량은 계속해서 증가하고 있다.
③ 2022년 오존전량은 2016년의 오존전량보다 4DU 증가했다.
④ 2022년 이산화탄소의 농도는 2017년보다 7ppm 증가했다.
⑤ 오존전량이 가장 크게 감소한 해는 2022년이다.

36 KT그룹 온라인 종합적성검사

19 다음은 우리나라 부패인식지수(CPI) 연도별 변동 추이를 나타낸 표이다. 이에 대한 설명으로 옳지 않은 것은?

<우리나라 부패인식지수(CPI) 연도별 변동 추이>

구분		2016년	2017년	2018년	2019년	2020년	2021년	2022년
CPI	점수	4.5	5.0	5.1	5.1	5.6	5.5	5.4
	조사대상국	146	159	163	180	180	180	178
	순위	47	40	42	43	40	39	39
	백분율	32.2	25.2	25.8	23.9	22.2	21.6	21.9
OECD	회원국	30	30	30	30	30	30	30
	순위	24	22	23	25	22	22	22

※ CPI 0 ~ 10점 : 점수가 높을수록 청렴함

① CPI를 확인해 볼 때, 우리나라는 다른 해에 비해 2020년도에 가장 청렴했다고 볼 수 있다.
② CPI 순위는 2021년에 처음으로 30위권에 진입했다.
③ 청렴도가 가장 낮은 해와 2022년도의 청렴도 점수의 차이는 0.9점이다.
④ 우리나라의 OECD 순위는 2016년부터 현재까지 상위권이라 볼 수 있다.
⑤ CPI 조사대상국은 2019년까지 증가하고 이후 2021년까지 유지되었다.

20 다음은 2021년 우리나라의 LPCD(Liter Per Capital Day)에 대한 자료이다. 1인 1일 사용량에서 영업용 사용량이 차지하는 비중과 1인 1일 가정용 사용량의 하위 두 항목이 차지하는 비중을 순서대로 나열한 것은?(단, 소수점 셋째 자리에서 반올림한다)

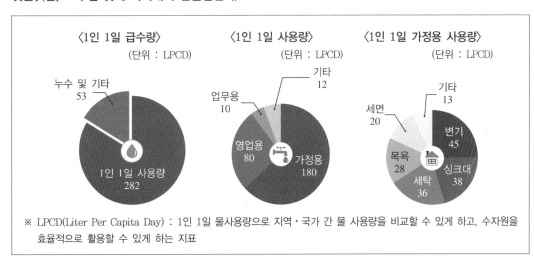

※ LPCD(Liter Per Capita Day) : 1인 1일 물사용량으로 지역・국가 간 물 사용량을 비교할 수 있게 하고, 수자원을 효율적으로 활용할 수 있게 하는 지표

① 27.57%, 16.25%
② 27.57%, 19.24%
③ 28.37%, 18.33%
④ 28.37%, 19.24%
⑤ 30.56%, 20.78%

┃ 2024년 하반기

※ 다음 기호들은 일정한 규칙에 따라 도형을 변화시킨다. 〈보기〉의 도식에 따라 주어진 도형을 변화시켰을 때의
  결과로 옳은 것을 고르시오(단, 주어진 조건이 두 가지 이상일 때 모두 일치해야 Yes로 이동한다). **[1~2]**

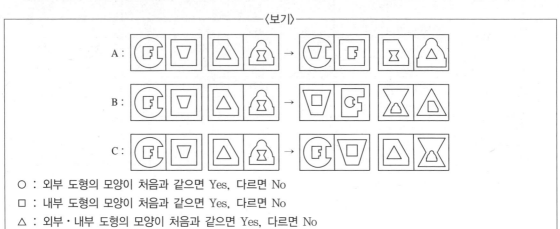

○ : 외부 도형의 모양이 처음과 같으면 Yes, 다르면 No
□ : 내부 도형의 모양이 처음과 같으면 Yes, 다르면 No
△ : 외부·내부 도형의 모양이 처음과 같으면 Yes, 다르면 No

01

02

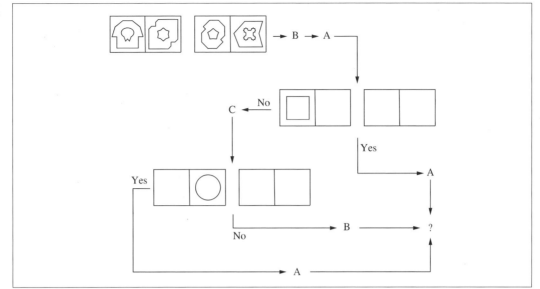

①

②

③

④

⑤

※ 다음 기호들은 일정한 규칙에 따라 도형을 변화시킨다. 〈보기〉의 도식에 따라 주어진 도형을 변화시켰을 때의 결과로 옳은 것을 고르시오(단, 주어진 조건이 두 가지 이상일 때 모두 일치해야 Yes로 이동한다). **[3~4]**

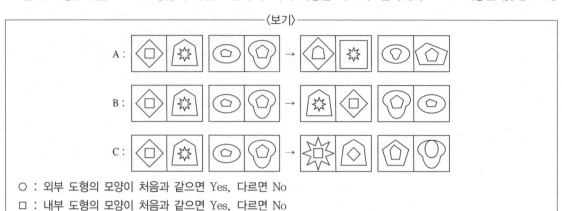

○ : 외부 도형의 모양이 처음과 같으면 Yes, 다르면 No
□ : 내부 도형의 모양이 처음과 같으면 Yes, 다르면 No
△ : 외부·내부 도형의 모양이 처음과 같으면 Yes, 다르면 No

03

① ② ③ ④ ⑤

04

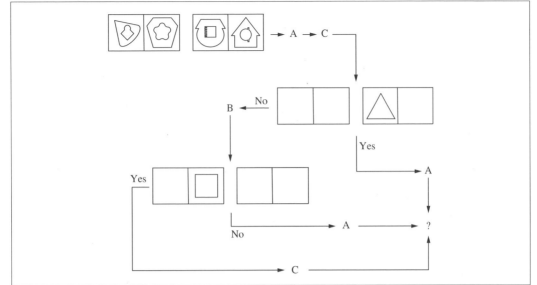

①

②

③

④

⑤

※ 다음 도식의 기호들은 일정한 규칙에 따라 도형을 변화시킨다. 〈보기〉의 규칙을 찾고 ?에 들어갈 알맞은 도형을
고르시오(단, 규칙은 A, B, C 각각의 4개의 칸에 동일하게 적용된 것을 말하며, A, B, C 규칙은 서로 다르다).
[5~6]

05

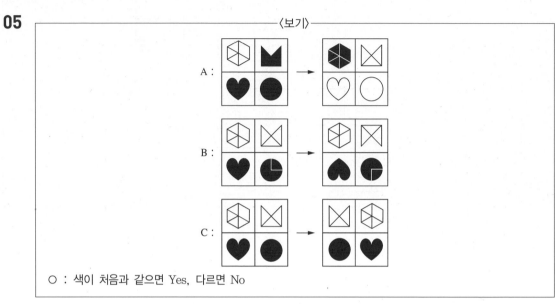

○ : 색이 처음과 같으면 Yes, 다르면 No

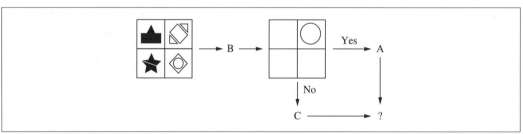

①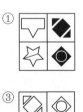

②

③

④

⑤

06

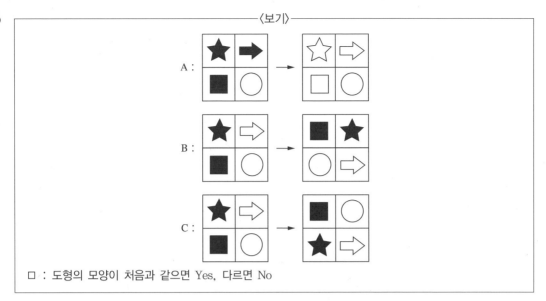

□ : 도형의 모양이 처음과 같으면 Yes, 다르면 No

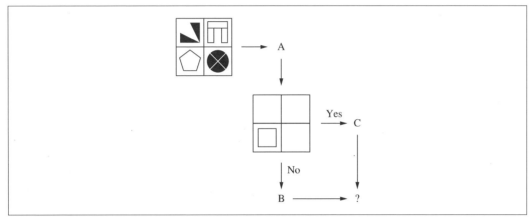

①

②

③

④

⑤

※ 다음 기호들은 일정한 규칙에 따라 도형을 변화시킨다. 〈보기〉의 도식에 따라 주어진 도형을 변화시켰을 때의 결과로 옳은 것을 고르시오(단, 주어진 조건이 두 가지 이상일 때 모두 일치해야 Yes로 이동한다). [7~8]

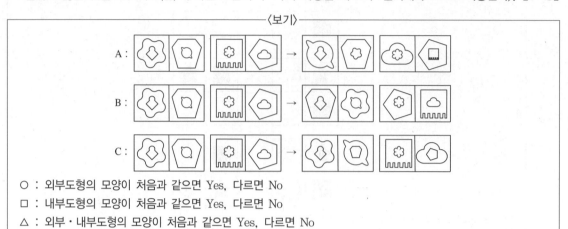

○ : 외부도형의 모양이 처음과 같으면 Yes, 다르면 No
□ : 내부도형의 모양이 처음과 같으면 Yes, 다르면 No
△ : 외부·내부도형의 모양이 처음과 같으면 Yes, 다르면 No

07

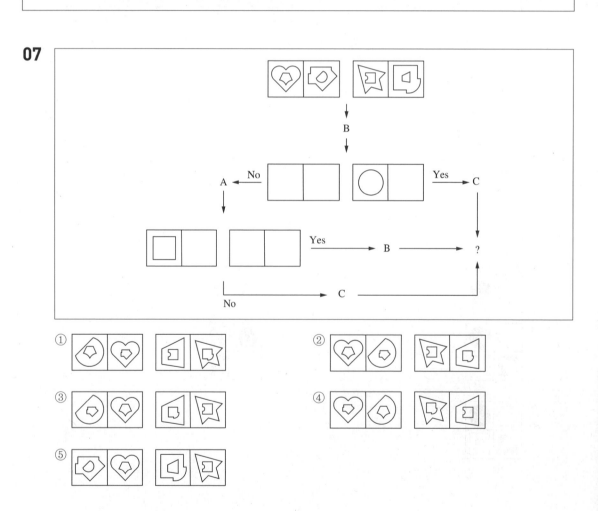

08

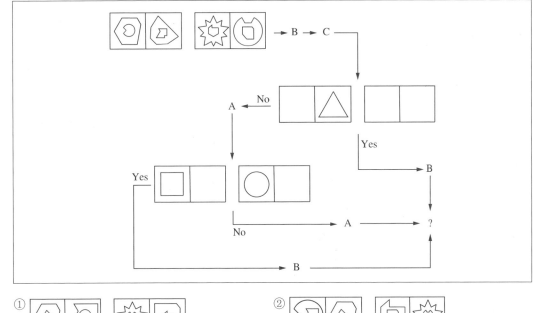

①

②

③

④

⑤

※ 다음 도식의 기호들은 일정한 규칙에 따라 도형을 변화시킨다. 〈보기〉의 규칙을 찾고 ?에 들어갈 알맞은 도형을 고르시오(단, 규칙은 A, B, C 각각의 4개의 칸에 동일하게 적용된 것을 말하며 A, B, C 규칙은 서로 다르다). [9~10]

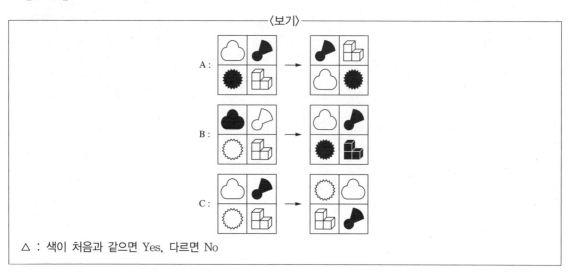

△ : 색이 처음과 같으면 Yes, 다르면 No

09

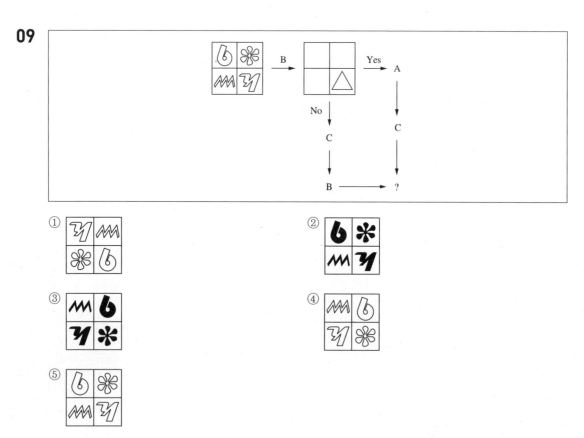

10

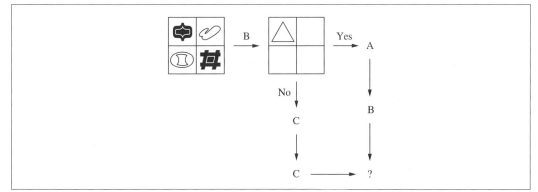

①

②

③

④

⑤

※ 다음 도식의 기호들은 일정한 규칙에 따라 도형을 변화시킨다. 〈보기〉의 규칙을 찾고 ?에 들어갈 알맞은 도형을 고르시오(단, 주어진 조건이 두 가지 이상일 때 모두 일치해야 Yes로 이동한다). **[11~12]**

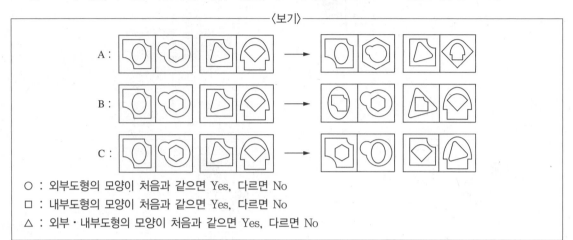

○ : 외부도형의 모양이 처음과 같으면 Yes, 다르면 No
□ : 내부도형의 모양이 처음과 같으면 Yes, 다르면 No
△ : 외부·내부도형의 모양이 처음과 같으면 Yes, 다르면 No

11

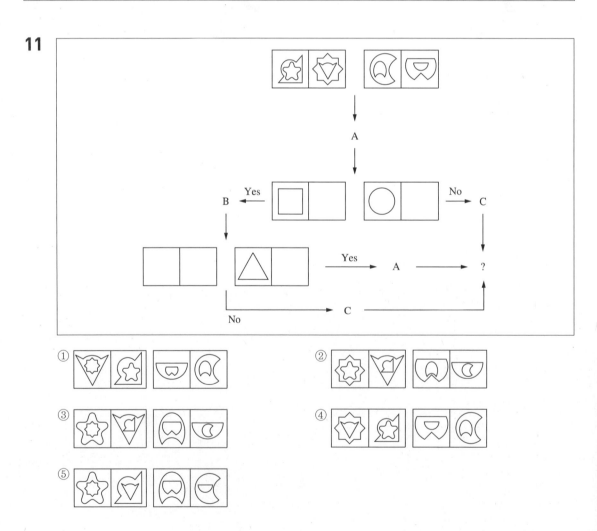

12

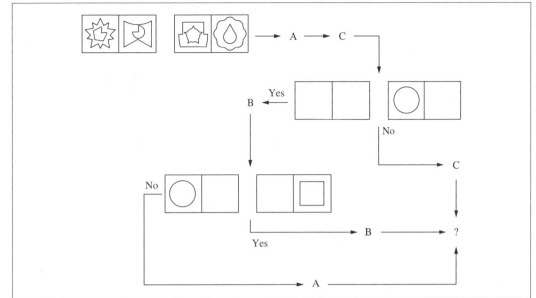

①

②

③

④

⑤

※ 다음 도식의 기호들은 일정한 규칙에 따라 도형을 변화시킨다. 〈보기〉의 규칙을 찾고 ?에 들어갈 알맞은 도형을 고르시오(단, 주어진 조건이 두 가지 이상일 때 모두 일치해야 Yes로 이동한다). [13~14]

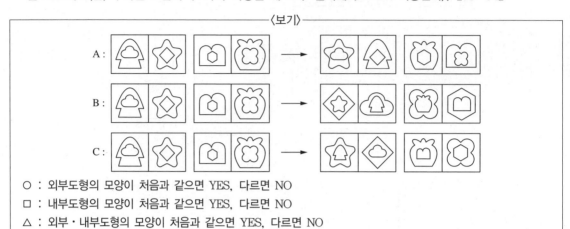

○ : 외부도형의 모양이 처음과 같으면 YES, 다르면 NO
□ : 내부도형의 모양이 처음과 같으면 YES, 다르면 NO
△ : 외부·내부도형의 모양이 처음과 같으면 YES, 다르면 NO

13

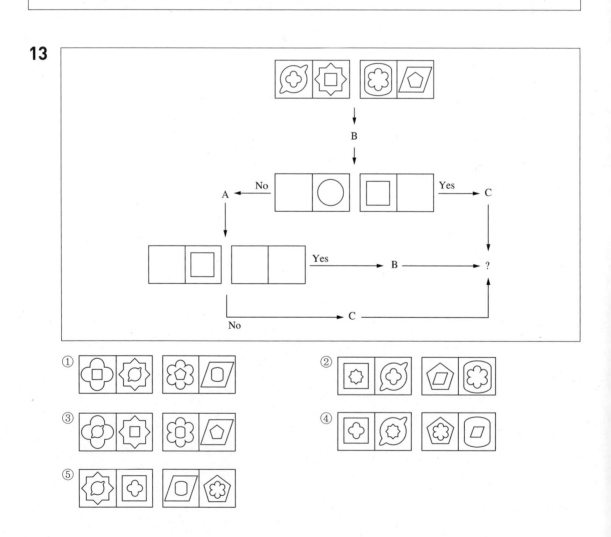

14

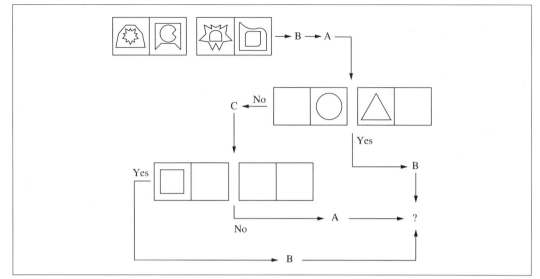

①    ②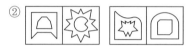

③    ④

⑤

15 다음 도식의 기호들은 일정한 규칙에 따라 도형을 변화시킨다. 〈보기〉의 규칙을 찾고 ?에 들어갈 알맞은 도형을 고르면?(단, 주어진 조건이 두 가지 이상일 때 모두 일치해야 Yes로 이동한다)

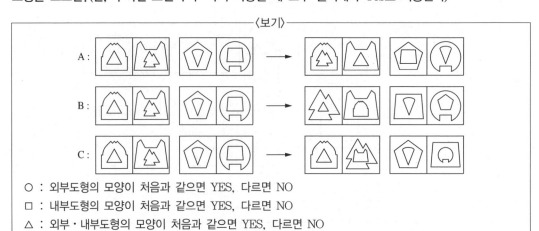

○ : 외부도형의 모양이 처음과 같으면 YES, 다르면 NO
□ : 내부도형의 모양이 처음과 같으면 YES, 다르면 NO
△ : 외부·내부도형의 모양이 처음과 같으면 YES, 다르면 NO

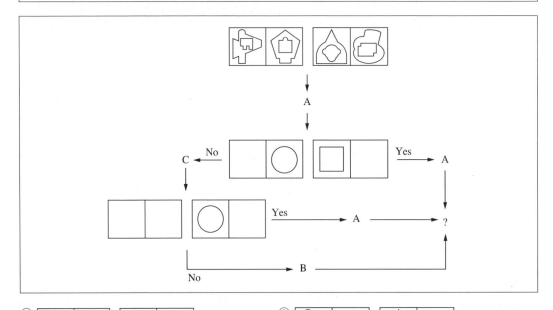

①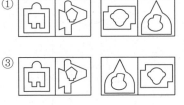

②

③

④

⑤

2일 차
기출응용 모의고사

〈문항 수 및 시험시간〉

KT그룹 온라인 종합적성검사		
영역	문항 수	시험시간
언어	20문항	20분
언어·수추리	20문항	25분
수리	20문항	25분
도형	15문항	20분

2일 차 기출응용 모의고사

문항 수 : 75문항
시험시간 : 90분

제 1 영역 언어

01 다음 글의 제목으로 가장 적절한 것은?

> 감시용으로만 사용되던 CCTV가 최근에 개발된 신기술과 융합되면서 그 용도가 점차 확대되고 있다. 대표적인 것이 인공지능(AI)과의 융합이다. CCTV가 지능을 가지게 되면 단순 행동 감지에서 벗어나 객체를 추적해 행위를 판단할 수 있게 된다. 그저 사람의 눈을 대신하던 CCTV가 사람의 두뇌를 대신하는 형태로 진화하고 있는 셈이다.
>
> 인공지능을 장착한 CCTV는 범죄현장에서 이상 행동을 하는 사람을 선별하고, 범인을 추적하거나 도주 방향을 예측해 통합관제센터로 통보할 수 있다. 또 수상한 사람의 행동 패턴에 따라 지속적인 추적이나 감시를 수행하고, 차량번호 및 사람 얼굴 등을 인식해 관련 정보를 분석 및 제공할 수 있다.
>
> 한국전자통신연구원(ETRI)에서는 CCTV 등의 영상 데이터를 활용해 특정 인물이 어떤 행동을 할지를 사전에 예측하는 영상분석 기술을 연구 중인 것으로 알려져 있다. 인공지능 CCTV는 범인 추적뿐만 아니라 자연재해를 예측하는 데 사용할 수도 있다. 장마철이나 국지성 집중호우 때 홍수로 범람하는 하천의 수위를 감지하는 것은 물론, 산이나 도로 등의 붕괴 예측 등 다양한 분야에 적용될 수 있기 때문이다.

① AI와 융합한 CCTV의 진화
② 범죄를 예측하는 CCTV
③ 당신을 관찰한다, CCTV의 폐해
④ CCTV와 AI의 현재와 미래
⑤ 인공지능과 사람의 공존

02 다음 글을 통해 추론한 내용으로 가장 적절한 것은?

미국 사회에서 동양계 미국인 학생들은 '모범적 소수 인종(Model Minority)'으로, 미국의 교육체계 속에서 뚜렷하게 성공한 소수 인종의 전형으로 간주되어 왔다. 그리고 그들은 성공적인 학교생활을 통해 주류 사회에 동화되고 이것에 의해 사회적 삶에서 인종주의의 영향을 약화시킨다는 주장으로 이어졌다. 하지만 동양계 미국인 학생들이 이렇게 정형화된 이미지처럼 인종주의의 장벽을 넘어 미국 사회의 구성원으로 참여하고 있는지는 의문이다. 미국 사회에서 동양계 미국인 학생들의 인종적 정체성은 다수자인 '백인'의 특성이 장점이라고 생각하는 것과 소수자인 동양인의 특성이 단점이라고 생각 하는 것의 사이에서 구성된다. 그리고 이것은 그들에게 두 가지의 보이지 않는 결과를 제공한다. 하나는 대부분의 동양계 미국인 학생들이 인종적인 차이에 대한 그들의 불만을 해소하고 인종 차이에서 발생하는 차별을 피하고자 백인이 되기를 원하는 것이다. 다른 하나는 다른 사람들이 자신을 동양인으로 연상하지 않도록 자신 스스로 동양인들의 전형적인 모습에서 벗어나려고 하는 것이다. 그러므로 모범적 소수 인종으로서의 동양계 미국인 학생은 백인에 가까운 또는 동양인에서 먼 '미국인'으로 성장할 위험 속에 있다.

① '모범적 소수 인종'은 특유의 인종적 정체성을 내면화하고 있다.
② '동양계 미국인 학생들'의 성공은 일시적이고 허구적인 것이다.
③ 여러 소수 인종 집단은 인종 차이가 초래할 부정적인 효과에 대해 의식하고 있다.
④ 여러 집단의 인종은 사회에서 한정된 자원의 배분을 놓고 갈등하고 있다.
⑤ 다인종 사회에서 다수파 인종은 은폐된 형태로 인종 차별을 지속하고 있다.

03

(가) 상품 생산자, 즉 판매자는 화폐를 얻기 위해 자신의 상품을 시장에 내놓는다. 하지만 생산자가 만들어 낸 상품이 시장에 들어서서 다른 상품이나 화폐와 관계를 맺게 되면, 이제 그 상품은 주인에게 복종하기를 멈추고 자립적인 삶을 살아가게 된다.

(나) 이처럼 상품이나 시장 법칙은 인간에 의해 산출된 것이지만, 이제 거꾸로 상품이나 시장 법칙이 인간을 지배하게 된다. 이때 인간 및 인간들 간의 관계가 소외되는 현상이 나타난다.

(다) 상품은 그것을 만들어 낸 생산자의 분신이지만, 시장 안에서는 상품이 곧 독자적인 인격체가 된다. 즉, 사람이 주체가 아니라 상품이 주체가 된다.

(라) 또한 사람들이 상품들을 생산하여 교환하는 과정에서 시장의 경제 법칙을 만들어 냈지만, 이제 거꾸로 상품들은 인간의 손을 떠나 시장 법칙에 따라 교환된다. 이런 시장 법칙의 지배 아래에서는 사람과 사람 간의 관계가 상품과 상품, 상품과 화폐 등 사물과 사물 간의 관계에 가려 보이지 않게 된다.

① (가) – (다) – (나) – (라)　　　　② (가) – (다) – (라) – (나)
③ (다) – (가) – (라) – (나)　　　　④ (다) – (라) – (가) – (나)
⑤ (다) – (라) – (나) – (가)

04

(가) 근대에 접어들어 모든 사물이 생명력을 갖지 않는 일종의 기계라는 견해가 강조되면서, 아리스토텔레스의 목적론은 비과학적이라는 이유로 많은 비판에 직면한다.

(나) 대표적인 근대 사상가인 갈릴레이는 목적론적 설명이 과학적 설명으로 사용될 수 없다고 주장했고, 베이컨은 목적에 대한 탐구가 과학에 무익하다고 평가했으며, 스피노자는 목적론이 자연에 대한 이해를 왜곡한다고 비판했다.

(다) 일부 현대 학자들은 근대 사상가들이 당시 과학에 기초한 기계론적 모형이 더 설득력을 갖는다는 일종의 교조적 믿음에 의존했을 뿐, 아리스토텔레스의 목적론을 거부할 충분한 근거를 제시하지 못했다고 비판한다.

(라) 이들의 비판은 목적론이 인간 이외의 자연물도 이성을 갖는 것으로 의인화한다는 것이다. 그러나 이런 비판과는 달리 아리스토텔레스는 자연물을 생물과 무생물로, 생물을 식물·동물·인간으로 나누고, 인간만이 이성을 지닌다고 생각했다.

① (가) – (나) – (라) – (다)　　　　② (가) – (다) – (나) – (라)
③ (가) – (라) – (나) – (다)　　　　④ (나) – (다) – (라) – (가)
⑤ (나) – (라) – (다) – (가)

05 다음은 스마트시티에 대한 기사 내용이다. 스마트시티 전략의 사례로 적절하지 않은 것은?

건설·정보통신기술 등을 융·복합하여 건설한 도시기반시설을 바탕으로 다양한 도시서비스를 제공하는 지속가능한 도시를 스마트시티라 한다.

최근 스마트시티에 대한 관심은 사물인터넷이나 만물인터넷 등 기술의 경이적 발달이 제4차 산업혁명을 촉발하고 있는 것과 같은 선상에서, 정보통신기술의 발달이 도시의 혁신을 이끌고 도시 문제를 현명하게 해결할 수 있을 것이라는 기대로 볼 수 있다. 이처럼 정보통신기술을 적극적으로 활용하고자 하는 스마트시티 전략은 중국, 인도를 비롯하여 동남아시아, 남미, 중동 국가 등 전 세계 많은 국가와 도시들이 도시발전을 위한 전략적 수단으로 표방하고 추진 중이다.

국내에서도 스마트시티 사업으로 대전 도안, 화성 동탄 등 26개 도시가 준공되었고, 의정부 민락, 양주 옥정 등 39개 도시가 진행 중에 있다. 스마트시티 관리의 일환으로 공공행정, 기상 및 환경감시 서비스, 도시 시설물 관리, 교통정보 및 대중교통 관리 등이 제공되고, 스마트홈의 일환으로 단지 관리, 통신 인프라, 홈 네트워크 시스템이 제공되며, 시민체감형 서비스의 일환으로 스마트 라이프 기반을 구현한다.

① 거리별 쓰레기통에 센서 장치를 활용하여 쓰레기 배출량 감소 효과
② 방범 CCTV 및 범죄 관련 스마트 앱 사용으로 범죄 발생률 감소 효과
③ 상하수도 및 지질정보 통합 시스템을 이용하여 시설 노후로 인한 누수예방 효과
④ 교통이 혼잡한 도로의 확장 및 주차장 확대로 교통난 해결 효과
⑤ 거리마다 전자민원시스템을 설치하여 도시 문제의 문제해결력 상승 효과

06 다음 글의 논지를 약화하는 사례로 가장 적절한 것은?

아프리카 남동쪽의 큰 섬인 마다가스카르로부터 북동쪽으로 약 1,100km, 인도로부터는 서쪽으로 약 2,800km 떨어진 서인도양의 세이셸 제도에는 '호랑이 카멜레온'이라는 토착종이 살고 있다. 날지도 못하고 수영도 능숙하지 않은 호랑이 카멜레온이 이곳에 살게 된 이유는 대륙의 분리와 이동 때문이다. 호랑이 카멜레온의 조상은 원래 장소에 계속 살고 있었으나, 대륙의 분리 및 이동으로 인해 외딴 섬에 살게 된 것이다. 세이셸 제도는 원래 아프리카, 인도, 마다가스카르 등과 함께 곤드와나 초대륙의 일부였으나 인도 – 마다가스카르와 아프리카가 분리되고, 이후 인도와 마다가스카르가 분리된 다음, 최종적으로 인도와 세이셸 제도가 분리되어 지금에 이르렀다. 호랑이 카멜레온의 조상은 세이셸 제도가 다른 지역과 분리된 후 독립적으로 진화한 것이다.

① 아프리카 남동쪽의 해안선과 마다가스카르 서쪽의 해안선이 거의 일치한다.
② 호랑이 카멜레온과 가장 가까운 공동 조상의 화석이 마다가스카르 섬과 아프리카 대륙에서 발견되었다.
③ 아프리카 남동쪽과 인도 서쪽에서 산맥과 지질 구조가 연속적으로 이어지고 있다.
④ 현재 열대 지역에 속하는 지역에서 과거 빙하의 흔적이 발견되었다.
⑤ 아프리카의 카멜레온과 호랑이 카멜레온의 가장 가까운 공동 조상이 마다가스카르의 카멜레온과 호랑이 카멜레온의 가장 가까운 공동 조상보다 더 나중에 출현했다.

07 다음 글의 주제로 가장 적절한 것은?

우주 개발이 왜 필요한가에 대한 주장은 크게 다음 세 가지로 구분할 수 있다. 먼저 칼 세이건이 우려하는 것처럼 인류가 혜성이나 소행성의 지구 충돌과 같은 재앙에서 살아남으려면 지구 이외의 다른 행성에 식민지를 건설해야 한다는 것이다. 소행성의 지구 충돌로 절멸한 공룡의 전철을 밟지 않기 위해서 말이다. 여기에는 자원 고갈이나 환경오염과 같은 전 지구적 재앙에 대비하자는 주장도 포함된다. 그 다음으로 우리의 관심을 지구에 한정하다는 것은 인류의 숭고한 정신을 가두는 것이라는 호킹의 주장을 들 수 있다. 지동설, 진화론, 상대성 이론, 양자역학, 빅뱅 이론과 같은 과학적 성과들은 인류의 문명뿐만 아니라 정신적 패러다임의 변화에 지대한 영향을 끼쳤다. 마지막으로 우주 개발의 노력에 따르는 부수적인 기술의 파급 효과를 근거로 한 주장을 들 수 있다. 실제로 우주 왕복선 프로그램을 통해 산업계에 이전된 새로운 기술이 100여 가지나 된다고 한다. 인공심장, 신분확인 시스템, 비행추적 시스템 등이 그 대표적인 기술들이다. 그러나 우주 개발에서 얻는 이익이 과연 인류 전체의 이익을 대변할 수 있는가에 대해서는 쉽게 답할 수가 없다. 역사적으로 볼 때 탐사의 주된 목적은 새로운 사실의 발견이라기보다 영토와 자원, 힘의 우위를 선점하기 위한 것이었기 때문이다. 이러한 이유로 우주 개발에 의심의 눈초리를 보내는 사람들도 적지 않다. 그들은 우주 개발에 소요되는 자금과 노력을 지구의 가난과 자원 고갈, 환경 문제 등을 해결하는 데 사용하는 것이 더 현실적이라고 주장한다.

과연 그 주장을 따른다고 해서 이러한 문제들을 해결할 수 있는가? 인류가 우주 개발에 나서지 않고 지구 안에서 인류의 미래를 위한 노력을 경주한다고 가정해보자. 그럴더라도 인류가 사용할 수 있는 자원이 무한한 것은 아니며, 인구의 자연 증가를 막을 수 없다는 문제는 여전히 남는다. 지구에 자금과 노력을 투자해야 한다고 주장하는 사람들은 지금 당장은 아니더라도 언젠가는 이러한 문제들을 해결할 수 있다는 논리를 펼지도 모른다. 그러나 이러한 논리는 우주 개발을 지지하는 쪽에서 마찬가지로 내세울 수 있다. 오히려 인류가 미래에 닥칠 문제를 해결할 수 있는 방법은 지구 밖에서 찾게 될 가능성이 더 크지 않을까?

우주를 개발하려는 시도가 최근에 등장한 것은 아니다. 인류가 의식을 갖게 되면서부터 우주를 꿈꾸어 왔다는 증거는 세계 여러 민족의 창세신화에서 발견된다. 수천 년 동안 우주에 대한 인류의 꿈은 식어갈 줄 몰랐다. 그리고 그 결과가 오늘날의 우주 개발이라는 현실로 다가온 것이다. 이제 인류는 우주의 시초를 밝히게 되었고, 우주의 끄트머리를 바라볼 수 있게 되었으며, 우주 공간에 인류의 거주지를 만들 수 있게 되었다. 우주 개발을 해야 할 것이냐 말아야 할 것이냐는 이제 문제의 핵심이 아니다. 우리가 선택해야 할 문제는 우주 개발을 어떻게 해야 할 것인가이다. "달과 다른 천체들은 모든 나라가 함께 탐사하고 이용할 수 있도록 자유지역으로 남아 있어야 한다. 어느 국가도 영유권을 주장할 수는 없다."라는 린든 B. 존슨의 경구는 우주 개발의 방향을 일러주는 시금석이 되어야 한다.

① 우주 개발의 한계
② 지구의 당면 과제
③ 우주 개발의 정당성
④ 친환경적인 지구 개발
⑤ 우주 개발 기술의 발달

08 다음 글을 통해 추론할 수 있는 내용으로 적절하지 않은 것은?

퐁피두 미술관의 5층 전시장에서 특히 인기가 많은 작가는 마르셀 뒤샹이다. 뒤샹의 '레디메이드' 작품들은 한데 모여 바닥의 하얀 지지대 위에 놓여 있다. 그중 가장 눈에 익숙한 것은 둥근 나무의자 위에 자전거 바퀴가 거꾸로 얹힌 「자전거 바퀴」라는 작품일 것이다. 이 작품은 뒤샹의 대표작인 남자 소변기 「샘」과 함께 현대 미술사에 단골 메뉴로 소개되곤 한다.

위의 사례처럼 이미 만들어진 기성제품, 즉 레디메이드를 예술가가 선택해서 '이것도 예술이다.'라고 선언한다면 우리는 그것을 예술로 인정할 수 있을까? 역사는 뒤샹에게 손을 들어줬고 그가 선택했던 의자나 자전거 바퀴, 옷걸이, 삽, 심지어 테이트 모던에 있는 남자 소변기까지 각종 일상의 오브제들이 20세기 최고의 작품으로 추앙받으면서 미술관에 고이 모셔져 있다. 손으로 잘 만드는 수공예 기술의 예술 시대를 넘어서 예술가가 무엇인가를 선택하는 정신적인 행위와 작업이 예술의 본질이라고 믿었던 뒤샹적 발상의 승리였다.

또한 20세기 중반의 스타 작가였던 잭슨 폴록의 작품도 눈길을 끈다. 기존의 그림 그리는 방식에 싫증을 냈던 폴록은 캔버스를 바닥에 눕히고 물감을 떨어뜨리거나 뿌려서 전에 보지 못했던 새로운 형상을 이룩했다. 물감을 사용하는 새로운 방식을 터득한 그는 '액션 페인팅'이라는 새로운 장르를 개척했다. 그림의 결과보다 그림을 그리는 행위를 더욱 중요시했다는 점에서 뒤샹의 발상과도 연관된다. 미리 계획하고 구성한 것이 아니라 즉흥적이면서도 매우 빠른 속도로 제작하는 그의 작업방식 또한 완전히 새로운 것이었다.

① 퐁피두 미술관은 현대 미술사에 관심 있는 사람들이 방문할 것이다.
② 퐁피두 미술관을 찾는 사람들의 목적은 다양할 것이다.
③ 퐁피두 미술관은 전통적인 예술작품들을 선호할 것이다.
④ 퐁피두 미술관은 파격적인 예술작품들을 배척하지 않을 것이다.
⑤ 퐁피두 미술관은 현대 미술관의 선구자라는 자긍심을 가지고 있을 것이다.

09 다음은 소비 생활에 대한 글을 쓰기 위해 작성한 개요이다. 다음 개요의 빈칸에 들어갈 말로 가장 적절한 것은?

주제문 : _____

개요

Ⅰ. 서론

Ⅱ. 현재의 소비 생활
- 저렴한 가격의 편의성만을 추구하는 제품 구매 및 사용
- 생산 및 유통, 소비 과정에서의 환경오염

Ⅲ. 대안 : 소비 생활의 변화 필요
1. 실천 방법
   가. 환경 친화적인 제품의 구매
   나. 제품 사용 시 환경에 끼칠 영향을 고려함
2. 기대 효과
   가. 소비자가 환경 보전에 참여함
   나. 생산 및 유통, 소비 과정의 변화

Ⅳ. 결론 : 소비 생활의 관점 개선 촉구 및 제언

① 무분별한 일회용품 사용을 줄이자.

② 고가의 제품보다 합리적 가격의 제품을 구매하자.

③ 철저한 분리수거를 통해 환경오염을 줄이자.

④ 환경 친화를 우선시하는 소비 생활을 하자.

⑤ 계획적인 소비를 통해 과소비를 막자.

10 다음 글의 중심 내용으로 가장 적절한 것은?

인지부조화는 한 개인이 가지는 둘 이상의 사고, 태도, 신념, 의견 등이 서로 일치하지 않거나 상반될 때 생겨나는 심리적인 긴장상태를 의미한다. 인지부조화는 불편함을 유발하기 때문에 사람들은 이것을 감소시키려고 한다. 인지부조화를 감소시키는 방법은 서로 모순관계에 있어서 양립할 수 없는 인지들 가운데 하나 이상의 인지가 갖는 내용을 바꾸어 양립할 수 있게 만들거나, 서로 모순되는 인지들 간의 차이를 좁힐 수 있는 새로운 인지를 추가하여 부조화된 인지상태를 조화된 상태로 전환하는 것이다.

그런데 실제로 부조화를 감소시키는 행동은 비합리적인 면이 있다. 그 이유는 그러한 행동들이 사람들로 하여금 중요한 사실을 배우지 못하게 하고 자신들의 문제에 대하여 실제적인 해결책을 찾지 못하도록 할 수 있기 때문이다. 부조화를 감소시키려는 행동은 자기방어적인 행동이고, 부조화를 감소시킴으로써 우리는 자신의 긍정적인 이미지, 즉 자신이 선하고 현명하며 상당히 가치 있는 인물이라는 긍정적인 측면의 이미지를 유지하게 된다. 비록 자기방어적인 행동이 유용한 것으로 생각될 수 있지만, 이러한 행동은 부정적 결과를 초래할 수 있다.

① 인지부조화를 극복하기 위해 합리적인 사고가 필요하다.
② 인지부조화를 감소시키는 방법의 비합리성으로 인해 부정적 결과가 초래될 수 있다.
③ 인지부조화는 합리적인 사고에 도움을 준다는 점에서 긍정적이다.
④ 인지부조화는 자기방어적 행동을 유발하여 정신건강을 해친다.
⑤ 인지부조화를 감소시키는 과정은 긍정적인 자기 이미지 만들기에 효과적이다.

11 다음은 '온라인상의 저작권 침해'에 대한 글을 쓰기 위해 작성한 개요이다. 다음 개요의 수정·보완 및 자료 제시 방안으로 적절하지 않은 것은?

Ⅰ. 서론 : 온라인상에서의 저작권 침해 실태 ································· ㉠

Ⅱ. 본론
    1. 온라인상에서의 저작권 침해 문제가 발생하는 원인
        가. 온라인 특성상 정보를 공유해야 한다는 의식 부족 ············· ㉡
        나. 해외 서버의 불법 복제를 단속하기 위한 다른 나라와의 협조 체제 미비
        다. 확인되지 않은 악성 루머의 유포 ································· ㉢
    2. 온라인상에서의 저작권 침해 문제의 해결 방안
        가. 온라인상에서의 저작권 보호 의식 제고를 위한 교육 실시
        나. _____ ·················· ㉣

Ⅲ. 결론 : 온라인상에서의 저작권 보호 ································· ㉤

---

① ㉠ : 온라인상에서의 저작권 침해 사례를 보도한 신문 기사를 제시한다.

② ㉡ : 상위 항목을 고려하여 '온라인 특성상 저작권을 보호해야 한다는 의식 부족'으로 고친다.

③ ㉢ : 글의 주제를 고려하여 삭제한다.

④ ㉣ : 'Ⅱ－1－나'의 내용을 고려하여 '업로드 속도를 향상하기 위한 국내 서버 증설'이라는 내용을 추가한다.

⑤ ㉤ : 내용을 구체화하기 위해 '온라인상에서의 저작권 보호를 위한 개인과 정부의 행동 촉구'로 수정한다.

12 다음 글에 나타난 입장과 가장 부합하는 견해는?

> 아침에는 부석거리며 일어나서 흙삼태기를 메고 동네에 들어가서 뒷간을 쳐 나르고, 6월이 되어 비·서리가 내리고, 10월이 되어 옅은 얼음이 얼면 뒷간의 남은 찌꺼기와 말똥·쇠똥 또는 횃대 밑의 닭·개·거위 따위의 똥이나, 또는 입회령·좌반룡·완월사·백정향 따위를 취하기를 마치 주옥(珠玉)처럼 소중히 여겼으나 이는 그 사람의 청렴한 인격에는 아무런 손상을 가져오지 않았을 뿐더러, 혼자 그 이익을 차지하였으나 아무런 정의(情義)에도 해로울 것이 없으며, 아무리 탐하여 많이 얻기 힘쓴다 하더라도 남들은 그에게 '사양할 줄 모른다.'고 책하지 않는다.
>
> – 박지원, 『예덕 선생전』

① 마치 오케스트라가 교향곡을 연주하듯, 사회를 구성하는 구성원은 각자의 맡은 곳에서 그 역할을 다해야 하며, 이를 통해 인간 사회는 발전한다.

② 인간에게는 평등을 지향하는 심성이 있게 마련이며, 이는 결과적으로 성취동기를 고취함으로써 개인의 도약은 물론 사회의 발전을 견인하게 된다.

③ 노동의 가치는 신성한 것이며, 고단한 매일의 노동 속에서 느끼는 현세의 고달픔을 극복하고 절제와 청렴을 실천하는 삶이야말로 내세의 복락을 가능케 할 것이다.

④ 사람을 평가하고 판단함에 있어 그 사람이 하는 일을 준거로 삼는 것은 옳지 못하며, 그의 언행과 성품·태도를 먼저 고려해야 한다.

⑤ 사회의 가장 어둡고 비루한 곳에는 등불과도 같은 사람들이 있게 마련이며, 이들이야말로 사회의 부조리를 타파하는 동력이라 할 수 있다.

13

(가) 그중에서도 우리나라의 나전칠기는 중국이나 일본보다 단조한 편이지만, 옻칠의 질이 좋고 자개 솜씨가 뛰어나 우리나라 칠공예만의 두드러진 개성을 가진다. 전래 초기에는 주로 백색의 야광패를 사용하였으나 후대에는 청록 빛깔을 띤 복잡한 색상의 전복껍데기를 많이 사용하였다. 우리나라의 나전칠기는 일반적으로 목제품의 표면에 옻칠을 하고 그것에다 한층 치레 삼아 첨가한다.

(나) 이러한 나전칠기는 특히 통영의 것이 유명하다. 이는 예로부터 통영에는 나전의 원료가 되는 전복이 많이 생산되었으며, 인근 내륙 및 함안지역의 질 좋은 옻이 나전칠기가 발달하는 주요 원인이 되었기 때문이다. 이에 통영시는 지역 명물 나전칠기를 널리 알리기 위해 매년 10월 통영 나전칠기축제를 개최하여 400년을 이어온 통영지방의 우수하고 독창적인 공예법을 소개하고 작품도 전시한다.

(다) 제작방식은 우선 전복껍데기를 얇게 하여 무늬를 만들고 백골에 모시 천을 바른 뒤, 칠과 호분을 섞어 표면을 고른다. 그 후 칠죽 바르기, 삼베 붙이기, 탄회 칠하기, 토회 칠하기를 통해 제조과정을 끝마친다. 또한 문양을 내기 위해 나전을 잘라내는 방법에는 주름질(자개를 문양 형태로 오려낸 것), 이음질(문양 구도에 따라 주름대로 문양을 이어가는 것), 끊음질(자개를 실같이 가늘게 썰어서 문양 부분에 모자이크 방법으로 붙이는 것)이 있다.

(라) 나전칠기는 기물에다 무늬를 나타내는 대표적인 칠공예의 장식기법 중 하나로 얇게 깐 조개껍데기를 여러 가지 형태로 오려내어 기물의 표면에 감입하여 꾸미는 것을 통칭한다. 우리나라는 목기와 더불어 칠기가 발달했는데, 이러한 나전기법은 중국 주대(周代)부터 이미 유행했고 당대(唐代)에 성행하여 한국과 일본에 전해진 것으로 보인다. 나전기법은 여러 나라를 포함한 아시아 일원에 널리 보급되었고 지역에 따라 독특한 성격을 가진다.

① (나) – (다) – (가) – (라) 　　② (나) – (가) – (다) – (라)
③ (다) – (나) – (라) – (가) 　　④ (라) – (가) – (다) – (나)
⑤ (라) – (다) – (나) – (가)

14

(가) 그런데 자연의 일양성은 선험적으로 알 수 있는 것이 아니라 경험에 기대어야 알 수 있는 것이다. 즉, '귀납이 정당한 추론이다.'라는 주장은 '자연은 일양적이다.'라는 다른 지식을 전제로 하는데, 그 지식은 다시 귀납에 의해 정당화되어야 하는 경험 지식이므로 귀납의 정당화는 순환 논리에 빠져 버린다는 것이다. 이것이 귀납의 정당화 문제이다.

(나) 귀납은 논리학에서 연역이 아닌 모든 추론, 즉 전제가 결론을 개연적으로 뒷받침하는 모든 추론을 가리킨다. 귀납은 기존의 정보나 관찰 증거 등을 근거로 새로운 사실을 추가하는 지식 확장적 특성을 지닌다.

(다) 이와 관련하여 흄은 과거의 경험을 근거로 미래를 예측하는 귀납이 정당한 추론이 되려면 미래의 세계가 과거에 우리가 경험해 온 세계와 동일하다는 자연의 일양성, 곧 한결같음이 가정되어야 한다고 보았다.

(라) 이 특성으로 인해 귀납은 근대 과학 발전의 방법적 토대가 되었지만, 한편으로 귀납 자체의 논리 한계를 지적하는 문제들에 부딪히기도 한다.

① (가) – (나) – (다) – (라) 　　② (가) – (다) – (나) – (라)
③ (가) – (라) – (나) – (다) 　　④ (나) – (다) – (라) – (가)
⑤ (나) – (라) – (다) – (가)

15 다음 글의 제목으로 가장 적절한 것은?

'5060세대'. 몇 년 전까지만 해도 그들은 사회로부터 '지는 해' 취급을 받았다. '오륙도'라는 꼬리표를 달아 일터에서 밀어내고, 기업은 젊은 고객만 왕처럼 대우했다. 젊은 층의 지갑을 노려야 돈을 벌 수 있다는 것이 기업의 마케팅 전략이었기 때문이다.

그러나 최근 들어 상황이 달라졌다. 5060세대가 새로운 소비 군단으로 주목되기 시작한 가장 큰 이유는 고령화 사회로 접어들면서 시니어(Senior) 마켓 시장이 급속도로 커지고 있는 데다 이들이 돈과 시간을 가장 넉넉하게 가진 세대이기 때문이다. LG경제연구원에 따르면 50대 이상 인구 비중이 30%에 이르면서 50대 이상을 겨냥한 시장 규모가 100조 원대까지 성장할 예정이다.

통계청이 집계한 가구주 나이별 가계수지 자료를 보면, 한국 사회에서는 50대 가구주의 소득이 가장 높다. 월평균 361만 500원으로 40대의 소득보다도 높은 것으로 집계됐다. 가구주 나이가 40대인 가구의 가계수지를 보면, 소득은 50대보다 적으면서도 교육 관련 지출(45만 6,400원)이 압도적으로 높아 소비 여력이 낮은 편이다. 그러나 50대 가구주의 경우 소득이 높으면서 소비 여력 또한 충분하다. 50대 가구주의 처분가능소득은 288만 7,500원으로 전 연령층에서 가장 높다.

이들이 신흥 소비군단으로 떠오르면서 '애플(APPLE)족'이라는 마케팅 용어까지 등장했다. 활동적이고 (Active) 자부심이 강하며(Pride) 안정적으로(Peace) 고급문화(Luxury)를 즐기는 경제력(Economy) 있는 50대 이후 세대를 뜻하는 말이다. 통계청은 여행과 레저를 즐기는 5060세대를 '주목해야 할 블루슈머*7'가운데 하나로 선정했다. 과거 5060세대는 자식을 보험으로 여기며 자식에게 의존하면서 살아가는 전통적인 노인이었다. 그러나 애플족은 자녀로부터 독립해 자기만의 새로운 인생을 추구한다. '통크족(TONK; Two Only, No Kids)'이라는 별칭이 붙는 이유다. 통크족이나 애플족은 젊은 층의 전유물로 여겨졌던 자기중심적이고 감각 지향적인 소비도 주저하지 않는다. 후반전 인생만은 자기가 원하는 일을 하며 멋지게 살아야 한다고 생각하기 때문이다.

애플족은 한국 국민 가운데 해외여행을 가장 많이 하는 세대이기도 하다. 통계청의 사회통계조사에 따르면 50대의 17.5%가 해외여행을 다녀왔다. 20대, 30대보다 높은 수치다. 그리고 그들은 어떤 지출보다 교양·오락비를 아낌없이 쓰는 것이 특징이다. 전문가들은 애플족의 교양·오락 및 문화에 대한 지출비용은 앞으로도 증가할 것으로 내다보고 있다. 한 사회학과 교수는 "고령사회로 접어들면서 성공적 노화 개념이 중요해짐에 따라 텔레비전 시청, 수면, 휴식 등 소극적 유형의 여가에서 게임 등 재미와 젊음을 찾을 수 있는 진정한 여가로 전환되고 있다."라고 말했다. 이 교수는 젊은이 못지않은 의식과 행동반경을 보이는 5060세대를 겨냥한 다양한 상품과 서비스에 대한 수요가 앞으로도 크게 늘 것이라고 내다보았다.

*블루슈머(Bluesumer) : 경쟁자가 없는 시장을 의미하는 블루오션(Blue Ocean)과 소비자(Consumer)의 합성어로 새로운 제품에 적응력이 높고 소비성향을 선도하는 소비자를 의미한다.

① 애플족의 소비 성향은 어떠한가?
② 5060세대의 사회·경제적 위상 변화
③ 다양한 여가 활동을 즐기는 5060세대
④ 애플족을 '주목해야 할 블루슈머 7'로 선정
⑤ 점점 커지는 시니어 마켓 시장의 선점 방법

16 다음 글에 이어질 내용으로 가장 적절한 것은?

> 스마트폰의 대중화와 함께 빅데이터·AI 등의 디지털 신기술이 도입됨에 따라 핀테크 스타트업 창업이 활성화되고, 플랫폼 사업자가 금융 분야에 진출하는 등 금융 산업의 구조가 근본적으로 변화하고 있다. 또한 몇 해 전 코로나19에 따른 온라인 거래 선호 경향과 금융회사의 재택근무 확대 등이 금융의 비대면화를 심화시키면서 금융의 디지털 전환은 더욱 가속화되어 갔다.
>
> 대표적인 비대면 산업의 디지털금융은 전자적 방식의 결제·송금 등에서 신기술과 결합한 금융 플랫폼으로 성장하고 있다. 결제와 송금이 간편해지고 인증이나 신원 확인 기술이 발전함에 따라 금융 플랫폼의 구축 경쟁은 더욱 심화되었고, 이를 통해 이용자 규모도 크게 성장하게 되었다.
>
> 이러한 이용자의 빅데이터를 기반으로 데이터 경제와 연계한 디지털금융은 ICT 등 연관 산업의 자극제로 작용하여 선도형 디지털 경제에 기여하고 있다. AI·인증기술 등을 통해 고객에게 맞춤형 금융서비스를 제공할 수 있게 되었고, 디지털 신기술에 따른 생산성 향상은 금융의 경계를 확대시켰다.
>
> 이에 따라 EU 등의 해외 주요 국가는 디지털금융의 중요성을 인식하고, 금융 산업의 경쟁과 혁신을 촉진하기 위해 앞 다투어 법과 제도를 정비하고 있다. 그러나 빠르게 발전하는 글로벌 디지털금융의 흐름에도 불구하고 국내 디지털금융을 규율하는 전자금융거래법은 제정 이후 큰 변화가 없어 아날로그 시대의 규제 체계가 지속되고 있다.

① 고객이 새로운 디지털금융 서비스를 경험할 수 있도록 보다 혁신적인 기술 개발에 대한 금융 회사의 노력이 필요하다.

② 디지털금융을 통해 서비스 간의 융·복합이 활성화됨에 따라 통합된 기능이 불필요한 시간을 단축시키고 있다.

③ 디지털금융의 발전으로 공인인증서 위조, 해킹 등을 통한 금융 사고가 증가하면서 개인정보 보호에 대한 필요성이 커지고 있다.

④ 디지털금융의 소외 현상을 방지하고, 세대 간 디지털 정보화 격차를 줄이기 위해서는 고령자 대상의 금융 교육이 필요하다.

⑤ 디지털금융의 혁신과 안정의 균형적인 발전을 위해서는 전자금융거래법의 전면 개정이 필요하다.

17 다음 글을 바탕으로 한 추론으로 적절하지 않은 것은?

> 리플리 증후군이란 허구의 세계를 진실이라 믿고 거짓말과 거짓된 행동을 상습적으로 반복하는 반사회적 인격장애를 뜻한다. 리플리 증후군은 극단적인 감정의 기복을 보이는 등 불안정한 정신상태를 갖고 있는 사람에게서 잘 나타나는 것으로 알려져 있다. 자신의 욕구를 충족시킬 수 없어 열등감과 피해의식에 시달리다가 상습적이고 반복적인 거짓말을 일삼으면서 이를 진실로 믿고 행동하게 된다. 거짓말을 반복하다가 본인이 한 거짓말을 스스로 믿어 버리는 증후군으로서 현재 자신의 상황에 만족하지 못하는 경우에 발생한다. 이는 '만족'이라는 상대적인 개념을 개인이 어떻게 받아들이고 느끼느냐에 따라 달라진다고 할 수 있다.

① 상대적으로 자신에게 만족감을 갖지 못한 사람에게 리플리 증후군이 나타난다.

② 리플리 증후군 환자는 거짓말을 통해 만족감을 얻고자 한다.

③ 열등감과 피해의식은 리플리 증후군의 원인이 된다.

④ 리플리 증후군 환자는 자신의 거짓말을 거짓말로 인식하지 못한다.

⑤ 자신의 상황에 불만족하는 사람은 불안정한 정신 상태를 갖게 된다.

18 다음은 '도시 광산의 활성화'에 대한 글을 쓰기 위해 작성한 개요이다. 다음 개요의 수정·보완 및 자료 제시 방안으로 적절하지 않은 것은?

> Ⅰ. 처음 ·· ㉠
>   1. 도시 광산 운영의 어려움
>   2. 도시 광산 운영 지침 ································· ㉡
> Ⅱ. 중간
>   1. 도시 광산의 필요성
>   가. 천연 광산보다 높은 효율성 ·················· ㉢
>   나. 희소금속의 확보 수단
>   다. 폐전자제품에서의 금속 추출 기술 개발 ·········· ㉣
>   2. 도시 광산의 활성화 방안
>   가. 폐전자제품 수거에 적극 동참 ··················· ㉤
>   나. 폐전자제품 수거 서비스 홍보
> Ⅲ. 끝 : 폐전자제품 수거에 대한 관심 촉구

① ㉠ : '도시 광산'이 생소한 독자를 위해 '도시 광산의 개념 소개'를 하위 항목으로 추가한다.

② ㉡ : 글의 주제를 고려하여 삭제한다.

③ ㉢ : 천연 광산과의 비교를 통해 도시 광산의 높은 효율성을 강조한다.

④ ㉣ : 상위 항목과 어울리지 않으므로 'Ⅱ-2.'의 하위 항목으로 옮긴다.

⑤ ㉤ : '폐전자제품 수거에 적극적 동참을 위한 캠페인 활동'으로 구체화한다.

19 다음은 '청소년 디지털 중독의 폐해와 해결 방안'에 대한 글을 쓰기 위해 작성한 개요이다. 다음 개요를 수정 · 보완하기 위한 방안으로 적절하지 않은 것은?

주제 : 청소년 디지털 중독의 폐해와 해결 방안
Ⅰ. 서론 : 청소년 디지털 중독의 심각성
Ⅱ. 본론
    1. 청소년 디지털 중독의 폐해 ·· ㉠
       가. 타인과의 관계를 원활하게 하지 못하는 사회 부적응 야기
       나. 다양한 기능과 탁월한 이동성을 가진 디지털 기기의 등장 ················ ㉡
    2. 청소년 디지털 중독에 영향을 미치는 요인
       가. 디지털 중독의 심각성에 대한 개인적 · 사회적 인식 부족
       나. 뇌의 기억 능력을 심각하게 퇴화시키는 디지털 치매의 심화 ············· ㉢
       다. 신체 활동을 동반한 건전한 놀이를 위한 시간 및 프로그램의 부족
       라. 자극적이고 중독적인 디지털 콘텐츠의 무분별한 유통
    3. 청소년 디지털 중독을 해결하기 위한 방안
       가. 디지털 중독의 심각성에 대한 교육과 홍보를 위한 전문 기관 확대
       나. 학교, 지역 사회 차원에서 신체 활동을 위한 시간 및 프로그램의 확대
       다. _____ ································ ㉣
Ⅲ. 결론 : 청소년 디지털 중독을 줄이기 위한 사회적 노력의 촉구 ···················· ㉤

① ㉠ : 하위 항목으로 '우울증이나 정서 불안 등의 심리적 질환 초래'를 추가한다.

② ㉡ : 'Ⅱ-1'과 관련된 내용이 아니므로 삭제한다.

③ ㉢ : 'Ⅱ-2'의 내용과 어울리지 않으므로, 'Ⅱ-1'의 하위 항목으로 옮긴다.

④ ㉣ : 'Ⅱ-2'와의 관련성을 고려하여 '청소년을 대상으로 디지털 기기의 사용 시간 제한'이라는 내용을 넣는다.

⑤ ㉤ : '청소년 디지털 중독을 줄이기 위한 개인적 · 사회적 노력의 촉구'로 수정한다.

20 다음 글의 제목으로 가장 적절한 것은?

맥주의 주원료는 양조용수·보리·홉 등이다. 맥주를 양조하기 위해서는 일반적으로 맥주생산량의 10 ~ 20배 정도 되는 물이 필요하며, 이것을 양조용수라고 한다. 양조용수는 맥주의 종류와 품질을 좌우하며, 무색·무취여야 한다. 보리를 싹틔워 맥아로 만든 것을 사용하여 맥주를 제조하는데, 맥주용 보리로는 곡립이 고르고 녹말질이 많으며 단백질이 적은 것 그리고 곡피(穀皮)가 얇으며 발아력이 왕성한 것이 좋다. 홉은 맥주 특유의 쌉쌀한 향과 쓴맛을 만들어 내는 주요 첨가물이며, 맥주를 맑게 하고 잡균의 번식을 막아주는 역할을 한다.

맥주의 제조공정을 살펴보면 맥아제조, 담금, 발효, 저장, 여과의 다섯 단계로 나눌 수 있다. 이 중 발효공정은 맥즙이 발효되어 술이 되는 과정을 말하는데, 효모가 발효탱크 속에서 맥즙에 있는 당분을 알코올과 탄산가스로 분해한다. 이 공정은 1주일간 이어지며, 그동안 맥즙 안에 있던 당분은 점점 줄어들고 알코올과 탄산가스가 늘어나 맥주가 되는 것이다. 이때 발효 중 맥즙의 온도 상승을 막기 위해 탱크를 냉각 코일로 감고 그 표면을 하얀 폴리우레탄으로 단열시키는데, 그 모습이 마치 남극의 이글루처럼 보이기도 한다.

발효의 방법에 따라 하면발효 맥주와 상면발효 맥주로 구분되는데, 이는 어떤 온도에서 발효시키느냐에 달려 있다. 세계 맥주 생산량의 70%를 차지하는 하면발효 맥주는 발효 중 밑으로 가라앉는 효모를 사용해 저온에서 발효시킨 맥주를 말한다. 요즘 유행하는 드래프트비어가 바로 여기에 속한다. 반면, 상면발효 맥주는 주로 영국, 미국, 캐나다, 벨기에 등에서 생산되며 발효 중 표면에 떠오르는 효모로 비교적 높은 온도에서 발효시킨 맥주를 말한다. 에일, 스타우트 등이 상면발효 맥주에 포함된다.

① 홉과 발효 방법의 종류에 따른 맥주 구분법
② 주원료에 따른 맥주의 발효 방법 분류
③ 맥주의 주원료와 발효 방법에 따른 맥주의 종류
④ 맥주의 제조공정
⑤ 맥주의 발효 과정

01 제시된 내용을 바탕으로 내린 A, B의 결론에 대한 판단으로 항상 옳은 것은?

- 갈색, 녹색, 노란색 가방이 있다.
- 녹색 가방에는 손잡이가 있다.
- 갈색과 노란색 가방에는 주머니가 있다.
- 주머니가 있으면 손잡이가 없다.

A : 갈색 가방에는 손잡이가 있다.
B : 노란색 가방에는 주머니가 있다.

① A만 옳다.
② B만 옳다.
③ A, B 모두 옳다.
④ A, B 모두 틀리다.
⑤ A, B 모두 옳은지 틀린지 판단할 수 없다.

02 K사에서는 직원들의 친목 도모를 위해 사내 산악회를 운영하고 있다. A ~ D 4명 중 최소 1명 이상이 산악회 회원이라고 할 때, 다음 〈조건〉에 따라 반드시 참인 것은?

──〈조건〉──
- C가 산악회 회원이면 D도 산악회 회원이다.
- A가 산악회 회원이면 D는 산악회 회원이 아니다.
- D가 산악회 회원이 아니면 B가 산악회 회원이 아니거나 C가 산악회 회원이다.
- D가 산악회 회원이면 B는 산악회 회원이고 C도 산악회 회원이다.

① A는 산악회 회원이다.
② B는 산악회 회원이 아니다.
③ C는 산악회 회원이 아니다.
④ B와 D의 산악회 회원 여부는 같다.
⑤ A ~ D 중 산악회 회원은 2명이다.

03 K사 1층의 카페에서는 모든 음료를 주문할 때마다 음료의 수에 따라 쿠폰에 도장을 찍어준다. 10개의 도장을 모두 채울 경우 1잔의 음료를 무료로 받을 수 있다고 할 때, 다음을 읽고 바르게 추론한 것은?(단, 서로 다른 2장의 쿠폰은 1장의 쿠폰으로 합칠 수 있으며, 음료를 무료로 받을 때 쿠폰은 반납해야 한다)

- A사원은 B사원보다 2개의 도장을 더 모았다.
- C사원은 A사원보다 1개의 도장을 더 모았으나, 무료 음료를 받기엔 2개의 도장이 모자라다.
- D사원은 오늘 무료 음료 한 잔을 포함하여 총 3잔을 주문하였다.
- E사원은 D사원보다 6개의 도장을 더 모았다.

① A사원의 쿠폰과 D사원의 쿠폰을 합치면 무료 음료 1잔을 받을 수 있다.
② A사원은 4개의 도장을 더 모아야 무료 음료 1잔을 받을 수 있다.
③ C사원과 E사원이 모은 도장 개수는 서로 같다.
④ D사원이 오늘 모은 도장 개수는 B사원의 도장 개수보다 많다.
⑤ 도장을 많이 모은 순서대로 나열하면 'C−E−A−B−D'이다.

04 K사에서는 이번 주 월 ~ 금요일에 건강검진을 실시한다. 서로 요일이 겹치지 않도록 하루를 선택하여 건강검진을 받아야 할 때, 다음 〈조건〉에 따라 반드시 참인 것은?

───〈조건〉───
- 이사원은 최사원보다 먼저 건강검진을 받는다.
- 김대리는 최사원보다 늦게 건강검진을 받는다.
- 박과장의 경우 금요일에는 회의로 인해 건강검진을 받을 수 없다.
- 이사원은 월요일 또는 화요일에 건강검진을 받는다.
- 홍대리는 수요일에 출장을 가므로 수요일 이전에 건강검진을 받아야 한다.
- 이사원은 홍대리보다는 늦게, 박과장보다는 먼저 건강검진을 받는다.

① 홍대리는 월요일에 건강검진을 받는다.
② 박과장은 수요일에 건강검진을 받는다.
③ 최사원은 목요일에 건강검진을 받는다.
④ 최사원은 박과장보다 먼저 건강검진을 받는다.
⑤ 박과장은 최사원보다 먼저 건강검진을 받는다.

05 초콜릿 과자 3개와 커피 과자 3개를 A ~ E 5명이 서로 나누어 먹는다고 할 때, 다음을 읽고 바르게 추론한 것은?

> • A와 C는 1종류의 과자만 먹었다.
> • B는 초콜릿 과자 1개만 먹었다.
> • C는 B와 같은 종류의 과자를 먹었다.
> • D와 E 중 한 명은 2종류의 과자를 먹었다.

① A는 초콜릿 과자 2개를 먹었다.

② C는 초콜릿 과자 2개를 먹었다.

③ A가 커피 과자 1개를 먹었다면, D와 E 중 1명은 과자를 먹지 못했다.

④ A가 커피 과자 1개를 먹었다면, D가 2종류의 과자를 먹었을 것이다.

⑤ A와 D가 같은 과자를 하나씩 먹었다면, E가 2종류의 과자를 먹었을 것이다.

06 다음 명제가 모두 참일 때, 반드시 참인 명제는?

> • 어떤 학생은 음악을 즐긴다.
> • 모든 음악을 즐기는 것은 나무로 되어 있다.
> • 나무로 되어 있는 것은 모두 악기다.

① 어떤 학생은 악기다.

② 모든 학생은 악기다.

③ 모든 음악을 즐기는 것은 학생이다.

④ 어떤 음악을 즐기는 것은 나무로 되어 있지 않다.

⑤ 모든 악기는 학생이다.

07 운동선수인 A~D 4명은 각자 하는 운동이 모두 다르다. 농구를 하는 사람은 늘 진실을 말하고, 축구를 하는 사람은 늘 거짓을 말하며, 야구와 배구를 하는 사람은 진실과 거짓을 1개씩 말한다. 이들이 다음과 같이 진술했을 때 선수와 운동이 바르게 짝지어진 것은?

> • A : C는 농구를 하고, B는 야구를 한다.
> • B : C는 야구, D는 배구를 한다.
> • C : A는 농구, D는 배구를 한다.
> • D : B는 야구, A는 축구를 한다.

① A : 야구　　　　　　　　② A : 배구

③ B : 축구　　　　　　　　④ C : 농구

⑤ D : 배구

08 다음 명제가 모두 참일 때 반드시 참인 명제는?

> • 어떤 안경은 바다를 좋아한다.
> • 바다를 좋아하는 것은 유리로 되어 있다.
> • 모든 유리로 되어 있는 것은 열쇠이다.

① 모든 안경은 열쇠이다.

② 유리로 되어 있는 어떤 것 중 안경이 있다.

③ 바다를 좋아하는 모든 것은 안경이다.

④ 바다를 좋아하는 어떤 것은 유리로 되어 있지 않다.

⑤ 안경이 아닌 것은 바다를 좋아하지 않는다.

09 다음 문장을 읽고 바르게 추론한 것은?

> • 한나는 장미를 좋아한다.
> • 노란색을 좋아하는 사람은 사과를 좋아하지 않는다.
> • 장미를 좋아하는 사람은 사과를 좋아한다.

① 사과를 좋아하지 않는 사람은 장미를 좋아한다.
② 노란색을 좋아하지 않는 사람은 사과를 좋아한다.
③ 장미를 좋아하는 사람은 노란색을 좋아한다.
④ 한나는 노란색을 좋아하지 않는다.
⑤ 사과를 좋아하는 사람은 장미를 싫어한다.

10 4개의 상자 A ~ D 중 어느 하나에 2개의 진짜 열쇠가 들어 있고, 다른 어느 한 상자에 2개의 가짜 열쇠가 들어 있다. 또한 각 상자에는 다음과 같이 2개의 안내문이 쓰여 있는데, 각 상자의 안내문 중 하나는 참이고 다른 하나는 거짓이다. 다음 중 항상 옳은 것은?

〈상자의 안내문〉	
A상자	– 어떤 진짜 열쇠도 순금으로 되어 있지 않다. – C상자에 진짜 열쇠가 들어 있다.
B상자	– 가짜 열쇠는 이 상자에 들어 있지 않다. – A상자에는 진짜 열쇠가 들어 있다.
C상자	– 이 상자에 진짜 열쇠가 들어 있다. – 어떤 가짜 열쇠도 구리로 되어 있지 않다.
D상자	– 이 상자에 진짜 열쇠가 들어 있다. – 가짜 열쇠 중 어떤 것은 구리로 되어 있다.

① B상자에 가짜 열쇠가 들어 있지 않다.
② C상자에 진짜 열쇠가 들어 있지 않다.
③ D상자의 첫 번째 안내문은 거짓이다.
④ 모든 가짜 열쇠는 구리로 되어 있다.
⑤ 어떤 진짜 열쇠는 순금으로 되어 있다.

※ 다음은 일정한 규칙으로 나열한 수열이다. 빈칸에 들어갈 알맞은 수를 고르시오. [11~20]

11

| 4 -1 8   16 -256 (   ) |

① 4,096   ② $-4,096$

③ 4,192   ④ 8,192

⑤ $-8,192$

12

| 1 -1 3 -5 11 -21 43   (   ) |

① -85 ② -86

③ 129   ④ -129

⑤ 155

13

| 5   8   17   44   125   (   ) |

① 365   ② 368

③ 371   ④ 374

⑤ 377

14

| 4   (   )   5   10   7   14   11 |

① 3   ② 8

③ 11   ④ 12

⑤ 15

15

$\frac{1}{2}$	1	$\frac{1}{3}$	$\frac{13}{12}$	( )	$\frac{67}{60}$	

① $\frac{7}{6}$ ② $\frac{5}{6}$

③ $\frac{13}{24}$ ④ $\frac{5}{8}$

⑤ $\frac{17}{60}$

16

4	6	12	24	( )	96	108	384

① 10 ② 9

③ 28 ④ 36

⑤ 44

17

84	80	42	20	21	( )	10.5	1.25

① 7 ② 6

③ 5 ④ 4

⑤ 3

18

3	8	25	4	5	21	5	6	( )

① 27   ② 28

③ 29   ④ 30

⑤ 31

19

121	144	169	( )	225	256

① 182   ② 186

③ 192   ④ 196

⑤ 198

20

11	21	10	10	36	8	8	( )	5

① 12   ② 13

③ 36   ④ 39

⑤ 43

01 A는 지난 주말 집에서 128km 떨어진 거리에 있는 할머니 댁을 방문했다. 차를 타고 중간에 있는 휴게소까지 40km/h의 속력으로 이동하였고, 휴게소부터 할머니 댁까지는 60km/h의 속력으로 이동하여 총 3시간 만에 도착하였다. 집에서 휴게소까지의 거리는?(단, 휴게소에서 머문 시간은 포함하지 않는다)

① 24km
② 48km
③ 72km
④ 104km
⑤ 108km

02 10명으로 구성된 팀이 2대의 차에 나눠 타고 야유회를 가려고 한다. 차량은 각각 5인승과 7인승이고, 운전을 할 수 있는 사람은 2명이다. 10명의 팀원이 차에 나눠 타는 경우의 수는?(단, 차량 내 좌석은 구분하지 않는다)

① 77가지
② 96가지
③ 128가지
④ 154가지
⑤ 308가지

03 서경이는 흰색 깃발과 검은색 깃발을 하나씩 갖고 있는데, 깃발을 총 5번 들어 신호를 표시하려고 한다. 같은 깃발은 4번까지만 사용하여 신호를 표시한다면, 만들 수 있는 신호의 수는?

① 14가지
② 16가지
③ 30가지
④ 32가지
⑤ 36가지

04 농도 7%의 소금물 300g에 농도 4%의 소금물 150g을 섞은 후, 물을 넣어 농도가 3%인 소금물을 만들었다. 이때 농도를 반으로 줄이기 위해 추가로 넣은 물의 양은?

① 100g
② 150g
③ 250g
④ 300g
⑤ 450g

05 A, B, C 3명이 가위바위보를 할 때, 3번 안에 승자와 패자가 가려질 확률은?

① $\dfrac{1}{2}$ 　　　　② $\dfrac{1}{3}$

③ $\dfrac{1}{21}$ 　　　　④ $\dfrac{25}{27}$

⑤ $\dfrac{26}{27}$

06 어느 해의 10월 1일은 월요일이다. 다음 해의 3월 1일은 무슨 요일인가?(단, 다음 해는 윤년이다)

① 수요일 　　　　② 목요일

③ 금요일 　　　　④ 토요일

⑤ 일요일

07 A, B, C 3명은 주기적으로 집안 청소를 한다. A는 6일마다, B는 8일마다, C는 9일마다 청소를 할 때, 3명이 9월 10일에 같이 청소를 했다면 다음으로 같이 청소하는 날은?

① 11월 5일 　　　　② 11월 12일

③ 11월 16일 　　　　④ 11월 21일

⑤ 11월 29일

08 다음은 K사 서비스 센터에서 A지점의 만족도를 조사한 자료이다. 이에 대한 설명으로 옳지 않은 것은?

<서비스 만족도 조사 결과>

만족도	응답자 수(명)	비율(%)
매우 만족	(A)	20%
만족	33	22%
보통	(B)	(C)
불만족	24	16%
매우 불만족	15	(D)
합계	150	100%

① 방문 고객 150명을 대상으로 은행서비스 만족도를 조사하였다.

② 응답한 고객 중 30명이 본 지점의 서비스를 '매우 만족'한다고 평가하였다.

③ 내방 고객의 약 $\frac{1}{3}$이 본 지점의 서비스 만족도를 '보통'으로 평가하였다.

④ '불만족' 이하 구간이 26%의 비중을 차지하고 있다.

⑤ 고객 중 $\frac{1}{5}$이 '매우 불만족'으로 평가하였다.

09 다음은 통계청에서 발표한 서울 지역 물가지수이다. 이를 해석한 내용으로 옳지 않은 것은?

〈서울 지역 소비자물가지수 및 생활물가지수〉

(단위 : %)

구분	2021년	2022년				2023년				2024년		
	4/4	1/4	2/4	3/4	4/4	1/4	2/4	3/4	4/4	1/4	2/4	3/4
소비자 물가지수	95.5	96.4	97.7	97.9	99.0	99.6	100.4	100.4	101.0	102.6	103.4	104.5
전년 동기 (월)비	4.2	3.9	2.5	2.4	2.7	2.5	2.5	2.8	3.2	3.6	3.8	4.1
생활물가 지수	95.2	95.9	97.1	97.6	99.1	99.7	99.7	100.4	100.9	103.1	103.5	104.5
전년 동기 (월)비	3.5	3.1	2.4	2.5	3.4	2.7	2.7	2.9	3.4	4.0	3.8	4.1

※ 물가지수는 2011년을 100으로 하여 각 연도의 비교치를 제시한 것임

① 2011년에 비해 2023년 소비자물가지수는 거의 변동이 없다.

② 2024년 4/4분기의 생활물가지수가 95.9포인트라면, 2024년 생활물가지수는 2011년에 비해 2포인트 이상 상승했다.

③ 2021년 이후 소비자물가지수와 생활물가지수는 매년 상승했다.

④ 2023년에는 소비자물가지수가 생활물가지수보다 약간 더 높다.

⑤ 전년 동기와 비교하여 상승 폭이 가장 큰 것은 2021년 4/4분기 소비자물가지수이고, 가장 낮은 것은 2022년 2/4분기 생활물가지수와 2022년 3/4분기 소비자물가지수이다.

10 다음은 어느 지역의 주화 공급에 관한 자료이다. 이에 대한 〈보기〉의 설명 중 옳은 것을 모두 고르면?

〈주화 공급량 및 공급기관 수〉

구분	액면가				
	10원	50원	100원	500원	합계
공급량(만 개)	3,469	2,140	2,589	1,825	10,023
공급기관 수(개)	1,519	929	801	953	4,202

※ (평균 주화 공급량)=$\dfrac{(주화\ 종류별\ 공급량의\ 합)}{(주화\ 종류\ 수)}$

※ (주화 공급액)=(주화 공급량)×(액면가)

―――――〈보기〉―――――

ㄱ. 주화 공급량이 주화 종류별로 200만 개씩 증가한다면 이 지역의 평균 주화 공급량은 2,700만 개 이상이다.
ㄴ. 주화 종류별 공급기관당 공급량은 10원 주화가 500원 주화보다 적다.
ㄷ. 10원과 500원 주화는 10%씩, 50원과 100원 주화는 20%씩 공급량이 증가한다면, 이 지역의 평균 주화 공급량의 증가율은 15% 이하이다.
ㄹ. 총주화 공급액 규모가 12% 증가해도 주화 종류별 주화 공급량의 비율은 변하지 않는다.

① ㄱ, ㄴ
② ㄱ, ㄷ
③ ㄴ, ㄷ, ㄹ
④ ㄱ, ㄷ, ㄹ
⑤ ㄷ, ㄹ

11 다음은 한국생산성본부에서 작성한 혁신클러스터 시범단지 현황이다. 반월시화공단과 울산공단의 업체당 평균 고용인원의 차이는?(단, 업체당 평균 고용인원은 소수점 둘째 자리에서 반올림한다)

〈혁신클러스터 시범단지 현황〉

단지명	특화업종	입주기업 (개사)	생산규모 (억원)	수출액 (백만 불)	고용인원 (명)
창원	기계	1,893	424,399	17,542	80,015
구미	전기전자	1,265	612,710	36,253	65,884
반월시화	부품소재	12,548	434,106	6,360	195,635
울산	자동차	1,116	1,297,185	57,329	101,677

① 83.1명
② 75.5명
③ 71.4명
④ 68.6명
⑤ 65.9명

12 다음은 시도별 인구변동 현황에 대한 자료이다. 이에 대한 〈보기〉의 설명 중 옳은 것을 모두 고르면?

<시도별 인구변동 현황>

(단위 : 천 명)

구분	2018년	2019년	2020년	2021년	2022년	2023년	2024년
전체	49,582	49,782	49,990	50,269	50,540	50,773	51,515
서울	10,173	10,167	10,181	10,193	10,201	10,208	10,312
부산	3,666	3,638	3,612	3,587	3,565	3,543	3,568
대구	2,525	2,511	2,496	2,493	2,491	2,489	2,512
인천	2,579	2,600	2,624	2,665	2,693	2,710	2,758
광주	1,401	1,402	1,408	1,413	1,423	1,433	1,455
대전	1,443	1,455	1,466	1,476	1,481	1,484	1,504
울산	1,081	1,088	1,092	1,100	1,112	1,114	1,126
경기	10,463	10,697	10,906	11,106	11,292	11,460	11,787

〈보기〉

ㄱ. 서울인구와 경기인구의 차이는 2018년에 비해 2024년에 더 커졌다.

ㄴ. 2018년과 비교했을 때, 2024년 인구가 감소한 지역은 부산뿐이다.

ㄷ. 전년 대비 증가한 인구수를 비교했을 때, 광주는 2024년에 가장 많이 증가했다.

ㄹ. 대구는 전년 대비 2020년부터 인구가 꾸준히 감소했다.

① ㄱ, ㄴ   ② ㄱ, ㄷ

③ ㄴ, ㄷ   ④ ㄴ, ㄹ

⑤ ㄱ, ㄴ, ㄷ

13 다음은 2024년 하반기 고령자 고용동향이다. 다음 중 빈칸에 들어갈 수치로 옳은 것은?(단, 각 수치는 전월 대비 일정한 규칙에 따라 변화한다)

〈2024년 하반기 고령자 고용동향〉

(단위 : 천 명, %)

구분	7월	8월	9월	10월	11월	12월
생산가능인구	36,788	36,796	36,786	36,786	36,782	36,788
고령 생산가능인구 비중	21	21	21.1	21.1	21.2	21.2
고령자 경제활동 참가율	64.1	65.3	66.5	67.7		70.1
고령자 고용률	67.3	66.9	67.2	67.4	67.2	66.1
고령자 실업률	2.8	3.2	3	2.7	2.7	2.8

※ 생산가능인구 연령은 15세부터 64세까지이다.

① 64.5
② 65.9
③ 67.7
④ 68.9
⑤ 69.4

14 다음은 2024년 권역별 광고경기 체감도를 점수화한 자료이다. 광고경기 체감도가 80 ~ 99점이라고 답한 수도권 업체 수는 체감도가 120점 이상이라고 답한 경상권 업체 수의 몇 배인가?(단, 모든 계산은 소수점 첫째 자리에서 반올림한다)

〈권역별 광고경기 체감도〉

(단위 : 개, %)

구분	사업체 수	60점 미만	60점 ~ 79점	80점 ~ 99점	100점 ~ 119점	120점 이상	평균
전체	7,229	8.4	13.4	32.8	38.6	6.8	90.1
수도권	5,128	9.8	14.3	30.5	39.4	6.0	88.3
강원권	102	0	4.3	47.2	44.2	4.3	94.1
충청권	431	7.8	13.7	29.8	38.5	10.2	101.2
전라권	486	1.2	1.6	54.9	41.1	1.2	96
경상권	1,082	5.9	15.2	34.0	33.1	11.8	91.2

① 9배
② 10배
③ 11배
④ 12배
⑤ 13배

15 K사의 2022년부터 2024년까지 신입사원 중 여성은 매년 30명씩 증가했다. 2024년의 신입사원 총원이 500명일 때, 남녀의 성비는?(단, 남녀 성비는 여자 100명당 남자 비율이고, 소수점 둘째 자리에서 반올림한다)

〈K사 신입사원 성비〉

(단위 : 명)

구분	2022년	2023년	2024년
남자	210	200	
여자	230	260	
전체	440	460	500

① 71.0
② 72.4
③ 72.8
④ 73.1
⑤ 73.4

16 다음은 민간분야 사이버 침해사고 발생현황에 대한 자료이다. 기타 해킹이 가장 많았던 연도의 전체 사이버 침해사고 건수의 전년 대비 증감률은?(단, 소수점 첫째 자리에서 반올림한다)

〈민간분야 사이버 침해사고 발생현황〉

(단위 : 건)

구분	2021년	2022년	2023년	2024년
홈페이지 변조	6,490	10,148	5,216	3,727
스팸릴레이	1,163	988	731	365
기타 해킹	3,175	2,743	4,126	2,961
단순침입시도	2,908	3,031	3,019	2,783
피싱 경유지	2,204	4,320	3,043	1,854
전체	15,940	21,230	16,135	11,690

① ㅡ26%
② ㅡ25%
③ ㅡ24%
④ ㅡ23%
⑤ ㅡ22%

17 다음은 2015 ~ 2024년 주택전세가격 동향에 대한 자료이다. 이에 대한 해석으로 옳지 않은 것은?

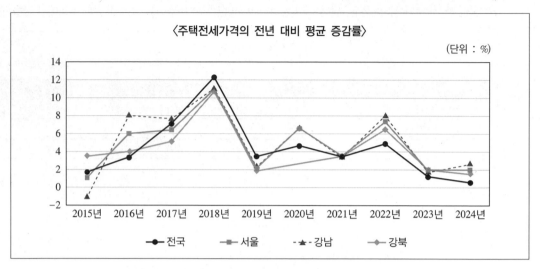

① 전국 주택전세가격은 2015년부터 2024년까지 매년 증가하고 있다.

② 2018년 강북의 주택전세가격은 2016년과 비교해 20% 이상 증가했다.

③ 2022년 이후 서울의 주택전세가격 증가율은 전국 평균 증가율보다 높다.

④ 강남 지역 주택전세가격의 전년 대비 증가율이 가장 높은 시기는 2018년이다.

⑤ 2015년부터 2024년까지 주택전세가격이 전년 대비 감소한 적이 있는 지역은 한 곳뿐이다.

18 다음은 A국의 2020 ~ 2024년 부양인구비를 나타낸 자료이다. 2024년 15세 미만 인구 대비 65세 이상 인구의 비율은?(단, 비율은 소수점 둘째 자리에서 반올림한다)

〈부양인구비〉

구분	2020년	2021년	2022년	2023년	2024년
부양비	37.3	36.9	36.8	36.8	36.9
유소년부양비	22.2	21.4	20.7	20.1	19.5
노년부양비	15.2	15.6	16.1	16.7	17.3

※ (유소년부양비)$=\dfrac{(15세\ 미만\ 인구)}{(15 \sim 64세\ 인구)}\times100$

※ (노년부양비)$=\dfrac{(65세\ 이상\ 인구)}{(15 \sim 64세\ 인구)}\times100$

① 72.4% ② 77.6%
③ 81.5% ④ 88.7%
⑤ 90.1%

19 금연프로그램을 신청한 흡연자 A씨는 국민건강보험공단에서 진료 및 상담비용과 금연보조제 비용의 일정 부분을 지원받고 있다. A씨는 의사와 상담을 6회 받았고, 금연보조제로 니코틴패치 3묶음을 구입했다고 할 때, 다음 지원 현황에 따라 A씨가 지불하는 부담금은?

〈금연프로그램 지원 현황〉

구분	진료 및 상담	금연보조제(니코틴패치)
가격	30,000원/회	12,000원/묶음
지원금 비율	90%	75%

※ 진료 및 상담료 지원금은 6회까지 지원한다.

① 21,000원 ② 23,000원
③ 25,000원 ④ 27,000원
⑤ 29,000원

20 다음은 2020 ~ 2024년의 학교 수 현황에 대한 그래프이다. 이에 대한 다음 〈보기〉의 설명 중 옳은 것을 모두 고르면?

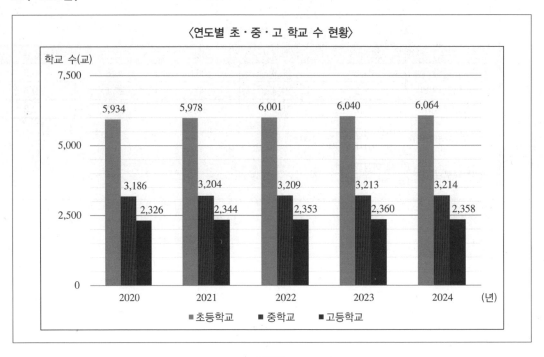

〈보기〉
ㄱ. 2021년부터 2024년까지 초등학교 수와 고등학교 수의 전년 대비 증감추이는 동일하다.
ㄴ. 2020년부터 2024년까지 초등학교 수와 중학교 수의 차이가 가장 큰 해는 2023년이다.
ㄷ. 초·중·고등학교 수의 총합은 2022년 대비 2024년에 증가하였다.

① ㄱ
② ㄷ
③ ㄱ, ㄴ
④ ㄴ, ㄷ
⑤ ㄱ, ㄴ, ㄷ

01 다음 도식의 기호들은 일정한 규칙에 따라 도형을 변화시킨다. 〈보기〉의 규칙을 찾고 ?에 들어갈 알맞은 도형을 고르면?

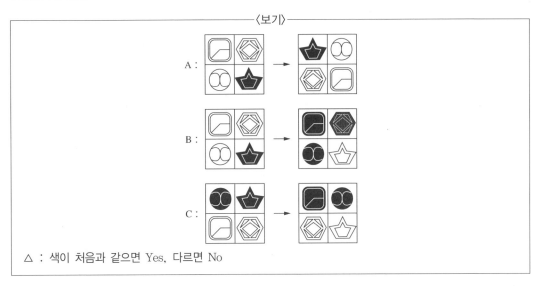

△ : 색이 처음과 같으면 Yes, 다르면 No

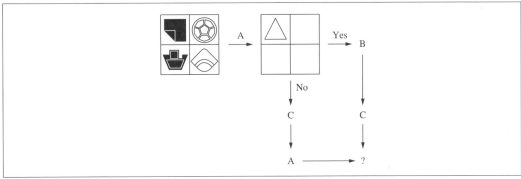

①

②

③

④

⑤

※ 다음 도식의 기호들은 일정한 규칙에 따라 도형을 변화시킨다. 〈보기〉의 규칙을 찾고 ?에 들어갈 알맞은 도형을 고르시오. [2~3]

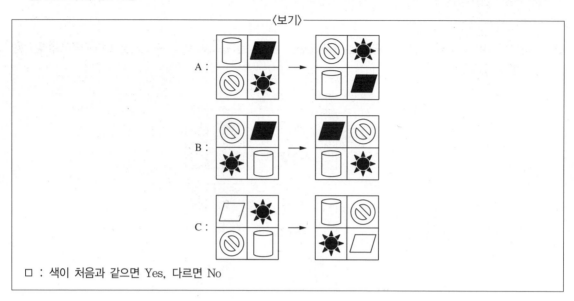

□ : 색이 처음과 같으면 Yes, 다르면 No

02

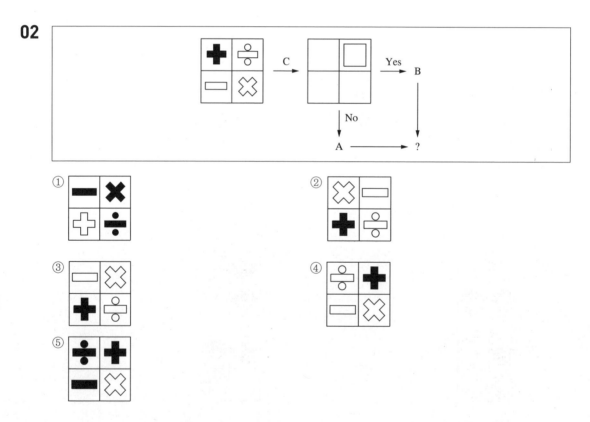

03

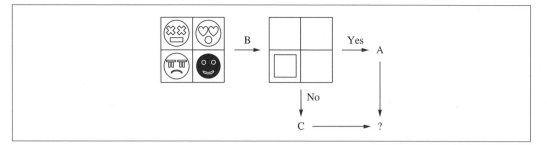

①

②

③

④

⑤

※ 다음 도식의 기호들은 일정한 규칙에 따라 도형을 변화시킨다. 〈보기〉의 규칙을 찾고 ?에 들어갈 알맞은 도형을 고르시오. [4~5]

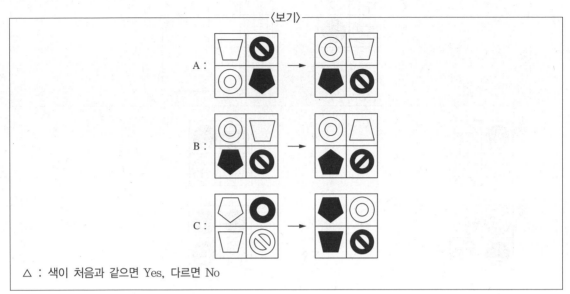

04

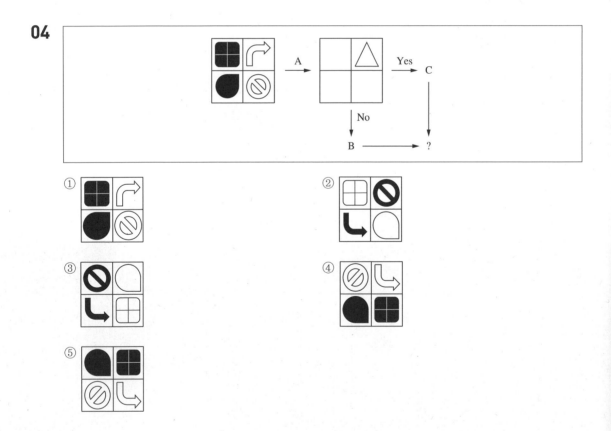

05

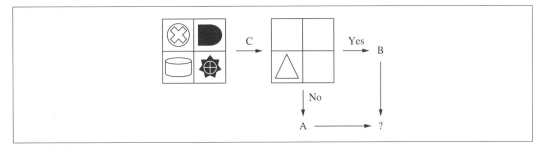

①

②

③

④

⑤

※ 다음 도식의 기호들은 일정한 규칙에 따라 도형을 변화시킨다. 〈보기〉의 규칙을 찾고 ?에 들어갈 알맞은 도형을 고르시오. [6~7]

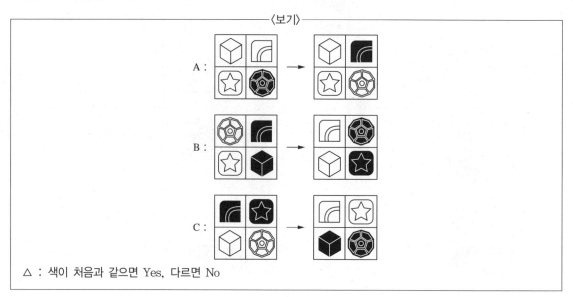

△ : 색이 처음과 같으면 Yes, 다르면 No

06

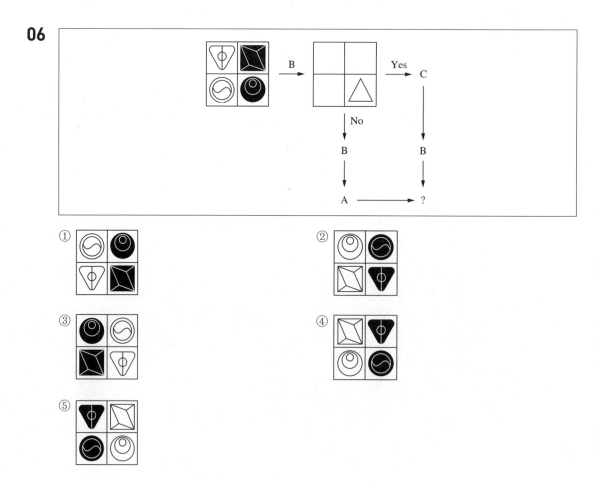

07

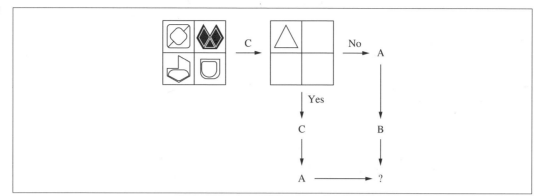

①

②

③

④

⑤

※ 다음 도식의 기호들은 일정한 규칙에 따라 도형을 변화시킨다. 〈보기〉의 규칙을 찾고 ?에 들어갈 알맞은 도형을 고르시오(단, 주어진 조건이 두 가지 이상일 때 모두 일치해야 Yes로 이동한다). [8~9]

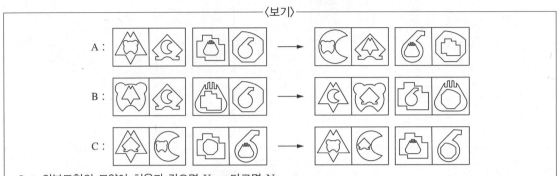

○ : 외부도형의 모양이 처음과 같으면 Yes, 다르면 No
□ : 내부도형의 모양이 처음과 같으면 Yes, 다르면 No
△ : 외부·내부도형의 모양이 처음과 같으면 Yes, 다르면 No

08

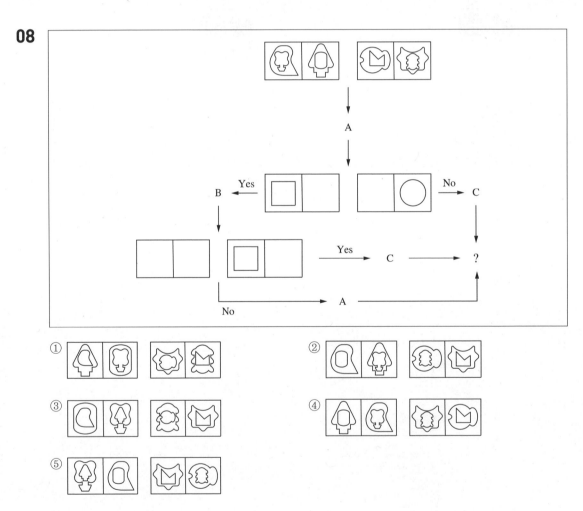

09

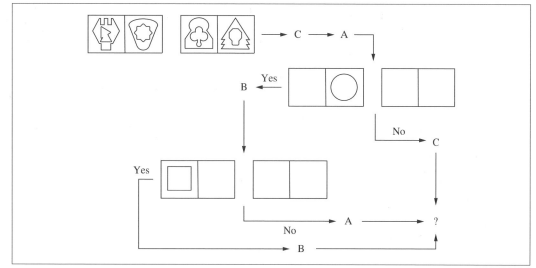

①

②

③

④

⑤

※ 다음 도식의 기호들은 일정한 규칙에 따라 도형을 변화시킨다. 〈보기〉의 규칙을 찾고 ?에 들어갈 알맞은 도형을 고르시오(단, 주어진 조건이 두 가지 이상일 때 모두 일치해야 Yes로 이동한다). [10~11]

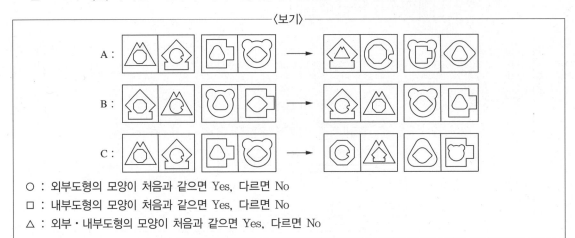

○ : 외부도형의 모양이 처음과 같으면 Yes, 다르면 No
□ : 내부도형의 모양이 처음과 같으면 Yes, 다르면 No
△ : 외부 · 내부도형의 모양이 처음과 같으면 Yes, 다르면 No

10

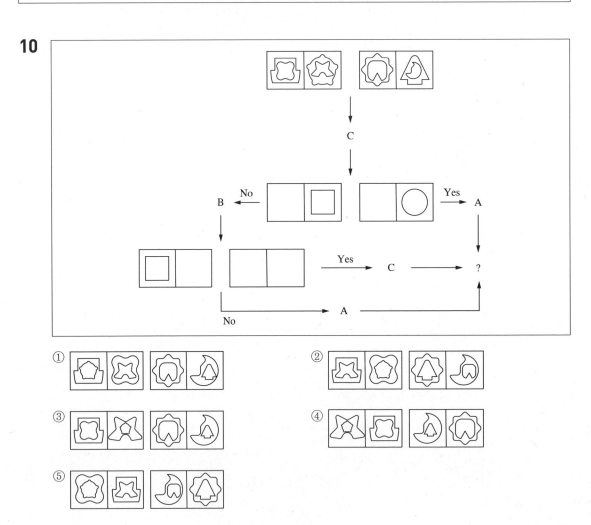

① ② ③ ④ ⑤

11

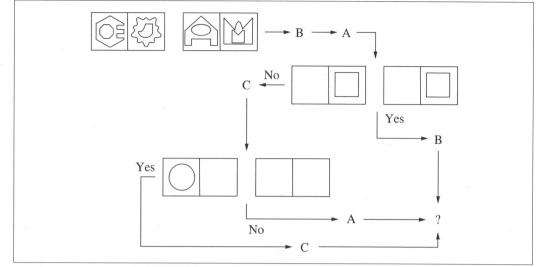

①

②

③

④

⑤

※ 다음 도식의 기호들은 일정한 규칙에 따라 도형을 변화시킨다. 〈보기〉의 규칙을 찾고 ?에 들어갈 알맞은 도형을 고르시오. [12~15]

12

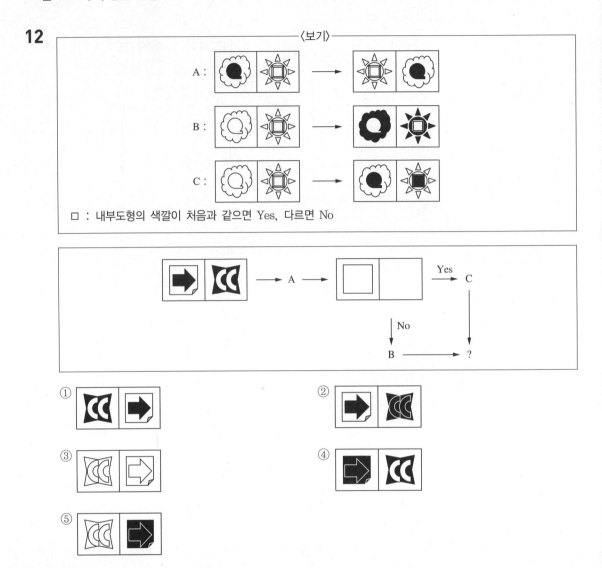

①
②
③
④
⑤

13

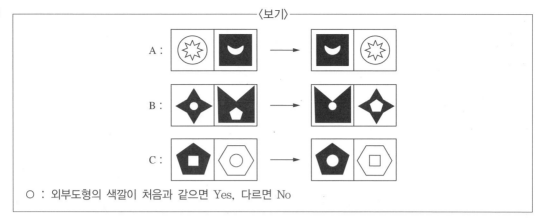

○ : 외부도형의 색깔이 처음과 같으면 Yes, 다르면 No

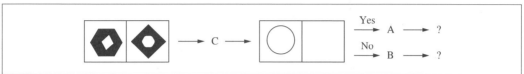

①

②

③

④

⑤

14

〈보기〉

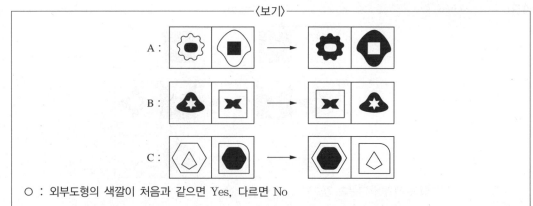

○ : 외부도형의 색깔이 처음과 같으면 Yes, 다르면 No

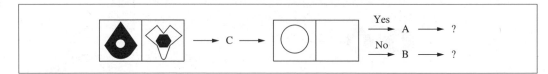

①    ②

③    ④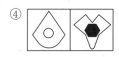

⑤

15

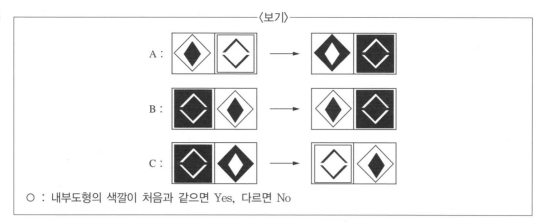

─〈보기〉─

○ : 내부도형의 색깔이 처음과 같으면 Yes, 다르면 No

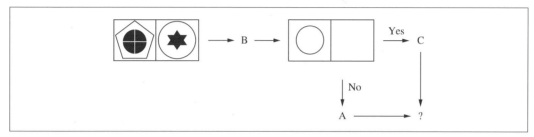

①

②

③

④

⑤

합격의공식
시대
에듀
www.sdedu.co.kr

3일 차
기출응용 모의고사

〈문항 수 및 시험시간〉

KT그룹 온라인 종합적성검사		
영역	문항 수	시험시간
언어	20문항	20분
언어·수추리	20문항	25분
수리	20문항	25분
도형	15문항	20분

3일 차 기출복원 모의고사

문항 수 : 75문항
시험시간 : 90분

제1영역 언어

01 다음 글을 이해한 내용으로 적절하지 않은 것은?

> ASEM에서 논의 중인 아시아 지역에서의 무역자유화를 위해 한국 정부에서는 A와 B 두 가지 협상안 중 한 가지를 선택하고자 한다. A안이 선택되었을 때, 다른 회원국들의 협조가 있다면 한국은 연간 약 30억 원의 경제적 이익을, 다른 회원국들은 약 230억 원의 경제적 이익을 볼 수 있다. 그러나 A안이 선택되었을 때, 다른 회원국들의 협조가 없다면 한국이 얻을 수 있는 경제적 이익은 없고, 다른 회원국들의 이익은 약 150억 원 정도가 된다. B안이 선택될 경우, 다른 회원국들의 협조가 있다면 한국은 연간 약 20억 원의 경제적 이익을, 다른 회원국들은 약 200억 원의 경제적 이익을 얻을 수 있다. 그러나 다른 회원국들의 협조가 없다면, 한국은 연간 약 10억 원의 경제적 손실을, 다른 회원국들은 약 180억 원의 경제적 이익을 얻을 수 있다.

① 한국의 입장에서는 다른 회원국들이 협조할 것이라고 판단되면, A안을 선택하는 것이 유리하다.
② 전체 아시아 지역의 경제적 이익을 모두 고려하는 ASEM은, 다른 회원국들이 협조할 것으로 판단되면 A안을 선택하는 것이 유리하다.
③ 한국의 입장에서는 다른 회원국들이 비협조할 것이라고 판단되면, B안을 선택하는 것이 유리하다.
④ 아시아 전체적으로 보아 A안이 선택되면, 모든 회원국이 협조하는 것이 유리하다.
⑤ 다른 회원국이 비협조하는 경우 한국이 A안을 선택하면 경제적 이익은 없다.

02 다음 글의 주제로 가장 적절한 것은?

1920년대 세계 대공황의 발생으로 애덤 스미스 중심의 고전학파 경제학자들의 '보이지 않는 손'에 대한 신뢰가 무너지게 되자 경제를 보는 새로운 시각이 요구되었다. 당시 고전학파 경제학자들은 국가의 개입을 철저히 배제하고 '공급이 수요를 창출한다.'라는 세이의 법칙을 믿고 있었다. 그러나 이러한 믿음으로는 세계 대공황을 설명할 수 없었다. 이때 새롭게 등장한 것이 케인스의 '유효수요이론'이다. 유효수요이론이란 공급이 수요를 창출하는 것이 아니라 유효수요, 즉 물건을 살 수 있는 확실한 구매력이 뒷받침되는 수요가 공급 및 고용을 결정한다는 이론이다. 케인스는 세계 대공황의 원인이 이 유효수요의 부족에 있다고 보았다. 유효수요가 부족해지면 기업은 생산량을 줄이고, 이것은 노동자의 감원으로 이어지며 구매력을 감소시켜 경제의 악순환을 발생시킨다는 것이다. 케인스는 불황을 해결하기 위해서는 가계와 기업이 소비 및 투자를 충분히 해야 한다고 주장했다. 그는 소비가 없는 생산은 공급 과다 및 실업을 일으키며 궁극적으로는 경기 침체와 공황을 가져온다고 하였다. 절약은 분명 권장되어야 할 미덕이지만 소비가 위축되어 경기 침체와 공황을 불러올 경우, 절약은 오히려 악덕이 될 수도 있다는 것이다.

① 세이 법칙의 이론적 배경
② 세계 대공황의 원인과 해결책
③ '유효수요이론'의 영향
④ '유효수요이론'의 정의
⑤ 고전학파 경제학자들이 주장한 '보이지 않는 손'

※ 다음 문단을 논리적 순서대로 바르게 나열한 것을 고르시오. [3~4]

03

(가) 오히려 클레나 몬드리안의 작품을 우리 조각보의 멋에 비견되는 것으로 보아야 할 것이다. 조각보는 몬드리안이나 클레의 작품보다 100여 년 이상 앞서 제작된 공간 구성미를 가진 작품이며, 시대적으로 앞설 뿐 아니라 평범한 여성들의 일상에서 시작되었다는 점 그리고 정형화되지 않은 색채감과 구성미로 독특한 예술성을 지닌다는 점에서 차별화된 가치를 지닌다.

(나) 조각보는 일상생활에서 쓰다 남은 자투리 천을 이어서 만든 것으로, 옛 서민들의 절약 정신과 소박한 미의식을 보여준다. 조각보의 색채와 공간구성 면은 공간 분할의 추상화가로 유명한 클레(Paul Klee)나 몬드리안(Peit Mondrian)의 작품과 비견되곤 한다. 그만큼 아름답고 훌륭한 조형미를 지녔다는 의미이기도 하지만 일견 돌이켜 보면 이것은 잘못된 비교이다.

(다) 기하학적 추상을 표방했던 몬드리안의 작품보다 세련된 색상 배치로 각 색상이 가진 느낌을 살렸으며, 동양적 정서가 담김 '오방색'이라는 원색을 통해 강렬한 추상성을 지닌다. 또한 조각보를 만드는 과정과 그 작업의 내면에 가족의 건강과 행복을 기원하는 마음이 담겨 있어 단순한 오브제이기 이전에 기복신앙적인 부분이 있다. 조각보가 아름답게 느껴지는 이유는 이처럼 일상 속에서 삶과 예술을 함께 담았기 때문일 것이다.

① (가) – (나) – (다)　　　　② (나) – (가) – (다)
③ (나) – (다) – (가)　　　　④ (다) – (가) – (나)
⑤ (다) – (나) – (가)

04

(가) 그러나 캐넌과 바드는 신체 반응 이후 정서가 나타난다는 제임스와 랑에의 이론에 대해 다른 의견을 제시한다. 첫째, 그들은 정서와 신체 반응은 거의 동시에 나타난다고 주장한다. 즉, 정서를 일으키는 외부 자극이 대뇌에 입력되는 것과 동시에 우리 몸의 신경계가 자극되므로, 정서와 신체 반응은 거의 동시에 발생한다는 것이다.

(나) 둘째, 특정한 신체 반응에 하나의 정서가 일대일로 대응되어 연결되는 것이 아니라고 주장한다. 즉, 특정한 신체 반응이 여러 가지 정서들에 대응되기도 한다는 것이다. 따라서 특정한 신체 반응 이후에 특정한 정서가 유발된다고 한 제임스와 랑에의 이론은 한계가 있다고 본 것이다.

(다) 이 이론에 따르면 외부자극은 인간의 신체 내부에 자율신경계의 반응을 일으키고, 정서는 이러한 신체 반응의 결과로 나타난다는 것이다. 이는 만약 우리가 인위적으로 신체 반응을 유발할 수 있다면 정서를 바꿀 수도 있다는 것을 시사해 주기도 한다.

(라) 인간의 신체 반응은 정서에 의해 유발되는 것일까? 이에 대해 제임스와 랑에는 정서에 의해 신체 반응이 유발되는 것이 아니라, 신체 반응이 오히려 정서보다 앞서 나타난다고 주장한다. 즉, 웃으니까 기쁜 감정이 생기고, 우니까 슬픈 감정이 생긴다는 것이다. 이는 외부자극에 대한 자율 신경계의 반응으로 신체의 변화가 먼저 일어나고, 이러한 변화에 대한 자각을 한 이후 공포감이나 놀라움이라는 정서를 느끼게 되었음을 보여준다.

① (가) – (라) – (다) – (나)　　　② (나) – (가) – (다) – (라)
③ (라) – (가) – (다) – (나)　　　④ (라) – (다) – (가) – (나)
⑤ (라) – (다) – (나) – (가)

05 다음 글을 통해 추론할 수 있는 내용으로 적절하지 않은 것은?

> '정보 파놉티콘(Panopticon)'은 사람에 대한 직접적 통제와 규율에 정보 수집이 합쳐진 것이다. 정보 파놉티콘에서의 '정보'는 벤담의 파놉티콘에서의 시선을 대신하여 규율과 통제의 메커니즘으로 작동한다. 작업장에서 노동자들을 통제하고 이들에게 규율을 강제한 메커니즘은 시선에서 정보로 진화했다. 19세기에는 사진 기술을 이용하여 범죄자 프로파일링을 했는데, 이 기술이 20세기의 폐쇄회로 텔레비전이나 비디오 카메라와 결합한 통계학으로 이어진 것도 그러한 맥락에서 이해할 수 있다. 더 극단적인 예를 들자면, 미국은 발목에 채우는 전자기기를 이용하여 죄수를 자신의 집 안과 같은 제한된 공간에 가두어 감시하면서 교화하는 프로그램을 운용하고 있다. 이 경우 개인의 집이 교도소로 변하고, 국가가 관장하던 감시가 기업이 판매하는 전자기기로 대체됨으로써 전자기술이 파놉티콘에서의 간수의 시선을 대신한다.
>
> 컴퓨터나 전자기기를 통해 얻은 정보가 간수의 시선을 대체했지만, 벤담의 파놉티콘에 갇힌 죄수가 자신이 감시를 당하는지 아닌지를 모르듯이, 정보 파놉티콘에 노출된 사람들 또한 자신의 행동이 국가나 직장의 상관에 의해 열람될지의 여부를 확신할 수 없다. "그들이 감시당하는지 모를 때도 우리가 그들을 감시하고 있다고 생각하도록 만든다."라고 한 관료가 논평했는데, 이는 파놉티콘과 전자 감시의 유사성을 뚜렷하게 보여준다. 전자 감시는 파놉티콘의 감시 능력을 전 사회로 확장했다. 무엇보다 시선에는 한계가 있지만 컴퓨터를 통한 정보 수집은 국가적이고 전 지구적이기 때문이다. "컴퓨터화된 정보 시스템이 작은 지역 단위에서만 효과적으로 작동했을 파놉티콘을 근대 국가에 의한 일상적인 대규모 검열로 바꾸었는가?"라고 한 정보사회학자 롭 클링은, 시선의 국소성과 정보의 보편성 사이의 차이를 염두에 두고 있었다. 철학자 들뢰즈는 이러한 인식을 한 단계 더 높은 차원으로 일반화하여, 지금 우리가 살고 있는 사회는 푸코의 규율 사회를 벗어난 새로운 통제 사회라고 주장했다.
>
> 그에 의하면 규율 사회는 증기 기관과 공장이 지배하고 요란한 구호에 의해 통제되는 사회이지만, 통제 사회는 컴퓨터와 기업이 지배하고 숫자와 코드에 의해 통제되는 사회이다.

① 정보 파놉티콘은 범죄자만 감시 대상에 해당하는 것이 아니다.
② 정보 파놉티콘이 결국에는 감시 체계 자체를 소멸시킬 것이다.
③ 정보 파놉티콘은 교정 시설의 체계를 효율적으로 바꿀 수 있다.
④ 정보 파놉티콘이 발달할수록 개인의 사생활은 보장될 수 없을 것이다.
⑤ 정보 파놉티콘은 기술이 발달할수록 더욱 정교해질 것이다.

06 다음 글을 읽고 '한국인의 수면 시간'과 관련된 글을 쓴다고 할 때, 글의 주제로 적절하지 않은 것은?

인간은 평생 3분의 1 정도를 잠으로 보낸다. 잠은 낮에 사용한 에너지를 보충하고, 피로를 회복하는 중요한 과정이다. 하지만 한국인은 잠이 부족하다. 한국인의 수면 시간은 7시간 41분밖에 되지 않으며, 2016년 기준 경제협력개발기구(OECD) 회원국 가운데 꼴찌를 차지했다. 한 조사에 따르면, 전 국민의 17% 정도가 주 3회 이상 불면 증상을 갖고 있으며, 이는 연령이 높아짐에 따라 늘어났다.

이에 따라 최근 불면증, 기면증, 수면무호흡증 등 수면장애로 병원을 찾는 사람은 291만 8,976명으로 5년 새 13% 증가했다. 수면장애를 방치하면 삶의 질 저하는 물론 만성 두통, 심혈관계질환 등이 발생할 수 있다. 불면증은 수면 질환의 대명사로, 가장 흔하고 복합적인 질환이다. 불면증은 면역기능 저하, 인지감퇴뿐만 아니라 일상생활에 장애를 초래할 수 있으며, 우울증, 인지장애 등을 유발할 수 있다.

코를 골며 자다가 몇 초에서 몇 분 동안 호흡을 멈추는 수면무호흡증도 있다. 이 역시 인지기능 저하와 심혈관계질환 등 합병증을 일으킨다. 특히 수면무호흡증은 비만과 관계가 깊고, 졸음운전의 원인이 되기도 한다. 최근 고령 인구 증가로 뇌 퇴행성 질환인 렘수면 행동장애(RBD; Rem Sleep Behavior Disorder)도 늘고 있다. 이 병은 잠자는 동안 악몽을 꾸면서 소리를 지르고, 팔다리를 움직이고, 벽을 치고, 침대에서 뛰어내리는 등 난폭한 행동을 한다. 이 병을 앓는 상당수는 파킨슨병, 치매 환자로 이어진다. 또한 잠들기 전에 다리에 이상 감각이나 통증이 생기는 하지불안증후군도 수면의 질을 떨어뜨리는 병이다. 낮 동안 졸리는 기면증(嗜眠症) 역시 일상생활에 심각한 장애를 초래한다. 한 정신건강의학과 교수는 "수면 문제는 결국 심혈관계질환, 치매와 파킨슨병 등의 퇴행성 질환, 우울증, 졸음운전의 원인이 되므로 전문적인 치료를 받아야 한다."고 했다.

① 한국인의 부족한 수면 시간　　　　　② 수면 마취제의 부작용
③ 수면장애의 종류　　　　　　　　　　④ 수면장애의 심각성
⑤ 전문 치료가 필요한 수면장애

07 다음 글의 주제로 가장 적절한 것은?

유전학자들의 최종 목표는 결함이 있는 유전자를 정상적인 유전자로 대체하는 것이다. 이렇게 가장 기본적인 세포 내 차원에서 유전병을 치료하는 것을 '유전자 치료'라고 일컫는다. '유전자 치료'를 하기 위해서는 이상이 있는 유전자를 찾아야 한다. 이를 위해 과학자들은 DNA의 특성을 이용한다.

DNA는 두 가닥이 나선형으로 꼬여 있는 이중 나선 구조로 이루어진 분자이다. 그런데 이 두 가닥에 늘어서 있는 염기들은 임의적으로 배열되어 있는 것이 아니다. 한쪽에 늘어선 염기에 따라, 다른 쪽 가닥에 늘어선 염기들의 배열이 결정되는 것이다. 즉 한쪽에 A염기가 존재하면 거기에 연결되는 반대쪽에는 반드시 T염기가, 그리고 C염기에 대응해서는 반드시 G염기가·존재하게 된다. 염기들이 짝을 지을 때 나타나는 이러한 선택적 특성을 이용하여 유전병을 일으키는 유전자를 찾아낼 수 있다.

유전자를 찾기 위해 사용하는 첫 번째 도구는 DNA 한 가닥 중 극히 일부이다. '프로브(Probe)'라고 불리는 이 DNA 조각은, 염색체상의 위치가 알려져 있는 이십여 개의 염기들로 이루어진다. 한 가닥으로 이루어져 있는 특성으로 인해, 프로브는 자신의 염기 배열에 대응하는 다른 쪽 가닥의 DNA 부분에 가서 결합할 것이다. 대응하는 두 가닥의 DNA가 이렇게 결합하는 것을 '교잡'이라고 일컫는다. 조사 대상인 염색체로부터 추출한 많은 한 가닥의 염색체 조각들과 프로브를 섞어 놓았을 때, 프로브는 신비스러울 정도로 자신의 짝을 정확하게 찾아 교잡한다. 두 번째 도구는 '겔 전기영동'이라는 방법이다. 생물을 구성하고 있는 단백질·핵산 등 많은 분자들은 전하를 띠고 있어서 전기장 속에서 각 분자마다 독특하게 이동을 한다. 이러한 성질을 이용해 생물을 구성하고 있는 물질의 분자량, 각 물질의 전하량이나 형태의 차이를 이용하여 물질을 분리하는 것이 전기영동법이다. 이를 활용하여 DNA를 분리하려면 우선 DNA 조각들을 전기장에서 이동시키고, 이것을 젤라틴 판을 통과하게 함으로써 분리하면 된다.

이러한 조사 도구들을 갖추고서, 유전학자들은 유전병을 일으키는 유전자를 추적하는 데 나섰다. 유전학자들은 먼저 겔 전기영동법으로 유전병을 일으키는 유전자로 의심되는 부분과 동일한 부분에 존재하는 프로브를 건강한 사람에게서 떼어냈다. 그리고 건강한 사람에게서 떼어낸 프로브에 방사성이나 형광성을 띠게 하였다. 그 후에 유전병 환자들에게서 채취한 DNA 조각들과 함께 교잡 실험을 반복하였다. 유전병과 관련된 유전 정보가 담긴 부분의 염기 서열이 정상인과 다르므로 이 부분은 프로브와 교잡하지 않는다는 점을 이용하는 것이다. 교잡이 일어난 후 프로브가 위치하는 곳은 X선 필름을 통해 쉽게 찾아낼 수 있고, 이로써 DNA의 특정 조각은 염색체상에서 프로브와 같은 위치에 존재한다는 것을 알 수 있다.

언뜻 보기에는 대단한 진보를 이룬 것 같지 않지만, 유전자 치료는 최근 들어 공상 과학을 방불케 하는 첨단 의료 기술의 대표적인 주자로 부각되고 있다. DNA 연구 결과로 인해, 우리는 지금까지 절망적이라고 여겨 온 질병들을 치료할 수 있다는 희망을 갖게 되었다.

① 유전자 추적의 도구와 방법
② 유전자의 종류와 기능
③ 유전자 치료의 의의와 한계
④ 유전자 치료의 상업적 가치
⑤ 유전 질환의 종류와 발병 원인

08 다음 문단을 논리적 순서대로 바르게 나열한 것은?

(가) 어떤 모델이든지 상품의 특성에 적합한 이미지를 갖는 인물이어야 광고 효과가 제대로 나타날 수 있다. 예를 들어, 자동차, 카메라, 치약과 같은 상품의 경우에는 자체의 성능이나 효능이 중요하므로 대체로 전문성과 신뢰성을 갖춘 모델이 적합하다. 이와 달리 상품이 주는 감성적인 느낌이 중요한 보석, 초콜릿, 여행 등과 같은 상품은 매력과 친근성을 갖춘 모델이 잘 어울린다. 그런데 유명인이 그들의 이미지에 상관없이 여러 유형의 상품 광고에 출연하면 모델의 이미지와 상품의 특성이 어울리지 않는 경우가 많아 광고 효과가 나타나지 않을 수 있다.

(나) 광고에서 소비자의 눈길을 확실하게 사로잡을 수 있는 요소는 유명인 모델이다. 일부 유명인들은 여러 상품 광고에 중복하여 출연하고 있는데, 이는 광고계에서 관행이 되어 있고, 소비자들도 이를 당연하게 여기고 있다. 그러나 유명인의 중복 출연은 과연 높은 광고 효과를 보장할 수 있을까? 유명인이 중복 출연하는 광고의 효과를 점검해 볼 필요가 있다.

(다) 유명인의 중복 출연이 소비자가 모델을 상품과 연결시켜 기억하기 어렵게 한다는 점도 광고 효과에 부정적인 영향을 미친다. 유명인의 이미지가 여러 상품으로 분산되면 광고 모델과 상품 간의 결합력이 약해질 것이다. 이는 유명인 광고 모델의 긍정적인 이미지를 광고 상품에 전이하여 얻을 수 있는 광고 효과를 기대하기 어렵게 만든다.

(라) 유명인 모델의 광고 효과를 높이기 위해서는 유명인이 자신과 잘 어울리는 한 상품의 광고에만 지속적으로 나오는 것이 좋다. 이렇게 할 경우 상품의 인지도가 높아지고, 상품을 기억하기 쉬워지며, 광고 메시지에 대한 신뢰도가 제고된다. 유명인의 유명세가 상품에 전이되고 소비자는 유명인이 진실하다고 믿게 되기 때문이다.

---

① (가) – (나) – (라) – (다)
② (가) – (라) – (나) – (다)
③ (나) – (가) – (라) – (다)
④ (나) – (다) – (가) – (라)
⑤ (나) – (라) – (가) – (다)

09 K회사에 근무하는 B씨가 이 기사를 읽고 기업의 사회적 책임에 대해 생각해보았다고 할 때, B씨가 생각한 내용으로 적절하지 않은 것은?

세계 자동차 시장 점유율 1위를 기록했던 도요타 자동차는 가속페달의 매트 끼임 문제로 미국을 비롯해 전 세계적으로 1,000만 대가 넘는 사상 초유의 리콜을 했다. 도요타 자동차의 리콜 사태에 대한 원인으로 기계적 원인과 더불어 무리한 원가절감, 과도한 해외생산 확대, 안일한 경영 등 경영상의 요인들이 제기되고 있다. 또 도요타 자동차는 급속히 성장하면서 제기된 문제들을 소비자의 관점이 아닌 생산자의 관점에서 해결하려고 했고, 늦은 리콜 대응 등 문제 해결에 미흡했다는 지적을 받고 있다. 이런 대규모 리콜 사태로 인해 도요타 자동차가 지난 수십 년간 세계적으로 쌓은 명성은 하루아침에 모래성이 됐다. 이와 다른 사례로 존슨앤드존슨의 타이레놀 리콜사건이 있다. 1982년 9월 말 미국 시카고 지역에서 존슨앤드존슨의 엑스트라 스트렝스 타이레놀 캡슐을 먹고 4명이 사망하는 사건이 발생한 것이었으나, 존슨앤드존슨은 즉각적인 대규모 리콜을 단행했다. 그 결과 존슨앤드존슨은 소비자들의 신뢰를 다시 회복했다.

① 상품에서 결함이 발견됐다면 기업은 그것을 인정하고 책임지는 모습이 필요해.
② 기업은 문제를 인지한 즉시 문제를 해결하기 위해 노력해야 해.
③ 이윤창출은 기업의 유지에 필요하지만, 수익만을 위해 움직이는 것은 여러 문제를 일으킬 수 있어.
④ 존슨앤드존슨은 사회의 기대와 가치에 부합하는 윤리적 책임을 잘 이행하였어.
⑤ 소비자의 관점이 아닌 생산자의 관점에서 문제를 해결할 때, 소비자들의 신뢰를 회복할 수 있어.

10 다음 글의 논지를 이끌 수 있는 첫 문장으로 가장 적절한 것은?

사람과 사람이 직접 얼굴을 맞대고 하는 접촉이 라디오나 텔레비전 등의 매체를 통한 접촉보다 결정적인 영향력을 미친다는 것이 일반적인 견해로 알려져 있다. 매체는 어떤 마음의 자세를 준비하게 하는 구실을 하여 나중에 직접 어떤 사람에게서 새 어형을 접했을 때 그것이 텔레비전에서 자주 듣던 것이면 더 쉽게 그쪽으로 마음의 문을 열게 하는 면에서 영향력을 행사하기는 하지만, 새 어형이 전파되는 것은 매체를 통해서보다 상면하는 사람과의 직접적인 접촉에 의해서라는 것이 더 일반화된 견해이다. 사람들은 한두 사람의 말만 듣고 언어 변화에 가담하지는 않고, 주위의 여러 사람들이 다 같은 새 어형을 쓸 때 비로소 그것을 받아들이게 된다고 한다. 매체를 통해서보다 자주 접촉하는 사람들을 통해 언어 변화가 진전된다는 사실은 언어 변화의 여러 면을 바로 이해하는 핵심적인 내용이라 해도 좋을 것이다.

① 일반적으로 젊은 층이 언어 변화를 주도한다.
② 언어 변화는 결국 접촉에 의해 진행되는 현상이다.
③ 접촉의 형식도 언어 변화에 영향을 미치는 요소로 지적되고 있다.
④ 매체의 발달이 언어 변화에 중요한 영향을 미치는 것으로 알려져 있다.
⑤ 언어 변화는 외부와의 접촉이 극히 제한되어 있는 곳일수록 속도가 느리다.

11 다음 글의 뒤에 이어질 결론으로 가장 적절한 것은?

> 우리는 인권이 신장되고 있는 다른 한편에서 세계 인구의 1/4이 절대 빈곤 속에서 고통 받고 있다는 사실을 잊어서는 안 됩니다. 빈곤은 인간 존엄과 인권 신장을 저해하며, 그 속에서는 독재와 분쟁의 싹이 쉽게 자라날 수 있습니다. 따라서 빈곤 퇴치는 인권 신장을 위한 UN의 핵심적인 목표가 되어야 할 것입니다.
>
> 인권 신장은 시민 사회의 압력과 후원에 힘입은 바가 큽니다. 각국 정부와 UN이 NGO, 연구 기관 및 여론 단체들과의 긴밀한 협력을 추구하는 21세기에는 더욱 그러할 것입니다. 다음 달에는 NGO 세계 대회가 개최됩니다. 이 대회가 21세기에 있어 NGO의 역량을 개발하고 UN과 시민사회의 협조를 더욱 긴밀히 하는 계기가 되기를 바랍니다.
>
> 끝으로 동티모르 사태에 대해 말씀드리고자 합니다. 우리 정부는 동티모르의 장래를 주민들 스스로가 결정하도록 한 인도네시아 정부의 조치를 높이 평가합니다. 우리는 동티모르에 평화가 조속히 회복되고, 인도네시아 정부 및 UN의 일치된 노력으로 주민들의 독립 의지가 완전히 실현되기를 희망합니다.

① 동북아 지역은 4강의 이해가 교차하는 곳으로서 경제적 역동성이 넘쳐흐르는 동시에 세계 평화와 안정에 중요한 요충지입니다.

② 우리 정부와 국민을 대표하여 UN이 세계 평화와 번영을 위한 고귀한 사명을 수행하는 데 아낌없는 지지를 약속하는 바입니다.

③ 21세기를 세계 평화와 안정, 모든 인류의 복지와 번영의 세기로 만들기 위하여 선결 과제를 정하고 이를 해결하는 방안을 모색해 나가야 할 것입니다.

④ 세계화 경제하에서의 위기는 어느 한 나라만의 문제가 아니며, 또한 개별 국가의 노력만으로 그러한 위기를 예방하거나 극복하는 것은 어렵다고 생각합니다.

⑤ 이러한 상황을 타개하기 위해 동티모르에 재정적 지원을 담당할 국제기구의 설립을 요청할 것입니다.

12 다음은 수상학에서 제시하는 손금에 대한 기사이다. 다음 기사를 읽고 추론한 내용으로 적절하지 않은 것은?

수상학이란 오랜 세월에 걸쳐 성공한 사람, 실패한 사람 등을 지켜보다 손에서 어떤 유형을 찾아내 그것으로 사람의 성격이나 운명 따위를 설명하는 것이다. 수상학에 따르면 사람의 손에는 성공과 사랑, 결혼, 건강, 성격 등 갖가지 정보가 담겨 있다고 한다. 수상학을 맹신하는 것은 문제가 있겠지만 플라톤이나 아리스토텔레스 같은 철학자들도 수상학에 능통했다고 하니, 수상학에서 말하는 손금에 대해 알아보도록 하자.

우선, 손금의 기본선에는 생명선, 두뇌선, 감정선이 있다. 두뇌선이 가운데 뻗어 있고 그 위로는 감정선이, 그 아래로는 생명선이 있다. 건강과 수명을 나타내는 생명선은 선명하고 길어야 좋다고 하며, 생명선에 잔주름이 없으면 병치레도 안 한다고 한다. 두뇌선도 선명할수록 머리가 좋다고 알려져 있다. 두뇌선이 직선형이면 의사나 과학자 등 이공 계열과 맞으며, 곡선형이면 감성적인 경우가 많아 인문 계열과 통한다고 한다. 감정선도 마찬가지로 직선에 가까울수록 솔직하고 감정 표현에 직설적이며, 곡선에 가까울수록 성격이 부드럽고 여성스럽다고 한다.

수상학에서는 손금뿐만 아니라 손바닥의 굴곡도 중요하게 보는데, 손바닥 안쪽 부분의 두툼하게 올라온 크고 작은 살집을 '구'라고 한다. 구 역시 많은 의미를 담고 있으며, 생명선의 안쪽, 엄지 아래쪽에 살집이 두툼한 부분을 금성구라고 한다. 이곳이 발달한 사람은 운동을 잘하며 정이 많다고 해석하고 있다. 금성구 옆에 위치한 살집은 '월구'라고 하는데, 이곳이 발달하면 예술가의 기질이 많다고 한다. 검지 아랫부분에 명예와 권력을 의미하는 목성구, 중지 아랫부분에 종교적 믿음의 정도를 나타내는 토성구가 있으며, 약지 아랫부분에 위치한 태양구가 발달하면 사교성이 뛰어나고, 소지 아랫부분에 위치한 수성구가 발달하면 사업적 기질이 풍부하다고 한다.

① 미술을 좋아하는 철수는 월구가 발달해 있을 것 같아.
② 영희가 수학을 잘하는 것을 보니 두뇌선이 직선형이겠구나.
③ 몽룡이의 감정선이 직선인 것을 보니 여성스러운 성격이 있겠는걸?
④ 길동이는 수성구가 발달했으니 사업을 시작해보는 게 어때?
⑤ 춘향이는 금성구가 발달해서 정이 많을 거야.

13 다음 글의 집필 의도를 바르게 추론한 것은?

미술가가 얻어 내려고 하는 효과가 어떤 것인지는 절대 예견할 수 없기 때문에 이러한 종류의 규칙을 설정하기는 불가능하며, 또한 이것이 진리이다. 미술가는 일단 옳다는 생각이 들면 전혀 조화되지 않는 것까지 시도하기를 원할지 모른다. 하나의 그림이나 조각이 어떻게 되어 있어야 제대로 된 것인지 말해 줄 수 있는 규칙이 없기 때문에 우리가 어떤 작품을 걸작품이라고 느끼더라도 그 이유를 정확한 말로 표현한다는 것은 거의 불가능하다. 그러나 그렇다고 어느 작품이나 다 마찬가지라거나, 사람들이 취미에 대해 논할 수 없다는 뜻은 아니다. 만일 그러한 논의가 별 의미가 없는 것이라 하더라도 그러한 논의들은 우리에게 그림을 더 보도록 만들고, 우리가 그림을 더 많이 볼수록 전에는 발견하지 못했던 점들을 깨달을 수 있게 된다. 그림을 보면서 각 시대의 미술가들이 이룩하려 했던 조화에 대한 감각을 발전시키고, 이러한 조화들에 의해 우리의 느낌이 풍부해질수록 우리는 더욱 그림 감상을 즐기게 될 것이다. 취미에 관한 문제는 논의의 여지가 없다는 오래된 경구는 진실이겠지만, 이로 인해 '취미는 개발될 수 있다.'는 사실이 숨겨져서는 안 된다. 예컨대 차를 마셔 버릇하지 않은 사람들은 여러 가지 차를 혼합해서 만드는 차와 다른 종류의 차가 똑같은 맛을 낸다고 느낄지 모른다. 그러나 만일 그들이 여가(餘暇)와 기회가 있어 그러한 맛의 차이를 찾아내려 한다면 그들은 자기가 좋아하는 혼합된 차의 종류를 정확하게 식별해 낼 수 있는 진정한 감식가가 될 수 있을 것이다.

① 미의 표현 방식을 설명하기 위해
② 미술에 대한 관심을 불러일으키기 위해
③ 미술 교육이 나아갈 방향을 제시하기 위해
④ 미술 작품 감상의 올바른 태도를 제시하기 위해
⑤ 미술을 통해 얻는 효과를 이해시키기 위해

14 다음은 '인터넷 미디어 교육의 활성화 방안'에 대한 글을 쓰기 위해 작성한 개요이다. 개요의 수정·보완 및 자료 제시 방안으로 적절하지 않은 것은?

Ⅰ. 서론
 – 사이버 범죄의 급격한 증가 ····························· ㉠
 – 유해 정보의 범람

Ⅱ. 본론
 1. 인터넷 미디어 교육의 필요성
  – 사이버 범죄의 예방과 대처
  – 올바른 사용 자세 배양 ························· ㉡
  – 사이버 시민 의식의 고양
 2. 인터넷 미디어 교육의 장애 요소
  – 교육의 중요성에 대한 인식 부족 ················ ㉢
  – 컴퓨터 이용 기술에 치우친 교육
  – 교육 프로그램의 부재
 3. 인터넷 미디어 교육의 활성화 방안
  – 불건전 정보의 올바른 이해 ··············· ㉣
  – 사이버 윤리 및 예절 교육의 강화
  – _____ ·········· ㉤

Ⅲ. 결론
 – 인터넷 미디어 교육의 중요성 강조

---

① ㉠ : 사이버 범죄의 실태를 통계 수치로 제시한다.
② ㉡ : 인터넷에 자신의 정보를 노출하여 큰 피해를 입은 사례를 근거로 제시한다.
③ ㉢ : 일반인들과 정부 당국으로 항목을 구분하여 지적한다.
④ ㉣ : 'Ⅱ-2'를 고려하여 '사이버 폭력에 대한 규제 강화'로 수정한다.
⑤ ㉤ : 글의 완결성을 고려하여 '다양한 교육 프로그램의 개발'이라는 내용을 추가한다.

15 다음 글을 통해 추론할 수 있는 내용으로 적절하지 않은 것은?

인류는 미래의 에너지로 청정하고 고갈될 염려가 없는 풍부한 에너지를 기대하며, 신재생에너지인 태양광과 풍력에너지에 많은 기대를 걸고 있다. 그러나 태양광이나 풍력으로는 화력발전을 통해 생산되는 전력 공급량을 대체하기 어렵고, 기상 환경에 많은 영향을 받는다는 점에서 한계가 있다. 이에 대한 대안으로 많은 전문가들은 '핵융합 에너지'에 기대를 걸고 있다.

핵융합발전은 핵융합 현상을 이용하는 발전 방식으로, 핵융합은 말 그대로 원자의 핵이 융합하는 것을 말한다. 우라늄의 원자핵이 분열하면서 방출되는 에너지를 이용하는 원자력발전과 달리, 핵융합발전은 수소 원자핵이 융합해 헬륨 원자핵으로 바뀌는 과정에서 방출되는 에너지를 이용해 물을 가열하고 수증기로 터빈을 돌려 전기를 생산한다.

핵융합발전이 다음 세대를 이끌어갈 전력 생산 방식이 될 수 있는 이유는 인류가 원하는 에너지원의 조건을 모두 갖추고 있기 때문이다. 우선 연료가 거의 무한대라고 할 수 있을 정도로 풍부하다. 핵융합발전에 사용되는 수소는 일반적인 수소가 아닌 수소의 동위원소로, 지구의 70%를 덮고 있는 바닷물을 이용해서 얼마든지 생산할 수 있다. 게다가 적은 연료로 원자력발전에 비해 많은 에너지를 얻을 수 있다. 1g으로 석유 8톤(t)을 태워서 얻을 수 있는 전기를 생산할 수 있고, 원자력발전에 비하면 같은 양의 연료로 3 ~ 4배의 전기를 생산할 수 있다.

무엇보다 오염물질을 거의 배출하지 않는 점이 큰 장점이다. 미세먼지와 대기오염을 일으키는 오염물질은 전혀 나오지 않고 오직 헬륨만 배출된다. 약간의 방사선이 방출되지만, 원자력발전에서 배출되는 방사성 폐기물에 비하면 거의 없다고 볼 수 있을 정도다.

핵융합발전은 안전 문제에서도 자유롭다. 원자력발전은 수개월 혹은 1년 치 연료를 원자로에 넣고 연쇄적으로 핵분열 반응을 일으키는 방식이라 문제가 생겨도 당장 가동을 멈춰 사태가 악화되는 것을 막을 수 없다. 하지만 핵융합발전은 연료가 아주 조금 들어가기 때문에 문제가 생겨도 원자로가 녹아내리는 것과 같은 대형 재난으로 이어지지 않는다. 문제가 생기면 즉시 핵융합 반응이 중단되고 발전장치가 꺼져버린다. 핵융합 반응을 제어하는 일이 극도로 까다롭기 때문에 오히려 발전장치가 꺼지지 않도록 정밀하게 제어하는 것이 중요하다.

현재 세계 각국은 각자 개별적으로 핵융합발전 기술을 개발하는 한편 프랑스 남부 카다라슈 지역에 '국제핵융합실험로(ITER)'를 건설해 공동으로 실증 실험을 할 준비를 진행하고 있다. 한국과 유럽연합(EU), 미국, 일본, 러시아, 중국, 인도 등 7개국이 참여해 구축하고 있는 ITER는 2025년 12월 완공될 예정이며, 2025년 이후에는 그동안 각국이 갈고 닦은 기술을 적용해 핵융합 반응을 일으켜 상용화 가능성을 검증하게 된다. 불과 10년 내로 세계 전력산업의 패러다임을 바꾸는 역사적인 핵융합 실험이 지구상에서 이뤄지게 되는 것이다.

① 핵융합발전이 태양열발전보다 더 많은 양의 전기를 생산할 수 있다.
② 핵융합발전과 원자력발전은 원자의 핵을 다르게 이용한다는 점에서 차이가 있다.
③ 같은 양의 전력 생산을 목표로 한다면 원자력발전의 연료비는 핵융합발전의 3배 이상이다.
④ 헬륨은 대기오염을 일으키는 오염물질에 해당하지 않는다.
⑤ 핵융합발전은 발전장치를 제어하는 사람의 역할이 중요하다.

16 다음 밑줄 친 '정원'에 대한 설명으로 적절하지 않은 것은?

야생의 자연이라는 이상을 고집하는 자연 애호가들은 인류가 자연과 내밀하면서도 창조적인 관계를 맺었던 반(反)야생의 자연, 즉 '정원'을 간과한다. 정원은 울타리를 통해 농경지보다 야생의 자연과 분명한 경계를 긋는다. 집약적인 토지 이용이라는 전통은 정원에서 시작되었다. 정원은 대규모의 농경지 경작이 행해지지 않은 원시적인 문화에서도 발견된다. 만여 종의 경작용 식물들은 모두 대량 생산에 들어가기 전에 정원에서 자라는 단계를 거쳐 온 것으로 보인다.

농업경제의 역사에서 정원이 갖는 의미는 시대와 지역에 따라 매우 달랐다. 좁은 공간에서 집약적인 농사를 짓는 지역에서는 농부가 곧 정원사였다. 반면 예전의 독일 농부들은 정원이 곡물 경작에 사용될 퇴비를 앗아가므로 정원을 악으로 여기기도 했다. 하지만 여성들의 입장은 지역적인 편차가 없었다. 아메리카의 푸에블로 인디언부터 근대 독일의 농부 집안까지 정원은 농업 혁신에 주도적인 역할을 해온 여성들에게는 자신들의 제국이자 자존심이었다. 그곳에는 여성들이 경험을 통해 쌓은 지식 전통이 살아 있었다. 환경사에서 여성이 갖는 특별한 역할의 물질적 근간은 대부분 정원에서 발견된다. 지난 세기들의 경우 이는 특히 여성 제후들과 관련되어 있으며 자료가 풍부하다. 작센의 여성 제후인 안나는 식물에 관한 지식을 늘 공유했던 긴밀하고도 광범위한 사회적 네트워크를 가지고 있었는데, 그중에는 식물 경제학에 관심이 깊은 고귀한 신분의 여성들도 많았으며 수도원 소속의 여성들도 있었다.

여성들이 정원에서 쌓은 경험의 특징은 무엇일까? 정원에서는 땅을 면밀히 살피고 손으로 흙을 부스러뜨리는 습관이 생겨났을 것이다. 정원에서 즐겨 이용되는 삽도 다양한 토질의 층을 자세히 연구하도록 부추겼을 것이 분명하다. 넓은 경작지보다는 정원에서 땅을 다룰 때 더 아끼고 보호했을 것이다. 정원이라는 매우 제한된 공간에는 옛날에도 충분한 퇴비를 줄 수 있었다. 경작지보다도 다양한 종류의 퇴비로 실험할 수 있었고 새로운 작물을 키우며 경험을 수집할 수 있었다. 정원에서는 좁은 공간에서 다양한 식물이 자라기 때문에 모든 종류의 식물들이 서로 잘 지내지는 않는다는 사실에도 주의를 기울였다. 이는 식물 생태학의 근간을 이루는 통찰이었다.

결론적으로 정원은 여성들이 주도가 되어 토양과 식물을 이해하고, 농경지 경작에 유용한 지식과 경험을 배양할 수 있는 좋은 장소였다.

① 울타리를 통해 야생의 자연과 분명한 경계를 긋는다.
② 집약적 토지 이용의 전통이 시작된 곳으로 원시적인 문화에서도 발견된다.
③ 시대와 지역에 따라 정원에 대한 여성들의 입장이 달랐다.
④ 정원에서는 모든 종류의 식물들이 서로 잘 지내지는 않는다.
⑤ 여성이 갖는 특별한 역할의 물질적 근간이 대부분 발견되는 곳이다.

17 다음 글을 읽고 추론할 수 없는 내용은?

> 최근 온라인에서 '동서양 만화의 차이'라는 제목의 글이 화제가 되었다. 공개된 글에 따르면 동양만화의 대표
> 격인 일본 만화는 대사보다는 등장인물의 표정, 대인관계 등에 초점을 맞춰 이미지나 분위기 맥락에 의존한
> 다. 또 다채로운 성격의 캐릭터들이 등장하고 사건 사이의 무수한 복선을 통해 스토리가 진행된다.
> 반면 서양만화를 대표하는 미국 만화는 정교한 그림체와 선악의 확실한 구분, 수많은 말풍선을 사용한 스토리
> 전개 등이 특징이다. 서양 사람들은 동양 특유의 느긋한 스토리와 말없는 칸을 어색하게 느낀다. 이처럼 동서양
> 만화의 차이가 발생하는 이유는 동서양이 고맥락 문화와 저맥락 문화로 구분되기 때문이다. 고맥락 문화는
> 민족적 동질을 이루며 역사, 습관, 언어 등에서 공유하고 있는 맥락의 비율이 높다. 또한 집단주의와 획일성이
> 발달했다. 일본, 한국, 중국과 같은 한자문화권에 속한 동아시아 국가가 이러한 고맥락 문화에 속한다.
> 반면 저맥락 문화는 다인종·다민족으로 구성된 미국, 캐나다 등이 대표적이다. 저맥락 문화의 국가는 멤버
> 간에 공유하고 있는 맥락의 비율이 낮아 개인주의와 다양성이 발달한 문화를 가진다. 이렇듯 고맥락 문화와
> 저맥락 문화의 만화는 말풍선 안에 대사의 양으로 큰 차이점을 느낄 수 있다.

① 고맥락 문화의 만화는 등장인물의 표정, 대인관계 등 이미지나 분위기 맥락에 의존하는 경향이 있다.

② 저맥락 문화는 멤버간의 공유하고 있는 맥락의 비율이 낮아서 다양성이 발달했다.

③ 동서양 만화를 접했을 때 표면적으로 느낄 수 있는 차이점은 대사의 양이다.

④ 일본 만화는 무수한 복선을 통한 스토리 진행이 특징이다.

⑤ 미국은 고맥락 문화의 대표국으로 다양성이 발달하는 문화를 갖기 때문에 다채로운 성격의 캐릭터가 등장
한다.

18 다음 글의 내용을 지지하지 않는 설명은?

지구와 태양 사이의 거리와 지구가 태양 주위를 도는 방식은 인간의 생존에 유리한 여러 특징을 지니고 있다. 인간을 비롯한 생명이 생존하려면 행성을 액체 상태의 물을 포함하면서 너무 뜨겁거나 차갑지 않아야 한다. 이를 위해 행성은 태양과 같은 별에서 적당히 떨어져 있어야 한다. 이 적당한 영역을 '골디락스 영역'이라고 한다. 또한, 지구가 태양의 중력장 주위를 도는 타원 궤도는 충분히 원에 가깝다. 따라서 연중 태양에서 오는 열에너지가 비교적 일정하게 유지될 수 있다. 만약 태양과의 거리가 일정하지 않았다면 지구는 여름에는 바다가 모두 끓어 넘치고 겨울에는 거대한 얼음덩어리가 되는 불모의 행성이었을 것이다.

우리 우주에 작용하는 근본적인 힘의 세기나 물리법칙도 인간을 비롯한 생명의 탄생에 유리하도록 미세하게 조정되어 있다. 예를 들어 근본적인 힘인 강한 핵력이나 전기력의 크기가 현재 값에서 조금만 달랐다면, 별의 내부에서 탄소처럼 무거운 원소는 만들어질 수 없었고 행성도 만들어질 수 없었을 것이다. 최근 들어 물리학자들은 이들 힘을 지배하는 법칙이 현재와 다르다면 우주는 구체적으로 어떤 모습이 될지 컴퓨터 모형으로 계산했다. 그 결과를 보면 강한 핵력의 강도가 겨우 0.5% 다르거나 전기력의 강도가 겨우 4% 다를 경우에도 탄소나 산소는 우주에서 합성되지 않는다. 따라서 생명 탄생의 가능성도 사라진다. 결국, 강한 핵력이나 전기력을 지배하는 법칙들을 조금이라도 건드리면 우리가 존재할 가능성은 사라지는 것이다.

결론적으로 지구 주위 환경뿐만 아니라 보편적 자연법칙까지도 인류와 같은 생명이 진화해 살아가기에 알맞은 범위 안에 제한되어 있다고 할 수 있다. 만일 그러한 제한이 없었다면 태양계나 지구가 탄생할 수 없었을 뿐만 아니라 생명 또한 진화할 수 없었을 것이다. 우리가 아는 행성이나 생명이 탄생할 가능성을 열어두면서 물리법칙을 변경할 수 있는 폭은 매우 좁다.

① 탄소가 없는 상황에서도 생명은 자연적으로 진화할 수 있다.

② 중력법칙이 현재와 조금만 달라도 지구는 태양으로 빨려 들어간다.

③ 원자핵의 질량이 현재보다 조금 더 크다면 우리 몸을 이루는 원소는 합성되지 않는다.

④ 별 주위의 '골디락스 영역'에 행성이 위치할 확률은 매우 낮지만, 지구는 그 영역에 위치한다.

⑤ 핵력의 강도가 현재와 약간만 달라도 별의 내부에서 무거운 원소가 거의 전부 사라진다.

19 다음은 '대기전력을 줄이는 습관'에 대한 글을 쓰기 위해 작성한 개요이다. 다음 개요의 수정 · 보완 및 자료 제시 방안으로 적절하지 않은 것은?

```
Ⅰ. 처음 : 대기전력에 대한 주의 환기
Ⅱ. 중간 ································································· ㉠
   1. 대기전력의 발생 원인과 실태 ························· ㉡
      1) 대기전력의 발생 원인
      2) 대기전력이 발생하는 가전제품 ·················· ㉢
   2. 대기전력 해결 방안 ··································· ㉣
      1) 가전 기기의 플러그 뽑기
      2) 절전형 멀티탭 사용하기
      3) 에너지 절약 마크 제품 구입하기
Ⅲ. 끝 : 대기전력을 줄이기 위한 개인과 기업의 노력 촉구 ······· ㉤
```

① ㉠ : 독자의 이해를 돕기 위해 '대기전력의 개념'을 하위 항목으로 추가한다.

② ㉡ : '전력 소비에 대한 잘못된 인식'을 하위 항목으로 추가한다.

③ ㉢ : 주요 가전 기기의 평균 대기전력을 제시하여 가전제품의 실태를 보여준다.

④ ㉣ : 하위 항목을 고려하여 '대기전력을 줄이는 생활 습관'으로 고친다.

⑤ ㉤ : 개요의 흐름을 고려하여 '대기전력을 줄이는 생활 습관의 실천 촉구'로 고친다.

20 다음은 '나트륨 과다 섭취의 개선'에 대한 글을 쓰기 위해 작성한 개요이다. 다음 개요의 수정·보완 및 자료 제시 방안으로 적절하지 않은 것은?

Ⅰ. 서론 : 한국인의 나트륨 과다 섭취 현황 ································· ㉠
Ⅱ. 본론
    1. 나트륨 과다 섭취의 문제점
        1) 고혈압, 관상동맥질환 등 심혈관계 질환의 위험 증가 ········· ㉡
        2) 골다공증, 위암 등의 발병 확률 증가
    2. 나트륨 과다 섭취의 원인
        1) 개인적 측면 : 식품의 나트륨 함유량에 대한 관심 부족
        2) 사회적 측면 : _____ ···················· ㉢
    3. 나트륨 과다 섭취의 개선 방안 ································· ㉣
        1) 식품 구매 시 영양 성분표를 확인하는 습관 필요
        2) 균형 잡힌 식단을 제공하는 정부의 급식소 확대
Ⅲ. 결론 : 나트륨 섭취 감소를 위한 노력이 필요하다. ···················· ㉤

---

① ㉠ : 나트륨 일일 권장 섭취량과 한국인의 나트륨 평균 일일 섭취량을 비교한 통계 자료를 제시한다.

② ㉡ : 나트륨 섭취량이 많은 사람과 그렇지 않은 사람의 비교를 통해 나트륨 과다 섭취의 문제점을 드러낸다.

③ ㉢ : 'Ⅱ - 3 - 2)'의 내용을 고려하여 '국과 찌개류를 즐겨 먹는 식습관'을 추가한다.

④ ㉣ : 'Ⅱ - 2'의 내용을 고려하여 '개인적 측면'과 '사회적 측면'에서의 개선 방안으로 나누어 제시한다.

⑤ ㉤ : 개요의 흐름을 고려하여 '한국인의 나트륨 과다 섭취를 개선하기 위해 개인과 사회의 노력이 필요하다.'로 수정한다.

01 제시된 내용을 바탕으로 내린 A, B의 결론에 대한 판단으로 항상 옳은 것은?

- 필석이와 하나 앞에 농구공, 축구공, 야구공, 볼링공이 있다.
- 필석이와 하나는 앞에 있는 공들로 하는 운동만 좋아하거나 좋아하지 않는다.
- 볼링을 좋아하는 사람은 농구를 좋아하지 않는다.
- 야구를 좋아하는 사람은 농구를 좋아한다.
- 하나가 농구를 좋아한다면 필석이는 볼링을 좋아할 것이다.
- 필석이는 야구와 축구를 좋아한다.

A : 필석이는 농구, 축구, 야구를 좋아한다.
B : 하나는 농구를 좋아하지 않는다.

① A만 옳다.
② B만 옳다.
③ A, B 모두 옳다.
④ A, B 모두 틀리다.
⑤ A, B 모두 옳은지 틀린지 판단할 수 없다.

02 다음 명제가 모두 참일 때, 반드시 참인 명제는?

- 근대화는 전통 사회의 생활양식에 큰 변화를 가져온다.
- 생활양식의 급격한 변화로 전통 사회의 고유성을 잃는다.
- 전통 사회의 고유성을 유지한다면 문화적 전통을 확립할 수 있다.

① 문화적 전통이 확립되지 않는다면 전통 사회의 생활양식은 급격하게 변한다.
② 근대화가 이루어지지 않는다면 전통 사회의 고유성을 유지할 수 있다.
③ 전통 사회의 생활양식이 변했다면 근대화가 이루어진 것이다.
④ 전통 사회의 고유성을 유지한다면 생활양식의 변화 없이 문화적 전통을 확립할 수 있다.
⑤ 전통 사회의 고유성을 잃으면 생활양식은 급격하게 변한다.

03 다음 제시문을 바탕으로 추론할 수 있는 것은?

- 신혜와 유민이 앞에 사과, 포도, 딸기가 놓여있다.
- 사과, 포도, 딸기 중에는 각자 좋아하는 과일이 반드시 있다.
- 신혜는 사과와 포도를 싫어한다.
- 유민이가 좋아하는 과일은 신혜가 싫어하는 과일이다.

① 신혜는 좋아하는 과일이 없다.
② 유민이가 딸기를 좋아하는지 알 수 없다.
③ 신혜는 딸기를 좋아한다.
④ 유민이와 신혜가 같이 좋아하는 과일이 있다.
⑤ 포도를 좋아하는 사람은 없다.

04 다음 명제를 읽고 판단했을 때 옳지 않은 것은?

- 정리정돈을 잘하는 사람은 집중력이 좋다.
- 주변이 조용할수록 집중력이 좋다
- 깔끔한 사람은 정리정돈을 잘한다.
- 집중력이 좋으면 성과 효율이 높다.

① 깔끔한 사람은 집중력이 좋다.
② 주변이 조용할수록 성과 효율이 높다.
③ 깔끔한 사람은 성과 효율이 높다.
④ 성과 효율이 높지 않은 사람은 주변이 조용하지 않다.
⑤ 깔끔한 사람은 주변이 조용하다.

05 다음 제시된 명제들로부터 추론할 수 있는 결론으로 옳은 것은?

> • 현명한 사람은 거짓말을 하지 않는다.
> • 건방진 사람은 남의 말을 듣지 않는다.
> • 거짓말을 하지 않으면 다른 사람의 신뢰를 얻는다.
> • 남의 말을 듣지 않으면 친구가 없다.

① 현명한 사람은 다른 사람의 신뢰를 얻는다.
② 건방진 사람은 친구가 있다.
③ 거짓말을 하지 않으면 현명한 사람이다.
④ 다른 사람의 신뢰를 얻으면 거짓말을 하지 않는다.
⑤ 건방지지 않은 사람은 남의 말을 듣는다.

06 K사에 재직 중인 A ~ D 4명은 인천, 세종, 대전, 강릉에서 각각 근무하고 있다. A ~ D 모두 연수에 참여하기 위해 서울에 있는 본사를 방문한다고 할 때, 다음 〈조건〉에 근거하여 바르게 추론한 것은?(단, A ~ D 모두 같은 종류의 교통수단을 이용하고, 이동 시간은 거리가 멀수록 많이 소요되며, 그 외 소요되는 시간은 서로 동일하다)

> ─────〈조건〉─────
> • 서울과의 거리가 먼 순서대로 나열하면 강릉 – 대전 – 세종 – 인천 순이다.
> • D가 서울에 올 때, B보다 더 많은 시간이 소요된다.
> • C는 A보다는 많이 B보다는 적게 시간이 소요된다.

① B는 세종에 근무한다.
② C는 대전에 근무한다.
③ D는 강릉에 근무한다.
④ C는 B보다 먼저 출발해야 한다.
⑤ 이동 시간이 긴 순서대로 나열하면 'C – D – B – A'이다.

07 제시된 명제가 참일 때, 빈칸에 들어갈 명제로 가장 적절한 것은?

> • 과학자들 가운데 미신을 따르는 사람은 아무도 없다.
> • 돼지꿈을 꾼 다음 날 복권을 사는 사람들은 모두가 미신을 따르는 사람들이다.
> 그러므로 _____

① 미신을 따르는 사람들은 모두 돼지꿈을 꾼 다음 날 복권을 산다.
② 미신을 따르지 않는 사람 중 돼지꿈을 꾼 다음 날 복권을 사는 사람이 있다.
③ 과학자가 아닌 사람들은 모두 미신을 따른다.
④ 돼지꿈을 꾼 다음 날 복권을 사는 사람이라면 과학자가 아니다.
⑤ 돼지꿈을 꾼 다음날 복권을 사지 않는다면 미신을 따르는 사람이 아니다.

08 A~D 4명만 참여한 달리기 시합에서 동순위 없이 순위가 완전히 결정되었다. A, B, C는 각자 다음과 같이 진술하였다. 이들의 진술이 자신보다 낮은 순위의 사람에 대한 진술이라면 참이고, 높은 순위의 사람에 대한 진술이라면 거짓이라고 할 때, 반드시 참인 것은?

> • A : C는 1위이거나 2위이다.
> • B : D는 3위이거나 4위이다.
> • C : D는 2위이다.

① A는 1위이다.
② B는 2위이다.
③ D는 4위이다.
④ A가 B보다 순위가 높다.
⑤ C가 D보다 순위가 높다.

09 어느 날 사무실에 도둑이 들었다. CCTV를 통해 도둑이 2명이라는 것을 확인했고, 사무실 직원들의 알리바이와 해당 시간대에 사무실에 드나든 사람들을 조사한 결과 피의자는 A ~ E 5명으로 좁혀졌다. 거짓을 말하는 사람이 1명이라고 할 때, 다음의 진술에 따라 거짓을 말한 사람을 고르면?(단, 모든 사람은 참이나 거짓만을 말한다)

- A : B는 확실히 범인이에요. 제가 봤어요.
- B : 저는 범인이 아니구요, E는 무조건 범인입니다.
- C : A가 말하는 건 거짓이니 믿지 마세요.
- D : C가 말하는 건 진실이에요.
- E : 저와 C가 범인입니다.

① A   ② B
③ C   ④ D
⑤ E

10 다음 5명 중 오직 1명만이 거짓말을 하고 있다. 거짓말을 하고 있는 사람은?

- A : B는 거짓말을 하고 있지 않다.
- B : C의 말이 참이면 D의 말도 참이다.
- C : E는 거짓말을 하고 있다.
- D : B의 말이 거짓이면 C의 말은 참이다.
- E : A의 말이 참이면 D의 말은 거짓이다.

① A   ② B
③ C   ④ D
⑤ E

※ 일정한 규칙으로 수를 나열할 때, 빈칸에 들어갈 알맞은 숫자를 고르시오. [11~20]

11

-2	-18	-16.3	-146.7	-145	( )

① $-1,305$ ② $-1,194$

③ -694 ④ -572

⑤ -584

12

-296	152	-72	40	-16	( )	-2

① 4 ② 7

③ 8 ④ 12

⑤ 14

13

2	1	5	-2	17	-23	74	( )

① -85 ② -143

③ -151 ④ -215

⑤ -256

14

	0	3	5	10	17	29	48	( )

① 55 ② 60
③ 71 ④ 79
⑤ 82

15

	10	8	16	13	39	35	( )

① 90 ② 100
③ 120 ④ 140
⑤ 150

16

	5	15	7	17	9	19	11	21	13	( )

① 24 ② 23
③ 22 ④ 21
⑤ 20

17

2	2	8	−1	3	4	2	3	10	2	4	( )

① 10 ② 11

③ 12 ④ 13

⑤ 14

18

6	10	37	14	27	12	20	( )	7	43	1	9

① 20 ② 23

③ 26 ④ 29

⑤ 32

19

$$\frac{101}{399} \quad \frac{126}{374} \quad (\ ) \quad \frac{221}{279} \quad \frac{284}{216}$$

① $\dfrac{112}{578}$ ② $\dfrac{67}{312}$

③ $\dfrac{19}{481}$ ④ $\dfrac{77}{223}$

⑤ $\dfrac{572}{644}$

20

$$\frac{14}{3} \quad 12 \quad 34 \quad (\ ) \quad 298 \quad 892 \quad 2{,}674$$

① 90 ② 100

③ 110 ④ 120

⑤ 130

01 농도 8%의 설탕물 300g에서 설탕물을 조금 퍼내고 퍼낸 설탕물만큼의 물을 부은 후 농도 4%의 설탕물을 섞어 농도 6%의 설탕물 400g을 만들었다. 처음 퍼낸 설탕물의 양은 몇 g인가?

① 30g   ② 35g

③ 40g   ④ 45g

⑤ 50g

02 어떤 자동차 경주장의 원형도로의 길이가 6km이다. 경주용 차 A가 200km/h의 일정한 속력을 유지하며 돌고 있고 경주용 차 B는 더 빠른 속력으로 달리고 있다. 경주용 차 A와 경주용 차 B가 동시에 출발한 후, 2시간 만에 처음으로 같은 위치에 있게 된다면 경주용 차 B의 속력은?

① 201km   ② 202km

③ 203km   ④ 206km

⑤ 207km

03 마트에서 500mL 우유 1팩과 요구르트 1개를 묶음 판매하고 있다. 묶어서 판매하는 행사가격은 우유와 요구르트 정가의 20%를 할인해서 2,000원이다. 요구르트 1개의 정가가 800원일 때, 우유 1팩의 정가는 얼마인가?

① 800원   ② 1,200원

③ 1,500원   ④ 1,700원

⑤ 1,800원

04 장난감 A기차와 B기차가 4cm/s의 일정한 속력으로 달리고 있다. A기차가 12초, B기차가 15초에 0.3m 길이의 터널을 완전히 지났을 때, A기차와 B기차의 길이의 합은?

① 46cm   ② 47cm

③ 48cm   ④ 49cm

⑤ 50cm

05 그릇 3개와 책 8권의 무게는 책장 2개의 무게와 같고, 책 5권과 책장 1개의 무게는 그릇 3개의 무게와 같다. 그릇 2개와 책장 1개의 무게는 책 몇 권의 무게와 같은가?

① 23권　　　　　　　　　　② 25권

③ 27권　　　　　　　　　　④ 30권

⑤ 32권

06 A와 B는 가위바위보 게임을 하기로 했다. 게임에서 이긴 사람에게는 C가 10만 원을 주고, 진 사람은 C에게 7만 원을 주기로 했다. 게임이 끝난 후, A는 49만 원, B는 15만 원을 가지고 있다면, 게임에서 A는 몇 회 이겼는가?(단, A와 B는 각각 20만 원을 가진 채로 게임을 시작했다)

① 4회　　　　　　　　　　② 5회

③ 6회　　　　　　　　　　④ 7회

⑤ 8회

07 갑, 을, 병 3명에게 같은 양의 물건을 1명씩 똑같이 나누어 주면 각각 30일, 60일, 40일 동안 사용할 수 있다고 한다. 만약 3명에게 나누어 줄 물건의 양을 모두 합하여 3명이 함께 사용한다면, 3명이 함께 모든 물건을 사용하는 데 걸리는 시간은?

① 20일　　　　　　　　　　② 30일

③ 35일　　　　　　　　　　④ 40일

⑤ 45일

08 다음은 2015년부터 2024년까지 연도별 청년 고용률 및 실업률에 대한 그래프이다. 다음 중 고용률과 실업률의 차이가 가장 큰 연도는?

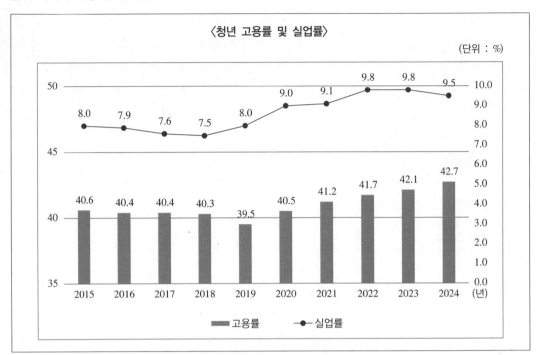

① 2017년
② 2018년
③ 2021년
④ 2023년
⑤ 2024년

09 다음은 농산물 수입 실적을 나타낸 자료이다. 이에 대한 설명으로 옳지 않은 것은?

〈농산물 수입 실적〉

(단위 : 만 톤, 천만 달러)

구분		2019년	2020년	2021년	2022년	2023년	2024년
농산물 전체	물량	2,450	2,510	2,595	3,160	3,250	3,430
	금액	620	810	1,175	1,870	1,930	1,790
곡류	물량	1,350	1,270	1,175	1,450	1,480	1,520
	금액	175	215	305	475	440	380
과실류	물량	65	75	65	105	95	130
	금액	50	90	85	150	145	175
채소류	물량	40	75	65	95	90	110
	금액	30	50	45	85	80	90

① 2024년 농산물 전체 수입 물량은 2019년 대비 40% 증가하였다.
② 곡류의 수입 물량은 지속적으로 줄어들었지만, 수입 금액은 지속적으로 증가하였다.
③ 2024년 과실류의 수입 금액은 2019년 대비 250% 급증하였다.
④ 곡류, 과실류, 채소류 중 2019년 대비 2024년에 수입 물량이 가장 많이 증가한 것은 곡류이다.
⑤ 2020 ~ 2024년 동안 과실류와 채소류 수입 금액의 전년 대비 증감추이는 같다.

10 P씨는 지난 15년간 외식프랜차이즈를 운영하면서 다수의 가맹점을 관리해왔으며, 2024년 말 기준으로 총 52개의 점포를 보유하고 있다. 다음의 자료를 참고할 때, 가장 많은 가맹점이 있었던 시기는?

〈A프랜차이즈 개업 및 폐업 현황〉

(단위 : 개점)

구분	2018년	2019년	2020년	2021년	2022년	2023년	2024년
개업	5	10	1	5	0	1	11
폐업	3	4	2	0	7	6	5

① 2019년 말　　　　　　　　　② 2020년 말
③ 2021년 말　　　　　　　　　④ 2022년 말
⑤ 2023년 말

11 다음은 사교육의 과목별 동향에 대한 자료이다. 이에 대한 〈보기〉의 설명 중 옳은 것을 모두 고르면?

〈과목별 동향〉

(단위 : 명, 원)

구분		2019년	2020년	2021년	2022년	2023년	2024년
국·영·수	월 최대 수강자 수	368	388	379	366	359	381
	월 평균 수강자 수	312	369	371	343	341	366
	월 평균 수업료	550,000	650,000	700,000	700,000	700,000	750,000
탐구	월 최대 수강자 수	241	229	281	315	332	301
	월 평균 수강자 수	218	199	253	289	288	265
	월 평균 수업료	350,000	350,000	400,000	450,000	500,000	500,000

〈보기〉

ㄱ. 국·영·수의 월 최대 수강자 수와 평균 수강자 수는 같은 증감추이를 보인다.
ㄴ. 국·영·수의 월 평균 수업료는 월 최대 수강자 수와 같은 증감추이를 보인다.
ㄷ. 국·영·수의 월 최대 수강자 수의 전년 대비 증가율은 2024년이 가장 높다.
ㄹ. 2019 ~ 2024년까지 월 평균 수강자 수가 국·영·수 과목이 최대였을 때는 탐구 과목이 최소였고, 국·영·수 과목이 최소였을 때는 탐구 과목이 최대였다.

① ㄱ
② ㄷ
③ ㄱ, ㄷ
④ ㄱ, ㄹ
⑤ ㄴ, ㄹ

12 다음은 10년간 국내 의사와 간호사 인원 현황에 대한 자료이다. 이에 대한 〈보기〉의 설명 중 옳은 것을 모두 고르면?(단, 비율은 소수점 셋째 자리에서 버림한다)

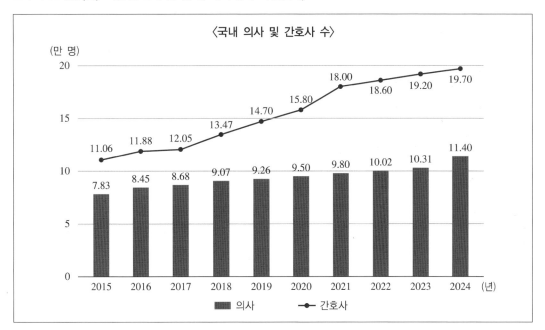

〈국내 의사 및 간호사 수〉

〈보기〉
ㄱ. 2022년 대비 2024년 의사 수의 증가율은 간호사 수의 증가율보다 5%p 이상 높다.
ㄴ. 2016 ~ 2024년 동안 전년 대비 의사 수 증가량이 2천 명 이하인 해의 의사와 간호사 수의 차이는 5만 명 미만이다.
ㄷ. 2015 ~ 2019년 동안 의사 한 명당 간호사 수가 가장 많은 연도는 2019년도이다.
ㄹ. 2018 ~ 2021년까지 간호사 수의 평균은 15만 명 이상이다.

① ㄱ
② ㄱ, ㄴ
③ ㄷ, ㄹ
④ ㄴ, ㄹ
⑤ ㄱ, ㄷ, ㄹ

13 다음은 A, B국가의 사회이동에 따른 계층 구성 비율의 변화를 나타낸 자료이다. 2004년과 비교한 2024년 계층 구성 비율에 대한 설명으로 옳은 것은?

〈2004년 사회이동에 따른 계층 구성 비율〉

구분	A국가	B국가
상층	7%	17%
중층	67%	28%
하층	26%	55%

〈2024년 사회이동에 따른 계층 구성 비율〉

구분	A국가	B국가
상층	18%	23%
중층	23%	11%
하층	59%	66%

① A국가의 상층 비율은 9%p 증가하였다.
② 두 국가의 중층 비율 증감 폭은 서로 같다.
③ A국가의 하층 비율 증가 폭은 B국가의 증가 폭보다 크다.
④ B국가에서는 가장 높은 비율을 차지하는 계층이 바뀌었다.
⑤ B국가의 하층 비율은 20년 동안 10% 증가하였다.

14 다음은 보건복지부에서 발표한 2024년 12월 말 기준 어린이집 보육교직원 현황이다. 총계에서 원장을 제외한 나머지 인원이 차지하는 비율은?

〈어린이집 보육교직원 현황〉

(단위 : 명)

구분		계	원장	보육교사	특수교사	치료사	영양사	간호사	사무원	취사부	기타
총계		248,635	39,546	180,247	1,341	550	706	891	934	17,457	6,963
국·공립		22,229	2,099	15,376	502	132	85	147	132	2,669	1,087
법인		17,491	1,459	12,037	577	336	91	117	162	1,871	841
민간	법인 외	7,724	867	5,102	54	20	35	50	101	899	596
	민간 개인	112,779	14,030	85,079	198	62	415	508	408	8,379	3,700
가정		82,911	20,557	58,674	5	–	1	8	53	2,997	616
부모협동		485	88	328	1	–	3	–	3	51	11
직장		5,016	446	3,651	4	–	76	61	75	591	112

① 75.7% ② 76.4%
③ 80.3% ④ 84.1%
⑤ 86.7%

15 다음은 2020년부터 2024년까지 생활 폐기물 처리 현황에 대한 자료이다. 이에 대한 설명으로 옳지 않은 것은?(단, 비율은 소수점 둘째 자리에서 반올림한다)

〈생활 폐기물 처리 현황〉

(단위 : 톤)

구분	2020년	2021년	2022년	2023년	2024년
매립	9,471	8,797	8,391	7,613	7,813
소각	10,309	10,609	11,604	12,331	12,648
재활용	31,126	29,753	28,939	29,784	30,454
합계	50,906	49,159	48,934	49,728	50,915

① 매년 생활 폐기물 처리량 중 재활용 비율이 가장 높다.
② 전년 대비 소각 증가율은 2022년이 2023년의 2배 이상이다.
③ 2020 ~ 2024년 소각량 대비 매립량은 60% 이상이다.
④ 생활 폐기물 처리방법 중 매립은 2020년부터 2023년까지 계속 감소하고 있다.
⑤ 생활 폐기물 처리 현황에서 2024년 재활용 비율은 2020년 소각량 비율의 3배보다 작다.

16 K사에서는 업무효율을 높이기 위해 근무여건 개선방안에 대하여 논의하고자 한다. 귀하는 논의 자료를 위하여 전 사원의 야간근무 현황을 조사하였다. 다음 중 이에 대한 설명으로 옳지 않은 것은?

〈야간근무 현황(주 단위)〉

(단위 : 일, 시간)

구분	임원	부장	과장	대리	사원
평균 야근 빈도	1.2	2.2	2.4	1.8	1.4
평균 야근 시간	1.8	3.3	4.8	6.3	4.2

※ 60분의 3분의 2 이상을 채울 시 1시간으로 야근수당을 계산한다.

① 과장급 사원은 한 주에 평균적으로 2.4일 정도 야간근무를 한다.
② 전 사원의 주 평균 야근 빈도는 1.8일이다.
③ 평사원은 한 주 동안 평균 4시간 12분 정도 야간근무를 하고 있다.
④ 1회 야간근무 시 평균적으로 가장 긴 시간 동안 일하는 사원은 대리급 사원이다.
⑤ 야근수당이 시간당 10,000원이라면 과장급 사원은 야근수당으로 주 평균 50,000원을 받는다.

17 K사에서 직원들에게 자기계발 교육비용을 일부 지원하기로 하였다. 총무인사팀에 A ~ E 5명의 직원이 다음 자료와 같이 교육프로그램을 신청하였을 때, K사에서 총무인사팀 직원들에게 지원하는 총교육비는?

〈자기계발 수강료 및 지원 금액〉

구분	영어회화	컴퓨터 활용	세무회계
수강료	7만 원	5만 원	6만 원
지원 금액 비율	50%	40%	80%

〈신청한 교육프로그램〉

구분	영어회화	컴퓨터 활용	세무회계
A	○		○
B	○	○	○
C		○	○
D	○		
E		○	

① 307,000원
② 308,000원
③ 309,000원
④ 310,000원
⑤ 311,000원

18 다음은 2022년 상반기부터 2024년 하반기까지 내용별 이메일 스팸 수신량 비율 추이를 조사한 자료이다. 이에 대한 설명으로 옳은 것은?

〈내용별 이메일 스팸 수신량 비율 추이〉

(단위 : %)

구분	2022년 상반기	2022년 하반기	2023년 상반기	2023년 하반기	2024년 상반기	2024년 하반기
성인 이메일	14.8	11.6	26.5	49.0	19.2	29.5
대출·금융 이메일	0.0	1.9	10.2	7.9	2.1	0.1
일반 이메일	85.2	86.5	63.3	43.1	78.7	70.4
합계	100.0	100.0	100.0	100.0	100.0	100.0

① 일반 이메일 스팸 비율의 전반기 대비 증감추이는 대출·금융 이메일 스팸의 전반기 대비 증감추이와 같다.

② 성인 이메일 스팸 수신량은 2022년 상반기보다 2024년 하반기에 더 많았다.

③ 일반 이메일 스팸의 경우 2023년 하반기부터 비율이 계속 증가하고 있다.

④ 2023년 하반기 대출·금융 이메일 스팸의 비율은 전년 동기의 4배 이상이다.

⑤ 성인 이메일 스팸 비율은 2022년 상반기보다 2024년 상반기에 50% 이상 증가하였다.

19 다음 표는 2018 ~ 2024년 우리나라 초·중·고등학교 학생의 사교육 참여율을 나타내는 자료이다. 빈칸에 들어갈 숫자로 옳은 것은?(단, 해당 연도의 사교육 참여율은 일정한 규칙을 따른다)

〈우리나라 초·중·고등학교 학생의 사교육 참여율〉

(단위 : %)

구분	2018년	2019년	2020년	2021년	2022년	2023년	2024년
전체	74.8		73.8	72.6	71.1	69.4	68.8
초등학교	88.8	88	87.3	86.8	84.7	80.9	81.8
중학교	74.6	72.5	74.3	72.2	71	70.6	69.4
고등학교	55	53.4	53.8	52.8	51.6	50.7	49.2

① 73.3

② 73.6

③ 73.9

④ 74.2

⑤ 74.5

20 다음은 남녀 500명의 윗몸일으키기 측정 결과표이다. 41 ~ 50회를 기록한 남자 수와 11 ~ 20회를 기록한 여자 수의 차이는?

〈윗몸일으키기 측정 결과〉

구분	남	여
0 ~ 10회	2%	15%
11 ~ 20회	11%	17%
21 ~ 30회	12%	33%
31 ~ 40회	40%	21%
41 ~ 50회	35%	14%
전체	60%	40%

① 53명   ② 62명

③ 71명   ④ 80명

⑤ 92명

01 다음 도식의 기호들은 일정한 규칙에 따라 도형을 변화시킨다. 〈보기〉의 규칙을 찾고 ?에 들어갈 알맞은 도형을 고르면?

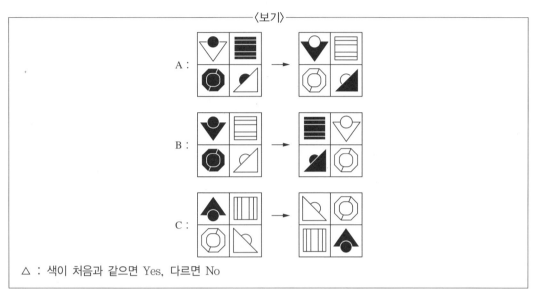

△ : 색이 처음과 같으면 Yes, 다르면 No

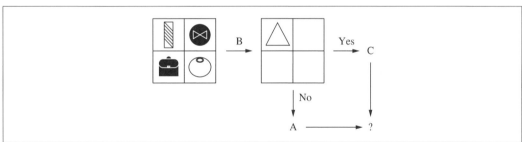

①

②

③

④

⑤

※ 다음 도식의 기호들은 일정한 규칙에 따라 도형을 변화시킨다. 〈보기〉의 규칙을 찾고 ?에 들어갈 알맞은 도형을 고르시오. [2~3]

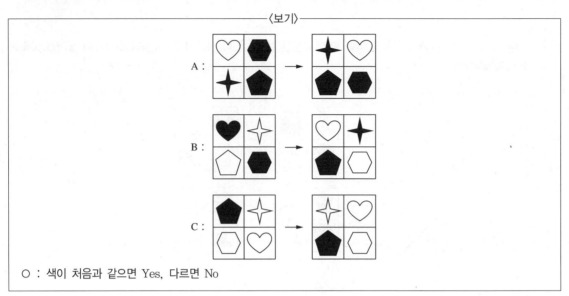

○ : 색이 처음과 같으면 Yes, 다르면 No

02

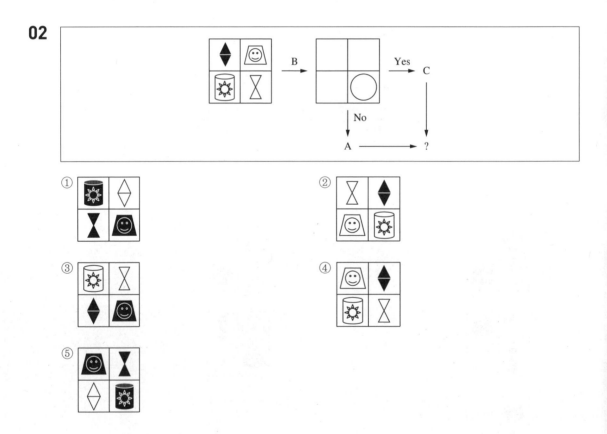

03

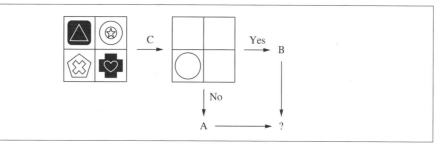

①

②

③

④

⑤

※ 다음 도식의 기호들은 일정한 규칙에 따라 도형을 변화시킨다. 〈보기〉의 규칙을 찾고 ?에 들어갈 알맞은 도형을 고르시오. [4~5]

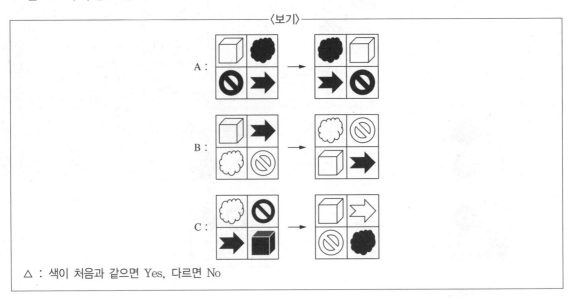

△ : 색이 처음과 같으면 Yes, 다르면 No

04

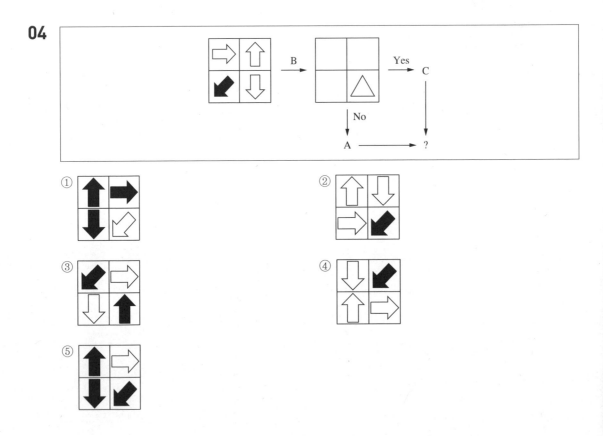

① ② ③ ④ ⑤

05

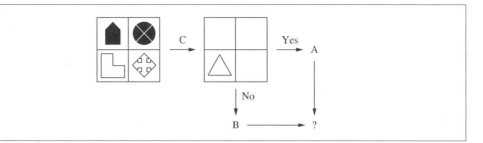

※ 다음 도식의 기호들은 일정한 규칙에 따라 도형을 변화시킨다. 〈보기〉의 규칙을 찾고 ?에 들어갈 알맞은 도형을 고르시오. **[6~7]**

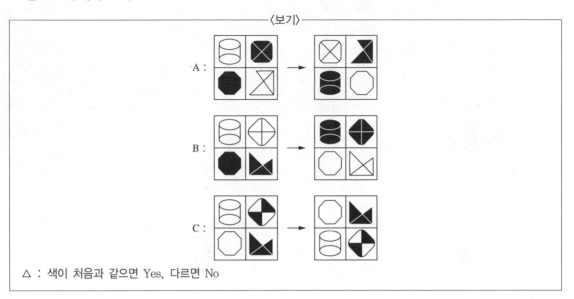

△ : 색이 처음과 같으면 Yes, 다르면 No

06

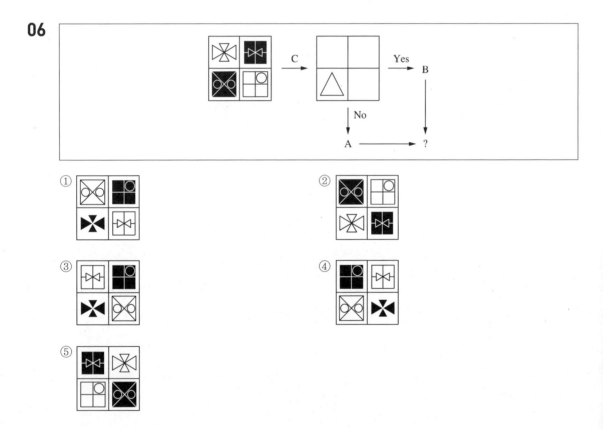

07

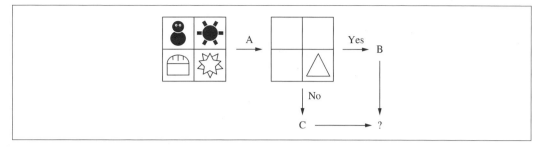

①

②

③

④

⑤

※ 다음 기호들은 일정한 규칙에 따라 도형을 변화시킨다. 〈보기〉의 규칙을 찾고 ?에 들어갈 알맞은 도형을 고르시오(단, 주어진 조건이 두 가지 이상일 때 모두 일치해야 Yes로 이동한다). **[8~9]**

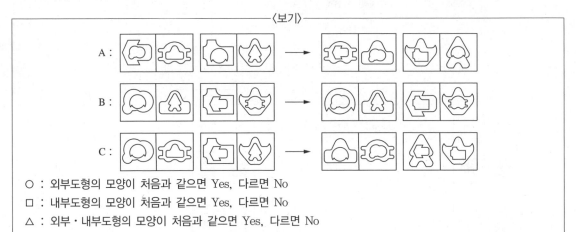

○ : 외부도형의 모양이 처음과 같으면 Yes, 다르면 No
□ : 내부도형의 모양이 처음과 같으면 Yes, 다르면 No
△ : 외부·내부도형의 모양이 처음과 같으면 Yes, 다르면 No

08

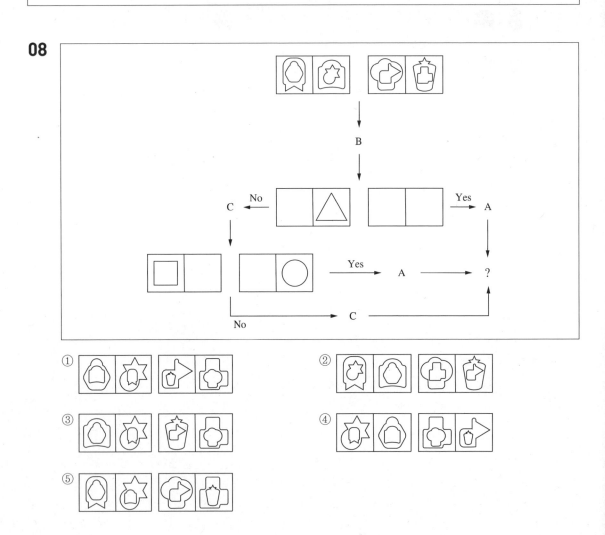

09

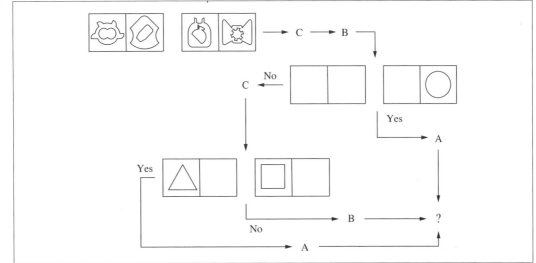

①

②

③

④

⑤

※ 다음 기호들은 일정한 규칙에 따라 도형을 변화시킨다. 〈보기〉의 규칙을 찾고 ?에 들어갈 알맞은 도형을 고르시오. (단, 주어진 조건이 두 가지 이상일 때 모두 일치해야 Yes로 이동한다) **[10~11]**

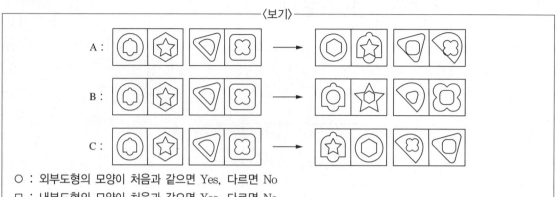

○ : 외부도형의 모양이 처음과 같으면 Yes, 다르면 No
□ : 내부도형의 모양이 처음과 같으면 Yes, 다르면 No
△ : 외부・내부도형의 모양이 처음과 같으면 Yes, 다르면 No

10

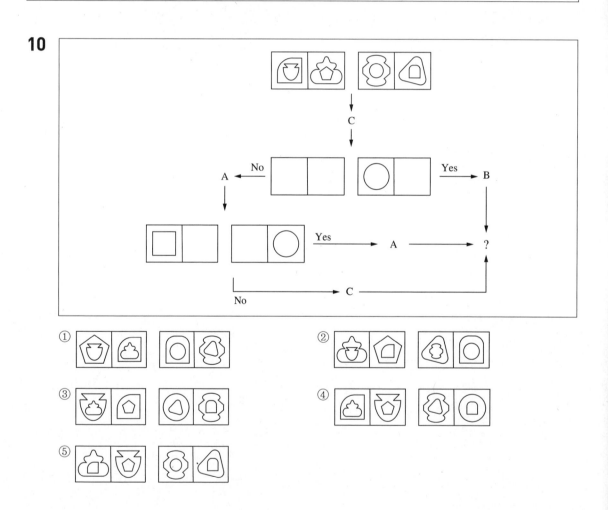

11

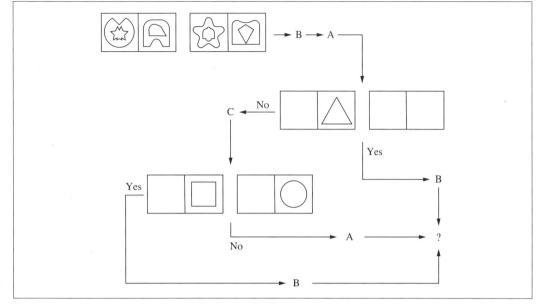

※ 다음 도식의 기호들은 일정한 규칙에 따라 도형을 변화시킨다. 〈보기〉의 규칙을 찾고 ?에 들어갈 알맞은 도형을 고르시오. [12~15]

12

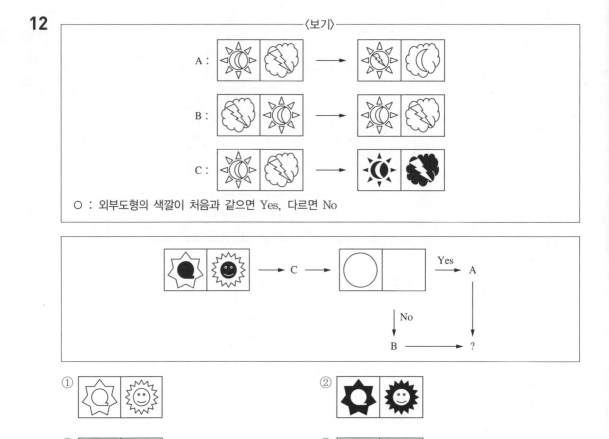

①
②
③
④
⑤

13

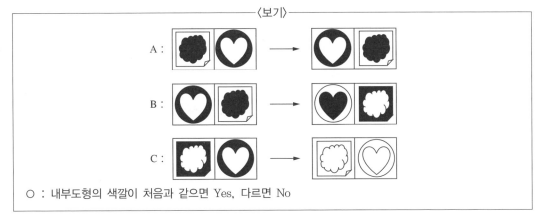

〈보기〉

○ : 내부도형의 색깔이 처음과 같으면 Yes, 다르면 No

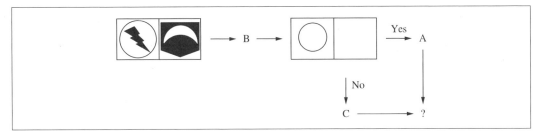

①    ②

③    ④

⑤

14

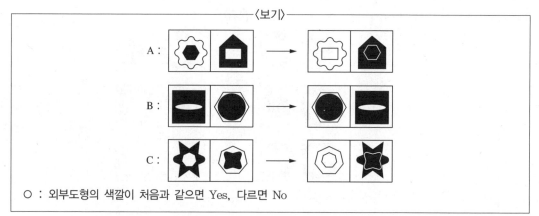

○ : 외부도형의 색깔이 처음과 같으면 Yes, 다르면 No

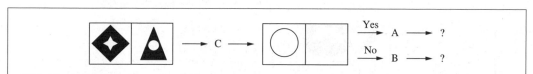

①    ②

③    ④

⑤

15

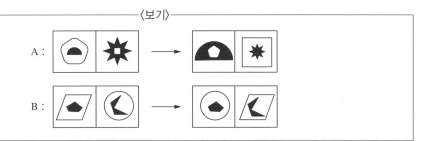

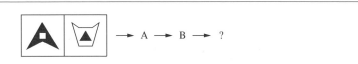

①

②

③

④

⑤

4일 차
기출응용 모의고사

〈문항 수 및 시험시간〉

KT그룹 온라인 종합적성검사		
영역	문항 수	시험시간
언어	20문항	20분
언어·수추리	20문항	25분
수리	20문항	25분
도형	15문항	20분

4일 차 기출응용 모의고사

문항 수 : 75문항
시험시간 : 90분

01 다음 글을 읽고 이해한 내용으로 적절하지 않은 것은?

> 프로이센의 철학자인 임마누엘 칸트는 근대 계몽주의를 정점에 올려놓음은 물론 독일 관념철학의 기초를 세운 것으로 유명하다. 그는 인식론을 다룬 저서, 종교와 법, 역사에 관해서도 중요한 책을 썼는데, 특히 칸트가 만년에 출간한 『실천이성 비판』은 이후 윤리학과 도덕 철학 분야에 지대한 영향을 끼쳤다.
> 이 책에 따르면 악은 단순히 이 세상의 행복을 얻으려는 욕심의 지배를 받아 이를 실천의 원리로 삼는 것이며, 선은 이러한 욕심의 지배에서 벗어나 내부에서 우러나오는 단호한 도덕적 명령을 받는 것이다. 순수하게 도덕적 명령을 따른다는 것은, 오직 의무를 누구나 지켜야만 할 의무이기에 이행한다는 태도, 즉 형식적 태도를 의미한다. 칸트는 태초에 선과 악이 처음에 원리가 결정되는 것이 아니라 그 반대라는 것을 선언한 것이다.

① 임마누엘 칸트는 독일 관념철학의 기초를 세웠다.

② 임마누엘 칸트는 철학은 물론 종교와 법, 역사에 관한 책을 저술했다.

③ 임마누엘 칸트는 만년에 『실천이성 비판』을 출간했다.

④ 임마누엘 칸트는 행복을 악으로, 도덕적 명령을 선으로 규정했다.

⑤ 임마누엘 칸트는 선을 누구나 지켜야만 할 의무이기에 순수하게 도덕적 명령을 따르는 것으로 보았다.

02 다음 글을 읽고 추론한 내용으로 적절하지 않은 것은?

'파블로프의 개' 실험에서 영감을 받은 행동주의 심리학자들은 적절한 보상과 강화를 통해서 인간을 통제할 수 있다고 믿었다. 가령 책을 잘 읽지 않는 학생들에게도 현금으로 보상하면 자연스레 독서로 유인할 수 있다는 식이다. 그렇다면 우등생이 인센티브를 통해서 만들어질 수 있는 것일까? 『돈으로 살 수 없는 것들』의 저자 마이클 샌델은 그런 식의 금전적 보상이 독서라는 '재화'의 가치를 변화시킨다고 말한다. 독서의 가치가 '돈'으로 환원될 것이고, 그럴 경우 자발적인 독서가 갖는 의미와 만족감 또한 훼손될 수밖에 없다. '행위와 인센티브'라는 보상체계가 우리를 어떤 행위의 주체가 아닌 단순한 수행자의 위치로 떨어뜨리기 때문이다.

① 독서를 하면 우등생이 되리라는 전제 하에 내용이 전개되고 있다.
② 행동주의 심리학자들은 '행위와 인센티브'라는 보상체계를 지지한다.
③ 자발적인 독서와 보상을 통한 독서는 다르다.
④ 마이클 샌델은 행동주의 심리학자들의 믿음을 비판하는 입장이다.
⑤ 책을 잘 읽지 않는 학생들은 단순한 수행자의 위치에 머물러 있다.

03 다음 글의 주제로 가장 적절한 것은?

우리 민족은 처마 끝의 곡선, 버선발의 곡선 등 직선보다는 곡선을 좋아했고, 그러한 곡선의 문화가 곳곳에 배어있다. 이것은 민요의 경우도 마찬가지이다. 서양 음악에서 '도'가 한 박이면 한 박, 두 박이면 두 박, 길든 짧든 같은 음이 곧게 지속되는데 우리 음악은 '시김새'에 의해 음을 곧게 내지 않고 흔들어 낸다. 시김새는 어떤 음높이의 주변에서 맴돌며 가락에 멋을 더하는 역할을 하는 장식음이다. 시김새란 '삭다'라는 말에서 나왔다. 그렇기 때문에 시김새라는 단어가 김치 담그는 과정에서 생겨났다고 볼 수 있다. 김치를 담글 때 무나 배추를 소금에 절여 숨을 죽이고 갖은 양념을 해서 일정 기간 숙성시켜 맛을 내듯, 시김새 역시 음악가가 손과 마음으로 삭여냈을 때 맛이 드는 것과 비슷하기 때문이다. 이 때문에 시김새가 '삭다.'라는 말에서 나온 것으로 본다. 더욱이 같은 재료를 썼는데도 집집마다 김치 맛이 다르고, 지방에 따라 양념을 고르는 법이 달라 다른 맛을 내듯 시김새는 음악 표현의 질감을 달리하는 핵심 요소이다.

① 민요에서 볼 수 있는 우리 민족의 곡선 문화
② 시김새에 의한 민요의 특징
③ 시김새의 정의와 어원
④ 시김새와 김치의 공통점
⑤ 시김새에서 김치의 역할

04

(가) 정책 수단 선택의 사례로 환율과 관련된 경제 현상을 살펴보자. 외국 통화에 대한 자국 통화의 교환 비율을 의미하는 환율은 장기적으로 한 국가의 생산성과 물가 등 기초 경제 여건을 반영하는 수준으로 수렴된다.

(나) 이처럼 환율이나 주가 등 경제 변수가 단기에 지나치게 상승 또는 하락하는 현상을 오버슈팅(Overshooting)이라고 한다.

(다) 이러한 오버슈팅은 물가 경직성 또는 금융 시장 변동에 따른 불안 심리 등에 의해 촉발되는 것으로 알려져 있다. 여기서 물가 경직성은 시장에서 가격이 조정되기 어려운 정도를 의미한다.

(라) 그러나 단기적으로 환율은 이와 괴리되어 움직이는 경우가 있다. 만약 환율이 예상과는 다른 방향으로 움직이거나 또는 비록 예상과 같은 방향으로 움직이더라도 변동 폭이 예상보다 크게 나타날 경우 경제 주체들은 과도한 위험에 노출될 수 있다.

① (가) – (나) – (다) – (라) ② (가) – (다) – (나) – (라)
③ (가) – (라) – (나) – (다) ④ (나) – (다) – (라) – (가)
⑤ (나) – (라) – (다) – (가)

05

(가) 위기가 있는 만큼 기회도 주어진다. 다만, 그 기회를 잡기 위해 우리에게 가장 필요한 것은 지혜이다. 그리고 그 지혜를 행동으로 옮길 때, 우리는 성공이라는 결과를 얻을 수 있는 것이다.

(나) 세계적 금융위기는 끝나지 않았고, 동중국해를 둘러싼 중국과 일본의 영토분쟁은 세계 경제에 새로운 위협 요인이 되고 있다. 국가경제도 부동산가격 하락으로 가계부채 문제가 경제에 부담이 될 것이라는 예측이 나온다. 휴일 영업을 둘러싼 대형마트와 재래시장 간의 갈등도 심화되고 있다. 기업의 입장에서나, 개인의 입장에서나 온통 풀기 어려운 문제에 둘러싸인 형국이다.

(다) 이 위기를 이겨낸 사람이 성공하고, 위기를 이겨낸 기업이 경쟁에서 승리한다. 어려움을 이겨낸 나라가 자신에게 주어진 무대에서 주역이 되었다는 것을 우리는 지난 역사 속에서 배울 수 있다.

(라) 한마디로 위기(危機)의 시대이다. 위기는 '위험'을 의미하는 위(危)자와 '기회'를 의미하는 기(機)자가 합쳐진 말이다. 위기라는 말에는 위험과 기회라는 이중의 의미가 함께 들어 있다. 위험을 이겨낸 사람이 기회를 잡을 수 있다는 말이다. 위기는 기회의 또 다른 얼굴이다.

① (가) – (라) – (나) – (다) ② (나) – (가) – (다) – (라)
③ (나) – (라) – (다) – (가) ④ (라) – (가) – (다) – (나)
⑤ (라) – (다) – (가) – (나)

06 다음 글의 내용으로 적절하지 않은 것은?

우리 민족은 고유한 주거문화로 바닥 난방 기술인 구들을 발전시켜 왔는데, 구들은 우리 민족에 다양한 영향을 주었다. 우선 오랜 구들 생활은 우리 민족의 인체에 적지 않은 변화를 초래하였다. 태어나면서부터 따뜻한 구들에 누워 자는 것이 습관이 된 우리 아이들은 사지의 활동량이 적어 발육이 늦어졌다. 구들에서 자란 우리 아이들은 다른 어떤 민족의 아이들보다 따뜻한 곳에서 안정감을 느꼈으며, 우리 민족은 아이들에게 따뜻함을 만들어주기 위해 여러 가지를 고안하여 발전시켰다.

구들은 농경을 주업으로 하는 우리 민족의 생산도구의 제작과 사용에 많은 영향을 주었다. 구들에 앉아 오랫동안 활동하는 습관은 하반신보다 상반신의 작업량을 증가시켰고 상반신의 움직임이 상대적으로 정교하게 되었다. 구들 생활에 익숙해진 우리 민족은 방 안에서의 작업뿐만 아니라 농사를 비롯한 야외의 많은 작업에서도 앉아서 하는 습관을 갖게 되었는데 이는 큰 농기구를 이용하여 서서 작업을 하는 서양과는 완전히 다른 방식이었다.

① 구들의 영향으로 우리 민족은 앉아서 하는 작업방식이 일반화되었다.
② 구들은 실내뿐 아니라 실외활동에도 영향을 끼쳤다.
③ 우리 민족은 하반신 활동보다 상반신 활동이 많아서 상반신 작업이 정교한 특징이 있다.
④ 구들은 아이들의 체온을 높여 발육을 방해한다.
⑤ 우리 민족은 앉아서 작업하는 습관이 있다.

07 다음 글을 근거로 판단한 내용으로 가장 적절한 것은?

미국의 설탕, 옥수수 시럽, 기타 천연당의 1인당 연평균 소비량은 140파운드로, 독일·프랑스보다 50%가 많았고 중국보다는 9배가 많았다. 그런데 설탕이 비만을 야기하고 당뇨병 환자의 건강에 해롭다는 인식이 확산되면서 사카린과 같은 인공 감미료의 수요가 증가하였다.

세계 최초의 인공 감미료인 사카린은 1879년 미국 존스홉킨스대학에서 화학 물질의 산화 반응을 연구하다가 우연히 발견됐다. 당도가 설탕보다 약 500배 정도 높은 사카린은 대표적인 인공 감미료로, 체내에서 대사되지 않고 그대로 배출된다는 특징이 있다. 그런데 1977년 캐나다에서 쥐를 대상으로 한 사카린 실험 이후 유해성 논란이 촉발되었다. 사카린을 섭취한 쥐가 방광암에 걸렸기 때문이다. 그러나 사카린의 무해성을 입증한 다양한 연구 결과로 인해 2001년 미국 FDA는 사카린을 다시 안전한 식품 첨가물로 공식 인정하였고, 현재도 설탕의 대체재로 사용되고 있다.

아스파탐은 1965년 위궤양 치료제를 개발하던 중 우연히 발견된 인공 감미료로 당도가 설탕보다 약 200배 높다. 그러나 아스파탐도 발암성 논란이 끊이지 않았다. 미국 암협회가 안전하다고 발표했지만 이탈리아의 한 과학자가 쥐를 대상으로 한 실험에서 아스파탐이 암을 유발한다고 결론내렸기 때문이다.

① 사카린과 아스파탐은 설탕보다 당도가 높고, 사카린은 아스파탐보다 당도가 높다.
② 사카린과 아스파탐은 모두 설탕을 대체하기 위해 거액을 투자해 개발한 인공 감미료이다.
③ 사카린은 유해성 논란으로 현재 미국에서는 더이상 식품 첨가물로 사용되지 않고 있다.
④ 중국의 설탕, 옥수수 시럽, 기타 천연당의 1인당 연평균 소비량은 20파운드 이상이었을 것이다.
⑤ 아스파탐은 암 유발 논란에 휩싸였지만, 2001년 미국 FDA로부터 안전한 식품 첨가물로 처음 공식 인정받았다.

08 다음 글의 내용으로 가장 적절한 것은?

음악에서 화성이나 멜로디가 하나의 음 또는 하나의 화음을 중심으로 일정한 체계를 유지하는 것을 조성(調性)이라고 한다. 조성을 중심으로 한 음악은 서양음악에 지배적인 영향을 미쳤는데, 여기에서 벗어나 자유롭게 표현하고 싶은 음악가의 열망이 무조(無調) 음악을 탄생시켰다. 무조 음악에서는 한 옥타브 안의 12음 각각에 동등한 가치를 두어 음들을 자유롭게 사용하였다. 이로 인해 무조 음악은 표현의 자유를 누리게 되었지만 조성이 주는 체계성은 잃게 되었다. 악곡의 형식을 유지하는 가장 기초적인 뼈대가 흔들린 것이다. 이와 같은 상황 속에서 무조 음악이 지닌 자유로움에 체계성을 더하고자 고민한 작곡가 쇤베르크는 '12음 기법'이라는 독창적인 작곡 기법을 만들어 냈다. 쇤베르크의 12음 기법은 12음을 한 번씩 사용하여 만든 기본 음렬(音列)에 이를 '전위', '역행', '역행 전위'의 방법으로 파생시킨 세 가지 음렬을 더해 악곡을 창작하는 체계적인 작곡 기법이다.

① 조성은 하나의 음으로 여러 음을 만드는 것을 말한다.
② 무조 음악은 조성이 발전한 형태라고 말할 수 있다.
③ 무조 음악은 한 옥타브 안의 음 각각에 가중치를 두어서 사용했다.
④ 조성은 체계성을 추구하고, 무조 음악은 자유로움을 추구한다.
⑤ 쇤베르크의 12음 기법은 무조 음악과 조성 모두에서 벗어나고자 한 작곡 기법이다.

09 다음 글의 내용으로 적절하지 않은 것은?

역사란 무엇인가 하는 대단히 어려운 물음에 아주 쉽게 답한다면, 그것은 인간 사회의 지난날에 일어난 사실(事實) 자체를 가리키기도 하고, 또 그 사실에 관해 적어 놓은 기록을 가리키기도 한다고 말할 수 있다. 그러나 지난날의 인간 사회에서 일어난 사실이 모두 역사가 되는 것은 아니다. 쉬운 예를 들면, 김총각과 박처녀가 결혼한 사실은 역사가 될 수 없고, 한글이 만들어진 사실, 임진왜란이 일어난 사실 등은 역사가 된다. 이렇게 보면 사소한 일, 일상적으로 반복되는 일은 역사가 될 수 없고, 거대한 사실, 한 번만 일어나는 사실만이 역사가 될 것 같지만, 반드시 그런 것도 아니다. 고려 시대의 경우를 예로 들면, 주기적으로 일어나는 자연 현상인 일식과 월식은 모두 역사로 기록되었지만, 우리는 지금 세계 최고(最古)의 금속 활자를 누가 몇 년에 처음으로 만들었는지 모르고 있다. 일식과 월식은 자연 현상이면서도 하늘이 인간 세계의 부조리를 경고하는 것이라 생각했기 때문에 역사가 되었지만, 목판이나 목활자 인쇄술이 금속 활자로 넘어가는 중요성이 인식되지 않았기 때문에 금속 활자는 역사가 될 수 없었다. 이렇게 보면, 또 역사라는 것은 지난날의 인간 사회에서 일어난 사실 중에서 누군가에 의해 중요한 일이라고 인정되어 뽑힌 것이라 할 수 있다. 이 경우, 그것을 뽑은 사람은 기록을 담당한 사람, 곧 역사가라 할 수 있으며, 뽑힌 사실이란 곧 역사책을 비롯한 각종 기록에 남은 사실들이다. 다시 말하면, 역사란 결국 기록에 남은 것이며, 기록에 남지 않은 것은 역사가 아니라 할 수 있다. 일식과 월식은 과학이 발달한 오늘날에는 역사로서 기록에 남지 않게 되었다. 금속 활자의 발견은 그 중요성을 안 훗날 사람들의 노력에 의해 최초로 발명한 사람과 정확한 연대는 모른 채 고려 말기의 중요한 역사로 추가 기록되었다. '지난날의 인간 사회에서 일어난 수많은 사실 중에서 누군가가 기록해 둘만한 중요한 일이라고 인정하여 기록한 것이 역사이다'라고 생각해 보면, 여기에 좀 더 깊이 생각해 보아야 할 몇 가지 문제가 있다.

첫째는, '기록해 둘 만한 중요한 사실이란 무엇을 말하는 것인가?' 하는 문제이고, 둘째는, '과거에 일어난 일들 중에서 기록해둘 만한 중요한 사실을 가려내는 사람의 생각과 처지'의 문제이다. 먼저, '무엇이 기록해 둘 만한 중요한 문제인가? 기록해 둘 만하다는 기준이 무엇인가?' 하고 생각해 보면, 아주 쉽게 말해서 후세(後世) 사람들에게 어떤 참고가 될 만한 일이라고 말할 수 있겠다. 다시 말하면, 오늘날의 역사책에 남아 있는 사실들은 모두 우리가 살아나가는 데 참고가 될 만한 일들이라 할 수 있다. 다음으로, 참고가 될 만한 일과 그렇지 않은 일을 가려 내는 일은 사람에 따라 다를 수 있으며, 시대에 따라 다를 수도 있다. 고려 시대나 조선 시대 사람들에게는 일식과 월식이 정치를 잘못한 왕이나 관리들에 대한 하늘의 노여움이라 생각되었기 때문에 역사에 기록되었지만, 오늘날에는 그렇지 않다는 것을 알기 때문에 역사에는 기록되지 않는다.

① 인간 사회에서 일어난 모든 사실이 역사가 될 수 없다.
② 역사라는 것은 역사가의 관점에 의하여 선택된 사실이다.
③ 역사의 가치는 시대나 사회의 흐름과 무관한 절대적인 것이다.
④ 역사는 기록에 남은 것이며, 기록된 것은 가치가 있는 것이어야 한다.
⑤ 희소가치가 있는 것이나 거대한 사실이 반드시 역사가 되는 것은 아니다.

10 다음 글을 지지하는 반응으로 적절하지 않은 것은?

> 최근 거론되고 있는 건 전자 파놉티콘이다. 각종 전자 감시 기술은 프라이버시에 근본적인 위협으로 대두되고 있다. '감시'는 거대한 성장 산업으로 비약적인 발전을 거듭하고 있다. '노동자 감시 근절을 위한 연대모임'이 조사한 바에 따르면, 한국에서 전체 사업장의 90%가 한 가지 이상의 방법으로 노동자 감시를 하고 있는 것으로 밝혀졌다. "24시간 감시에 숨이 막힌다."라는 말까지 나오고 있다.
> 최근 러시아에서는 공무원들의 근무 태만을 감시하기 위해 공무원들에게 감지기를 부착시켜 놓고 인공위성 추적 시스템을 도입하는 방안을 둘러싸고 논란이 벌어지고 있다. 전자 감시 기술은 인간의 신체 속까지 파고들어갈 만반의 준비를 갖추고 있다.
> 어린아이의 몸에 감시 장치를 내장하면 아이의 안전을 염려할 필요는 없겠지만, 그게 과연 좋기만 한 것인지, 또 그 기술이 다른 좋지 않은 목적에 사용될 위험은 없는 것인지 따져볼 일이다. 감시를 위한 것이 아니라 하더라도 전자 기술에 의한 정보의 집적은 언제든 개인의 프라이버시를 위협할 수 있다.

① 전자 기술의 발전이 순기능만을 가지는 것은 아니구나.
② 직장은 개인의 생활공간이라기보다 공공장소로 보아야 하므로 프라이버시의 보호를 바라는 것은 지나친 요구인 것 같아.
③ 감시를 당하는 사람은 언제나 감시당하고 있다는 생각 때문에 자기 검열을 강화하게 될 거야.
④ 전자 기술사용의 일상화는 의도하지 않은 프라이버시 침해를 야기할 수도 있어.
⑤ 전자 감시 기술의 발달은 필연적이므로 프라이버시를 위협할 수도 있어.

11 다음 글의 내용으로 적절하지 않은 것은?

인류의 역사를 석기시대, 청동기시대 그리고 철기시대로 구분한다면 현대는 '플라스틱시대'라고 할 수 있을 만큼 플라스틱은 현대사회에서 가장 혁명적인 물질 중 하나이다. "플라스틱은 현대 생활의 뼈, 조직, 피부가 되었다."는 미국의 과학 저널리스트 수전 프라인켈(Susan Freinkel)의 말처럼 플라스틱은 인간 생활에 많은 부분을 차지하고 있다. 저렴한 가격과 필요에 따라 내구성, 강도, 유연성 등을 조절할 수 있는 장점 덕분에 일회용 컵부터 옷, 신발, 가구 등 플라스틱이 아닌 것이 거의 없을 정도이다. 그러나 플라스틱에는 치명적인 단점이 있다. 플라스틱이 지닌 특성 중 하나인 영속성(永續性)이다. 즉, 인간이 그동안 생산한 플라스틱은 바로 분해되지 않고 어딘가에 계속 존재하고 있어 플라스틱은 환경오염의 원인이 된 지 오래이다.

치약, 화장품, 피부 각질제거제 등 생활용품, 화장품에 들어 있는 작은 알갱이의 성분은 '마이크로비드(Microbead)' 라는 플라스틱이다. 크기가 1mm보다 작은 플라스틱을 '마이크로비드'라고 하는데 이 알갱이는 정수처리과정에서 걸러지지 않고 생활 하수구에서 강으로, 바다로 흘러간다. 이 조그만 알갱이들은 바다를 떠돌면서 생태계의 먹이사슬을 통해 동식물 체내에 축적되어 면역체계 교란, 중추신경계 손상 등의 원인이 되는 잔류성 유기오염물질(Persistent Organic Pollutants)을 흡착한다. 그리고 물고기, 새 등 여러 생물은 마이크로비드를 먹이로 착각해 섭취한다. 마이크로비드를 섭취한 해양생물은 다시 인간의 식탁에 올라온다. 즉, 우리가 버린 플라스틱을 우리가 다시 먹게 되는 셈이다.

플라스틱 포크로 음식을 먹고, 플라스틱 컵으로 물을 마시는 등 플라스틱을 음식을 먹기 위한 수단으로만 생각했지 직접 먹게 되리라고는 상상도 못했을 것이다. 우리가 먹은 플라스틱이 우리 몸에 남아 분해되지 않고 큰 질병을 키우게 될 것을 말이다.

① 플라스틱은 필요에 따라 유연성, 강도 등을 조절할 수 있고, 값이 싼 장점이 있다.
② 플라스틱은 바로 분해되지 않고 어딘가에 존재한다.
③ 마이크로비드는 크기가 작기 때문에 정수처리과정에서 걸러지지 않고 바다로 유입된다.
④ 마이크로비드는 잔류성 유기오염물질을 분해하는 역할을 한다.
⑤ 물고기 등 해양생물들은 마이크로비드를 먹이로 착각해 먹는다.

12 다음 글의 집필 의도로 가장 적절한 것은?

한글 맞춤법의 원리는 '한글 맞춤법은 표준어를 소리대로 적되, 어법에 맞도록 함을 원칙으로 한다.'라는 「한글 맞춤법」 총칙 제1항에 나타나 있다. 이 조항은 한글 맞춤법을 적용하여 표기하는 대상이 표준어임을 분명히 하고 있다. 따라서 표준어가 정해지면 맞춤법은 이를 어떻게 적을지 결정하는 구실을 한다.

그런데 표준어를 글자로 적는 방식에는 두 가지가 있을 수 있다. 하나는 '소리 나는 대로' 적는 방식이요, 또 하나는 소리 나는 것과는 다소 멀어지더라도 눈으로 보아 '의미가 잘 드러나도록' 적는 방식이다. '소리대로 적되, 어법에 맞도록'이라는 제1항의 구절은 바로 이 두 방식의 절충을 의미하는 것이다.

그렇다면 어법에 맞게 적는다는 것은 무슨 뜻인가? 뜻을 파악하기 쉽도록 적는다는 것이다. 그런데 어떻게 적는 것이 뜻을 파악하기 쉽도록 적는 것인가? 그것은 문장에서 뜻을 담당하는 실사(實辭)를 밝혀 적는 방식일 것이다. 예컨대 '꼬치, 꼬츨, 꼳또'처럼 적기보다는 실사인 '꽃'을 밝혀 '꽃이, 꽃을, 꽃도'처럼 적는 것이다. '꼬치'와 같이 적는 방식은 소리 나는 대로 적어서 글자로 적기에는 편할 수 있다. 그러나 뜻을 담당하는 실사가 드러나지 않아 눈으로 뜻을 파악하기에는 큰 불편이 따른다. 실사를 밝혀 뜻을 파악하기 쉽도록 적는다는 것은 체언과 조사를 구별해서 적고 용언의 어간과 어미를 구별해서 적는다는 것이다. 바로 이러한 내용을 포괄하는 내용을 담고 있는 것이 '어법에 맞게' 적는다는 것이다.

정리하면, 제1항의 '소리대로 적되, 어법에 맞도록'이란 구절을 바르게 적용하는 방법은 다음과 같다. 첫째, 어느 쪽으로 적는 것이 뜻을 파악하기 쉬운지 살펴 그에 따라 적고, 둘째, 어느 쪽으로 적든지 뜻을 파악하는 데에 별 차이가 없을 때에는 소리대로 적는다. 예컨대 '붙이다(우표를 ~)'와 '부치다(힘이 ~)'에서 전자는 동사 어간 '붙-'과 의미상의 연관성이 뚜렷하여 '붙이-'처럼 적어 줄 때 그 뜻을 파악하기 쉬운 이점이 있으므로 소리와 달리 '붙이다'로 적고, 후자는 전자와 달리, 굳이 소리와 다르게 적을 필요가 없으므로 '소리대로'의 원칙에 따라 '부치다'로 적는 것이다.

① 한글 맞춤법의 문제점을 구체적으로 비판하고자 한다.
② 한글 맞춤법의 제정 배경을 역사적으로 살펴보고자 한다.
③ 한글 맞춤법 규정에 대한 다양한 평가를 소개하고자 한다.
④ 한글 맞춤법 규정을 바탕으로 맞춤법의 원리를 설명하고자 한다.
⑤ 한글 맞춤법 규정을 해설하면서 우리말의 우수성을 드러내고자 한다.

※ 다음 문단을 논리적 순서대로 바르게 나열한 것을 고르시오. [13~14]

13

> (가) 언어의 전파 과정에 대해 이와 같이 설명하는 것을 수면에 떨어진 물체로부터 파생된 물결이 주위로 퍼져 나가는 것과 같다 하여 '파문설(波紋說)'이라 한다.
>
> (나) 일반적으로 도시나 저지대가 방사 원점이 되는데 개신파가 퍼져나가는 속도는 지리적 제약에 따라 달라진다. 넓은 평야 지대가 발달한 지역은 그 속도가 빠른 반면, 지리적 장애물로 둘러싸인 지역은 그 속도가 느리다.
>
> (다) 언어는 정치·경제·문화 중심지로부터 그 주변 지역으로 퍼져 나간다. 전국 각 지역으로부터 사람들이 중심지로 모여들고 이들이 다시 각 지역으로 흩어져 가는 과정이 되풀이되면서 중심지의 언어가 주변 지역으로 퍼져 나가게 되는 것이다.
>
> (라) 이때 중심지로부터 주변 지역으로 퍼져 나가는 언어 세력을 '개신파(改新波)'라고 하고 세력의 중심지를 '방사원점(放射原點)'이라고 한다.

① (가) – (라) – (나) – (다)
② (다) – (가) – (라) – (나)
③ (다) – (라) – (가) – (나)
④ (라) – (가) – (나) – (다)
⑤ (라) – (나) – (가) – (다)

14

> (가) 본성 대 양육 논쟁은 앞으로 치열하게 전개될 소지가 많다. 하지만 유전과 환경이 인간의 행동에 어느 정도 영향을 미치는가를 따지는 일은 멀리서 들려오는 북소리가 북에 의한 것인지, 아니면 연주자에 의한 것인지를 분석하는 것처럼 부질없는 것인지 모른다. 본성과 양육 다 인간 행동에 필수적인 요인이므로.
>
> (나) 20세기 들어 공산주의와 나치주의의 출현으로 본성 대 양육 논쟁이 극단으로 치달았다. 공산주의의 사회 개조론은 양육을, 나치즘의 생물학적 결정론은 본성을 옹호하는 이데올로기이기 때문이다. 히틀러의 유대인 대량 학살에 충격을 받은 과학자들은 환경 결정론에 손을 들어 줄 수밖에 없었다. 본성과 양육 논쟁에서 양육 쪽이 일방적인 승리를 거두게 된 것이다.
>
> (다) 이러한 추세는 1958년 미국 언어학자 노엄 촘스키에 의해 극적으로 반전되기 시작했다. 촘스키가 치켜든 선천론의 깃발은 진화 심리학자들이 승계했다. 진화 심리학은 사람의 마음을 생물학적 적응의 산물로 간주한다. 1992년 심리학자인 레다 코스미데스와 인류학자인 존 투비 부부가 함께 저술한『적응하는 마음』이 출간된 것을 계기로 진화 심리학은 하나의 독립된 연구 분야가 됐다. 말하자면 윌리엄 제임스의 본능에 대한 개념이 1세기 만에 새 모습으로 부활한 셈이다.
>
> (라) 더욱이 1990년부터 인간 게놈 프로젝트가 시작됨에 따라 본성과 양육 논쟁에서 저울추가 본성 쪽으로 기울면서 생물학적 결정론이 더욱 강화되었다. 그러나 2001년 유전자 수가 예상보다 적은 3만여 개로 밝혀지면서 본성보다는 양육이 중요하다는 목소리가 커지기 시작했다. 이를 계기로 본성 대 양육 논쟁이 재연되기에 이르렀다.

① (가) – (나) – (다) – (라)
② (가) – (나) – (라) – (다)
③ (가) – (다) – (나) – (라)
④ (나) – (다) – (라) – (가)
⑤ (나) – (라) – (다) – (가)

15 옵트인 방식을 도입하자는 주장에 대한 근거로 사용하기에 적절하지 않은 것은?

스팸 메일 규제와 관련한 논의는 스팸 메일 발송자의 표현의 자유와 수신자의 인격권 중 어느 것을 우위에 둘 것인가를 중심으로 전개되어 왔다. 스팸 메일의 규제 방식은 옵트인(Opt-in) 방식과 옵트아웃(Opt-out) 방식으로 구분된다. 전자는 광고성 메일을 금지하지는 않되 수신자의 동의를 받아야만 발송할 수 있게 하는 방식으로, 영국 등 EU 국가들에서 시행하고 있다. 그러나 이 방식은 수신 동의 과정에서 발송자와 수신자 양자에게 모두 비용이 발생하며, 시행 이후에도 스팸 메일이 줄지 않았다는 조사 결과도 나오고 있어 규제 효과가 크지 않을 수 있다.

반면 옵트아웃 방식은 일단 스팸 메일을 발송할 수 있게 하되 수신자가 이를 거부하면 이후에는 메일을 재발송할 수 없도록 하는 방식으로, 미국에서 시행되고 있다. 그런데 이러한 방식은 스팸 메일과 일반적 광고 메일의 선별이 어렵고, 수신자가 수신 거부를 하는 데 따르는 불편과 비용을 초래하며 불법적으로 재발송되는 메일을 통제하기 힘들다. 또한 육체적·정신적으로 취약한 청소년들이 스팸 메일에 무차별적으로 노출되어 피해를 입을 수 있다.

① 옵트아웃 방식을 사용한다면 수신자가 수신 거부를 하는 것이 더 불편해질 것이다.
② 옵트인 방식은 수신에 동의하는 데 따르는 수신자의 경제적 손실을 막을 수 있다.
③ 옵트아웃 방식을 사용한다면 재발송 방지가 효과적으로 이루어지지 않을 것이다.
④ 옵트인 방식은 수신자 인격권 보호에 효과적이다.
⑤ 날로 수법이 교묘해져가는 스팸 메일을 규제하기 위해서는 수신자 사전 동의를 받아야 하는 옵트인 방식을 채택하는 것이 효과적이다.

16 다음 글에서 설명한 '즉흥성'과 관련 있는 내용을 〈보기〉에서 모두 고르면?

우리나라의 전통 음악은 대체로 크게 정악과 속악으로 나뉜다. 정악은 왕실이나 귀족들이 즐기던 음악이고, 속악은 일반 민중들이 가까이 하던 음악이다. 개성을 중시하고 자유분방한 감정을 표출하는 한국인의 예술 정신은 정악보다는 속악에 잘 드러나 있다. 우리 속악의 특징은 한 마디로 즉흥성이라는 개념으로 집약될 수 있다. 판소리나 산조에 '유파(流派)'가 자꾸 형성되는 것은 모두 즉흥성이 강하기 때문이다. 즉흥으로 나왔던 것이 정형화되면 그 사람의 대표 가락이 되는 것이고, 그것이 독특한 것이면 새로운 유파가 형성되기도 하는 것이다.

물론 즉흥이라고 해서 음악가가 제멋대로 하는 것은 아니다. 곡의 일정한 틀은 유지하면서 그 안에서 변화를 주는 것이 즉흥 음악의 특색이다. 판소리 명창이 무대에 나가기 전에 "오늘 공연은 몇 분으로 할까요?"하고 묻는 것이 그런 예다. 이때 창자는 상황에 맞추어 얼마든지 곡의 길이를 조절할 수 있는 것이다. 이것은 서양 음악에서는 어림없는 일이다. 그나마 서양 음악에서 융통성을 발휘할 수 있다면 4악장 가운데 한 악장만 연주하는 것 정도이지 각 악장에서 조금씩 뽑아 한 곡을 만들어 연주할 수는 없다. 그러나 한국 음악에서는, 특히 속악에서는 연주 장소나 주문자의 요구 혹은 연주자의 상태에 따라 악기도 하나면 하나로, 둘이면 둘로 연주해도 별문제가 없다. 거문고나 대금 하나만으로도 얼마든지 연주할 수 있다. 전혀 이상하지도 않다. 그렇지만 베토벤의 운명 교향곡을 바이올린이나 피아노만으로 연주하는 경우는 거의 없을 뿐만 아니라, 연주를 하더라도 어색하게 들릴 수밖에 없다.

즉흥과 개성을 중시하는 한국의 속악 가운데 대표적인 것이 시나위다. 현재의 시나위는 19세기말에 완성되었으나 원형은 19세기 훨씬 이전부터 연주되었을 것으로 추정된다. 시나위의 가장 큰 특징은 악보 없는 즉흥곡이라는 것이다. 연주자들이 모여 아무 사전 약속도 없이 "시작해 볼까"하고 연주하기 시작한다. 그러니 처음에는 서로가 맞지 않는다. 불협음 일색이다. 그렇게 진행되다가 중간에 호흡이 맞아 떨어지면 협음을 낸다. 그러다가 또 각각 제 갈 길로 가서 혼자인 것처럼 연주한다. 이게 시나위의 묘미다. 불협음과 협음이 오묘하게 서로 들어맞는 것이다.

그런데 이런 음악은 아무나 하는 게 아니다. 즉흥곡이라고 하지만 '초보자(初步者)'들은 꿈도 못 꾸는 음악이다. 기량이 뛰어난 경지에 이르러야 가능한 음악이다. 그래서 요즈음은 시나위를 잘 할 수 있는 사람들이 별로 없다고 한다. 요즘에는 악보로 정리된 시나위를 연주하는 경우가 대부분인데, 이것은 시나위 본래의 취지에 어긋난다. 악보로 연주하면 박제된 음악이 되기 때문이다.

요즘 음악인들은 시나위 가락을 보통 '허튼 가락'이라고 한다. 이 말은 '즉흥 음악'으로 이해된다. 미리 짜 놓은 일정한 형식이 없이 주어진 장단과 연주 분위기에 몰입해 그때그때의 감흥을 자신의 음악성과 기량을 발휘해 연주하는 것이다. 이럴 때 즉흥이 튀어 나온다. 시나위는 이렇듯 즉흥적으로 흐드러져야 맛이 난다. 능청거림, 이것이 시나위의 음악적 모습이다.

─────────〈보기〉─────────

ㄱ. 주어진 상황에 따라 임의로 곡의 길이를 조절하여 연주한다.
ㄴ. 장단과 연주 분위기에 몰입해 새로운 가락으로 연주한다.
ㄷ. 연주자들 간에 사전 약속 없이 연주하지만 악보의 지시는 따른다.
ㄹ. 감흥을 자유롭게 표현하기 위해 일정한 틀을 철저히 무시한 채 연주한다.

① ㄱ, ㄴ   ② ㄱ, ㄷ
③ ㄱ, ㄹ   ④ ㄴ, ㄷ
⑤ ㄷ, ㄹ

17 다음 글의 ㉠과 ㉡에 대한 설명으로 가장 적절한 것은?

동물실험을 옹호하는 여러 입장은 인간이 동물은 가지고 있지 않은 언어 능력, 도구 사용 능력, 이성 능력 등을 가졌다는 점을 근거로 삼는 경우가 많지만, 동물들도 지능과 문화를 가진다는 점을 들어 인간과 동물의 근본적 차이를 부정하는 이들도 있다. 현대의 ㉠ 공리주의 생명윤리학자들은 이성이나 언어 능력에서 인간과 동물이 차이가 있더라도 동물실험이 정당화되는 것은 아니라고 주장한다. 이들에게 도덕적 차원에서 중요한 기준은 고통을 느낄 수 있는지 여부이다. 인종이나 성별과 무관하게 고통은 최소화되어야 하듯, 동물이 겪고 있는 고통도 마찬가지이다. 이들이 문제 삼는 것은 동물실험 자체라기보다는 그것이 초래하는 복지의 감소에 있다. 따라서 동물에 대한 충분한 배려 속에서 전체적인 복지를 증대시킬 수 있다면 일부 동물실험은 허용될 수 있다.

이와 달리, 현대 철학자 ㉡ 리건은 몇몇 포유류의 경우 각 동물 개체가 삶의 주체로서 갖는 가치가 있다고 주장하면서, 이 동물에게는 실험에 이용되지 않을 권리가 있다고 본다. 이러한 고유한 가치를 지닌 존재는 존중되어야 하며 결코 수단으로 취급되어서는 안 된다. 따라서 개체로서의 가치와 동물권을 지니는 대상은 그 어떤 실험에도 사용되지 않아야 한다.

① ㉠은 언어와 이성 능력에서 인간과 동물이 차이가 있음을 부정한다.
② ㉡은 동물이 고통을 느낄 수 있는 존재이기 때문에 각 동물 개체가 삶의 주체로서 가치를 지닌다고 본다.
③ ㉠은 동물의 고통을 유발하지 않는다는 조건하에 동물실험을 할 수 있다고 주장한다.
④ ㉡은 인간과 동물의 근본적 차이가 있기 때문에 동물을 인간과 다르게 대우해야 한다고 생각한다.
⑤ ㉠은 인간과 동물의 생물학적 차이에, ㉡은 인간과 동물의 이성이나 언어 능력의 차이에 집중한다.

18 다음 글에서 추론할 수 있는 내용으로 가장 적절한 것은?

조선이 임진왜란 중에도 필사적으로 보존하고자 한 서적이 바로 조선왕조실록이다. 실록은 원래 서울의 춘추관과 성주·충주·전주 4곳의 사고(史庫)에 보관되었으나, 임진왜란 이후 전주 사고의 실록만 온전한 상태였다. 전란이 끝난 후 단 1벌 남은 실록을 다시 여러 벌 등서하자는 주장이 제기되었다. 우여곡절 끝에 실록 인쇄가 끝난 시기는 1606년이었다. 재인쇄 작업의 결과 원본을 포함해 모두 5벌의 실록을 갖추게 되었다. 원본은 강화도 마니산에 봉안하고 나머지 4벌은 서울의 춘추관과 평안도 묘향산, 강원도의 태백산과 오대산에 봉안했다.

이 5벌 중에서 서울 춘추관의 것은 1624년 이괄의 난 때 불에 타 없어졌고, 묘향산의 것은 1633년 후금과의 관계가 악화되자 전라도 무주의 적상산에 사고를 새로 지어 옮겼다. 강화도 마니산의 것은 1636년 병자호란 때 청군에 의해 일부 훼손되었던 것을 현종 때 보수하여 숙종 때 강화도 정족산에 다시 봉안했다. 결국 내란과 외적 침입으로 인해 5곳 가운데 1곳의 실록은 소실되었고, 1곳의 실록은 장소를 옮겼으며, 1곳의 실록은 손상을 입었던 것이다.

정족산, 태백산, 적상산, 오대산 4곳의 실록은 그 후 안전하게 지켜졌다. 그러나 일본이 다시 여기에 손을 대었다. 1910년 조선 강점 이후 일제는 정족산과 태백산에 있던 실록을 조선총독부로 이관하고, 적상산의 실록은 구황궁 장서각으로 옮겼으며, 오대산의 실록은 일본 동경제국대학으로 반출했다. 일본으로 반출한 것은 1923년 관동 대지진 때 거의 소실되었다. 정족산과 태백산의 실록은 1930년에 경성제국대학으로 옮겨져 지금까지 서울대학교에 보존되어 있다. 한편 장서각의 실록은 6·25 전쟁 때 북한으로 옮겨져 현재 김일성종합대학에 소장되어 있다.

① 재인쇄하였던 실록은 모두 5벌이다.
② 태백산에 보관하였던 실록은 현재 일본에 있다.
③ 현재 한반도에 남아 있는 실록은 모두 4벌이다.
④ 적상산에 보관하였던 실록은 일부가 훼손되었다.
⑤ 현존하는 실록 중에서 가장 오래된 것은 서울대학교에 있다.

19 다음은 '세계화에 대한 우리의 자세'라는 제목으로 글을 쓰기 위해 작성한 개요이다. ⊙에 들어갈 내용으로 가장 적절한 것은?

제목 : 세계화에 대한 우리의 자세
Ⅰ. 서론 : 국제 사회의 현실
    1. 세계화는 피할 수 없는 현실이다.
    2. 각국은 화해와 공존의 필요성이 높아졌다.
    3. 가치의 다양성, 보편성의 시대가 도래했다.
Ⅱ. 본론
    1. 국제 사회에 대한 두 가지 태도
        (1) 소극적 태도 : 폐쇄적 세계관과 사대성
        (2) 적극적 태도 : 개방적 세계관과 주체성
    2. 과거 우리의 모습
        (1) 세계사로부터 소외되어 왔다.
        (2) 외래문화를 받아들이는 데 급급했다.
    3. 오늘날 우리의 모습
        (1) 국력의 신장으로 국제적 지위가 높아졌다.
        (2) 국제적 이슈의 방향을 결정하는 데 영향력이 커졌다.
    4. 세계화의 바람직한 방향
        (1) 국제 사회에 대한 책임 의식이 요구된다.
        (2) _____ ⊙ _____
Ⅲ. 결론 : 세계화에 대한 우리의 자세
    - 세계 시민으로서의 안목을 길러야 한다.

---

① 미풍양속을 유지·발전시켜야 한다.
② 국가의 이익을 위해 방어적인 태도를 취해야 한다.
③ 혜택을 받은 만큼 돌려주어야 한다.
④ 외국어 학습을 적극 권장한다.
⑤ 우선 개인의 주체성을 확고히 다져야 한다.

20 다음은 '지역민을 위한 휴식 공간 조성'에 관한 글을 쓰기 위해 작성한 개요이다. 다음 개요의 수정·보완 및 자료 제시 방안으로 적절하지 않은 것은?

> Ⅰ. 서론 ·· ㉠
> Ⅱ. 본론
>   1. 휴식 공간 조성의 필요성
>   가. 휴식 시간의 부족에 대한 직장인의 불만 증대 ··············· ㉡
>   나. 여가를 즐길 수 있는 공간에 대한 지역민의 요구 증가
>   2. 휴식 공간 조성의 장애 요인
>   가. 휴식 공간을 조성할 지역 내 장소 확보 ··················· ㉢
>   나. 비용 마련의 어려움
>   3. 해결 방안 ··· ㉣
>   가. 휴식 공간을 조성할 지역 내 장소 부족
>   나. 무분별한 개발로 훼손되고 있는 도시 경관 ··············· ㉤
> Ⅲ. 결론 : 지역민을 위한 휴식 공간 조성 촉구

① ㉠ : 지역 내 휴식 공간의 면적을 조사한 자료를 통해 지역의 휴식 공간 실태를 나타낸다.

② ㉡ : 글의 주제를 고려하여 '휴식 공간의 부족에 대한 지역민의 불만 증대'로 수정한다.

③ ㉢ : 상위 항목과의 연관성을 고려하여 'Ⅱ - 3 - 가'와 위치를 바꾼다.

④ ㉣ : 'Ⅱ - 2 - 나'의 내용을 고려하여 '지역 공동체와의 협력을 통한 비용 마련'을 하위 항목으로 추가한다.

⑤ ㉤ : 상위 항목과 어울리지 않으므로 'Ⅱ - 2'의 하위 항목으로 옮긴다.

01 다음 명제가 모두 참일 때, 빈칸에 들어갈 명제로 가장 적절한 것은?

> • 병원에 가지 않았다면 사고가 나지 않은 것이다.
> • _____
> 그러므로 무단 횡단을 하면 병원에 간다.

① 사고가 나지 않으면 무단 횡단을 하지 않은 것이다.
② 병원에 가지 않았다면 무단 횡단을 하지 않은 것이다.
③ 병원에 가면 사고가 나지 않은 것이다.
④ 병원에 가면 무단 횡단을 한 것이다.
⑤ 사고가 나면 무단 횡단을 하지 않은 것이다.

02 제시된 내용을 바탕으로 내린 A, B의 결론에 대한 판단으로 항상 옳은 것은?

> • 연호는 이번 학기에 영어, 수학, 과학, 사회 강의를 신청했다.
> • 연호는 국어와 영어를 싫어한다.
> • 승원이는 연호와 같은 과목을 신청했다.

> A : 승원이는 국어를 싫어한다.
> B : 연호는 사회를 좋아한다.

① A만 옳다.
② B만 옳다.
③ A, B 모두 옳다.
④ A, B 모두 틀리다.
⑤ A, B 모두 옳은지 틀린지 판단할 수 없다.

03 4일간 태국으로 여행을 간 현수는 하루에 1번씩 매일 발 마사지를 받았는데, 현수가 간 마사지 숍에는 30분, 1시간, 1시간 30분, 2시간의 발 마사지 코스가 있었다. 제시된 내용이 모두 참일 때, 다음 중 반드시 참인 것은?

> • 첫째 날에는 2시간이 소요되는 코스를 선택하였다.
> • 둘째 날에는 셋째 날보다 1시간이 더 소요되는 코스를 선택하였다.
> • 넷째 날에 받은 코스의 소요 시간은 첫째 날의 코스보다 짧고 셋째 날의 코스보다 길었다.

① 첫째 날에 받은 마사지 코스가 둘째 날에 받은 마사지 코스보다 길다.
② 넷째 날에 받은 마사지 코스는 둘째 날에 받은 마사지 코스보다 짧다.
③ 첫째 날에 받은 마사지 코스는 넷째 날에 받은 마사지 코스보다 1시간 이상 더 길다.
④ 셋째 날에 가장 짧은 마사지 코스를 선택하였다.
⑤ 현수는 4일간 총 5시간의 발 마사지를 받았다.

04 다음은 같은 반 학생인 A ~ E 5명의 영어 단어 시험 결과이다. 이를 바탕으로 바르게 추론한 것은?

> • A는 이번 시험에서 1문제의 답을 틀렸다.
> • B는 이번 시험에서 10문제의 답을 맞혔다.
> • C만 유일하게 이번 시험에서 20문제 중 답을 다 맞혔다.
> • D는 이번 시험에서 B보다 많은 문제의 답을 틀렸다.
> • E는 지난 시험에서 15문제의 답을 맞혔고, 이번 시험에서는 지난 시험보다 더 많은 문제의 답을 맞혔다.

① A는 E보다 많은 문제의 답을 틀렸다.
② C는 가장 많이 답을 맞혔고, B는 가장 많이 답을 틀렸다.
③ B는 D보다 많은 문제의 답을 맞혔지만, E보다는 적게 답을 맞혔다.
④ D는 E보다 많은 문제의 답을 맞혔다.
⑤ E는 이번 시험에서 5문제 이상의 답을 틀렸다.

05 K박물관에는 발견된 연도가 서로 다른 왕의 유물들이 전시되어 있다. 다음 〈조건〉에 근거하여 바르게 추론한 것은?

---〈조건〉---
- 왕의 목걸이는 100년 전에 발견되었다.
- 왕의 신발은 목걸이보다 나중에 발견되었다.
- 왕의 초상화는 가장 최근인 10년 전에 발견되었다.
- 왕의 편지는 신발보다 먼저 발견되었고 목걸이보다 나중에 발견되었다.
- 왕의 반지는 30년 전에 발견되어 신발보다 늦게 발견되었다.

① 왕의 편지가 가장 먼저 발견되었다.
② 왕의 신발은 두 번째로 발견되었다.
③ 왕의 반지는 편지보다 먼저 발견되었다.
④ 왕의 편지는 목걸이와 반지보다 늦게 발견되었다.
⑤ 왕의 유물을 발견된 순서대로 나열하면 '목걸이 – 편지 – 신발 – 반지 – 초상화'이다.

06 다음 명제를 통해 얻을 수 있는 결론으로 적절한 것은?

- 모든 손님들은 A와 B 중에서 하나만을 주문했다.
- A를 주문한 손님 중에서 일부는 C를 주문했다.
- B를 주문한 손님들만 추가로 주문할 수 있는 D도 많이 판매되었다.

그러므로 _____

① B와 C를 동시에 주문하는 손님도 있었다.
② B를 주문한 손님은 C를 주문하지 않았다.
③ D를 주문한 손님은 C를 주문하지 않았다.
④ D를 주문한 손님은 A를 주문하지 않았다.
⑤ C를 주문한 손님은 모두 A를 주문했다.

07 매주 화요일에 진행되는 취업스터디에 A ~ E 5명의 친구가 함께 참여하고 있다. 스터디 불참 시 벌금이 부과되는 스터디 규칙에 따라 지난주 불참한 2명은 벌금을 내야 한다. 이들 중 2명이 거짓말을 하고 있다고 할 때, 다음 중 바르게 추론한 것은?

- A : 내가 다음 주에는 사정상 참석할 수 없지만 지난주에는 참석했어.
- B : 지난주 불참한 C가 반드시 벌금을 내야 해.
- C : 지난주 스터디에 A가 불참한 건 확실해.
- D : 사실 나는 지난주 스터디에 불참했어.
- E : 지난주 스터디에 나는 참석했지만, B는 불참했어.

① A와 B가 벌금을 내야 한다.
② A와 C가 벌금을 내야 한다.
③ A와 E가 벌금을 내야 한다.
④ B와 D가 벌금을 내야 한다.
⑤ D와 E가 벌금을 내야 한다.

08 사과 12개를 A ~ E 5명의 사람들이 나누어 먹고 다음과 같은 대화를 나눴다. 이 중에서 단 1명만이 진실을 말하고 있다고 할 때, 다음 중 사과를 가장 많이 먹은 사람과 가장 적게 먹은 사람을 순서대로 바르게 짝지은 것은?(단, 모든 사람은 적어도 1개 이상의 사과를 먹었다)

- A : 나보다 사과를 적게 먹은 사람은 없어.
- B : 나는 사과를 2개 이하로 먹었어.
- C : D는 나보다 사과를 많이 먹었고, 나는 B보다 사과를 많이 먹었어.
- D : 우리 중에서 사과를 가장 많이 먹은 사람은 A야.
- E : 나는 사과를 4개 먹었고, 우리 중에 먹은 사과의 개수가 같은 사람이 있어.

① B, D
② B, A
③ E, A
④ E, D
⑤ E, C

09 5명의 취업준비생 A ~ E가 K그룹에 지원하여 그중 1명이 합격하였다. 취업준비생들은 다음과 같이 이야기하였고, 그중 1명이 거짓말을 하였다. 합격한 학생은?

- A : B는 합격하지 않았다.
- B : 합격한 사람은 D이다.
- C : 내가 합격하였다.
- D : B의 말은 거짓말이다.
- E : 나는 합격하지 않았다.

① A   ② B
③ C   ④ D
⑤ E

10 기말고사를 치르고 난 후 A ~ E 5명의 친구가 다음과 같이 성적에 대해 이야기를 나누었는데, 이 중 1명의 진술은 거짓이다. 다음 중 바르게 추론한 것은?(단, 동점은 없으며, 모든 사람은 진실 또는 거짓만 말한다)

- A : E는 1등이고, D는 C보다 성적이 높다.
- B : B는 E보다 성적이 낮고, C는 A보다 성적이 높다.
- C : A는 B보다 성적이 낮다.
- D : B는 C보다 성적이 높다.
- E : D는 B보다, A는 C보다 성적이 높다.

① B가 1등이다.   ② A가 2등이다.
③ E가 2등이다.   ④ B는 3등이다.
⑤ D가 3등이다.

※ 일정한 규칙으로 수를 나열할 때, 빈칸에 들어갈 알맞은 숫자를 고르시오. **[11~20]**

11

$$-5 \quad -1 \quad (\quad) \quad -\frac{1}{2} \quad -3 \quad -\frac{1}{4} \quad -0.5 \quad -\frac{1}{12}$$

① -5.5　　　　　　　　　　② -4.5

③ -3.5　　　　　　　　　　④ -2.5

⑤ -1.5

12

$$10 \quad 6 \quad 4 \quad 15 \quad 9 \quad 6 \quad 20 \quad 12 \quad (\quad)$$

① 5　　　　　　　　　　② 8

③ 10　　　　　　　　　　④ 14

⑤ 18

13

$$\frac{4}{3} \quad \frac{4}{3} \quad (\quad) \quad 8 \quad 32 \quad 160$$

① $\frac{1}{3}$　　　　　　　　　　② $\frac{8}{3}$

③ 1　　　　　　　　　　④ 2

⑤ 3

14

$$\underline{1 \quad 5 \quad (\ \ )} \quad \underline{4 \quad 2 \quad 20} \quad \underline{7 \quad 3 \quad 58}$$

① 24　　　　　　　　　② 26
③ 28　　　　　　　　　④ 30
⑤ 31

15

$$\frac{6}{8} \quad \frac{12}{9} \quad \frac{18}{10} \quad (\ \ ) \quad \frac{30}{12} \quad \frac{36}{13}$$

① $\frac{24}{11}$　　　　　　② $\frac{25}{12}$

③ $\frac{37}{11}$　　　　　　④ $\frac{49}{12}$

⑤ $\frac{51}{11}$

16

$$\underline{3 \quad 8 \quad 25} \quad \underline{4 \quad 5 \quad 21} \quad \underline{5 \quad 6 \quad (\ \ )}$$

① 27　　　　　　　　　② 28
③ 29　　　　　　　　　④ 30
⑤ 31

17

| 0.4 0.5 0.65 0.85 1.1 ( ) |

① 1.35   ② 1.4

③ 1.45   ④ 1.5

⑤ 1.55

18

( ) 5 19   8 7 55   10 2 19

① 3   ② 4

③ 21   ④ 28

⑤ 530

19

3 12 6 24 12 48 ( ) 96

① 16   ② 20

③ 24   ④ 28

⑤ 30

20

1 8 3   2 ( ) 4   3 16 5

① 10   ② 11

③ 12   ④ 13

⑤ 14

01 A사원은 출근하는 중에 중요한 서류를 집에 두고 온 사실을 알게 되었다. A사원은 집으로 5km/h의 속력으로 걸어서 서류를 가지러 갔다가, 회사로 다시 출근할 때에는 자전거를 타고 15km/h의 속력으로 달렸다. 집에서 회사까지 거리는 5km이고, 2.5km 지점에서 서류를 가지러 집으로 출발할 때 시각이 오전 7시 10분이었다. 회사에 도착한 시각은?(단, 집에서 회사까지는 직선거리이며 다른 요인으로 인한 소요시간은 없다)

① 오전 7시 50분   ② 오전 8시
③ 오전 8시 10분   ④ 오전 8시 20분
⑤ 오전 8시 30분

02 임원진 2명과 팀장 4명, 외부 인사 3명이 함께 원탁에 앉아 회의를 진행하려고 한다. 외부 인사들은 임원진 사이에 앉고 팀장은 임원진 사이에 앉지 못할 때, 앉을 수 있는 경우의 수는?(단, 사이라 함은 원탁에 앉았을 때 앉은 2명 사이의 인원이 더 적은 경우를 말한다)

① 272가지   ② 288가지
③ 294가지   ④ 300가지
⑤ 396가지

03 욕조에 물을 채우는 데 A관은 30분, B관은 40분 걸린다. 이 욕조에 채운 물을 배수하는 데는 20분이 걸린다. A관과 B관을 동시에 틀고 동시에 배수를 할 때, 욕조가 가득 채워질 때까지 걸리는 시간은?

① 60분   ② 80분
③ 100분   ④ 120분
⑤ 150분

04 A와 B는 B의 집에서 49km 떨어진 위치의 전시회장에 가기 위해 각자 집에서 출발하여 전시회장 주차장에서 만나려고 한다. B는 70km/h의 속력으로 운전하고, A는 55km/h의 속력으로 운전한다. 전시회장에서 B의 집이 A의 집보다 더 멀어 30분 먼저 출발해야 같은 시간에 전시회장 주차장에 도착할 수 있다. A와 B의 집 사이의 거리는?(단, A와 B의 운전 방향은 같다)

① 37km
② 38km
③ 39km
④ 40km
⑤ 41km

05 A와 B는 가위바위보를 하여 이기면 계단을 2칸 올라가고, 지면 계단을 1칸 내려가는 게임을 하였다. 게임이 끝난 후, A는 11칸, B는 2칸을 올라가 있었다. A가 이긴 횟수는?(단, 비기는 경우는 생각하지 않는다)

① 5번
② 8번
③ 12번
④ 18번
⑤ 20번

06 농도 8%의 소금물 500g에 소금을 더 넣어 농도 12%의 소금물을 만들려고 할 때, 더 넣을 소금의 양은?

① $\dfrac{250}{11}$ g
② $\dfrac{260}{11}$ g
③ $\dfrac{270}{11}$ g
④ $\dfrac{280}{11}$ g
⑤ $\dfrac{290}{11}$ g

07 K부서에는 부장 1명, 과장 1명, 대리 2명, 사원 2명 총 6명이 근무하고 있다. 새로운 프로젝트를 진행하기 위해 K부서를 2개의 팀으로 나누려고 한다. 팀을 나눈 후의 인원수는 서로 같으며, 부장과 과장이 같은 팀이 될 확률은 30%라고 한다. 대리 2명의 성별이 서로 다를 때, 부장과 남자 대리가 같은 팀이 될 확률은?

① 41%
② 41.5%
③ 42%
④ 42.5%
⑤ 43%

08 다음은 주요 곡물별 수급 현황에 대한 자료이다. 이에 대한 설명으로 옳지 않은 것은?

〈주요 곡물별 수급 현황〉

(단위 : 백만 톤)

구분		2021년	2022년	2023년
소맥	생산량	695	650	750
	소비량	697	680	735
옥수수	생산량	885	865	950
	소비량	880	860	912
대두	생산량	240	245	260
	소비량	237	240	247

① 2021년부터 2023년까지 대두의 생산량과 소비량이 지속적으로 증가하였다.
② 전체적으로 2023년에 생산과 소비가 가장 활발하였다.
③ 2022년에 옥수수는 다른 곡물에 비해 전년 대비 소비량의 변화가 가장 작았다.
④ 2021년 전체 곡물 생산량과 2023년 전체 곡물 생산량의 차이는 140백만 톤이다.
⑤ 2023년 생산량 대비 소비량의 비중이 가장 낮았던 곡물은 대두이다.

09 어느 도서관에서 일정기간 도서 대여 횟수를 기록한 자료이다. 이를 통해 알 수 있는 내용으로 옳지 않은 것은?

〈도서 대여 횟수〉

(단위 : 회)

구분	비소설		소설	
	남자	여자	남자	여자
40세 미만	520	380	450	600
40세 이상	320	400	240	460

① 소설을 대여한 수가 비소설을 대여한 수보다 많다.
② 40세 미만보다 40세 이상이 대여를 더 적게 했다.
③ 소설을 대여한 남자의 수가 소설을 대여한 여자의 수의 70% 이상이다.
④ 40세 미만 전체 대여 수에서 비소설 대여 수가 차지하는 비율은 40%를 넘는다.
⑤ 40세 이상 전체 대여 수에서 소설 대여 수가 차지하는 비율은 50% 미만이다.

10 다음은 OECD 국가의 대학졸업자 취업에 대한 자료이다. A~L국가 중 '전체 대학졸업자' 대비 '대학졸업자 중 취업자' 비율이 OECD 평균보다 높은 국가만으로 바르게 짝지어진 것은?

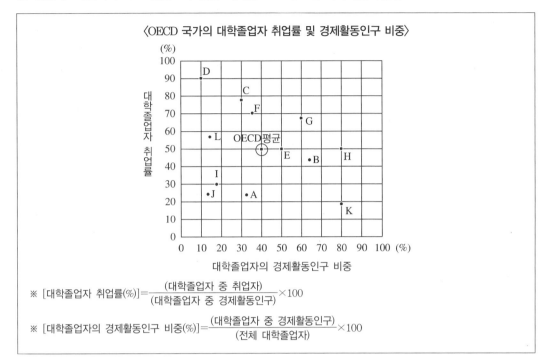

⟨OECD 국가의 대학졸업자 취업률 및 경제활동인구 비중⟩

※ [대학졸업자 취업률(%)] = $\dfrac{(\text{대학졸업자 중 취업자})}{(\text{대학졸업자 중 경제활동인구})} \times 100$

※ [대학졸업자의 경제활동인구 비중(%)] = $\dfrac{(\text{대학졸업자 중 경제활동인구})}{(\text{전체 대학졸업자})} \times 100$

① A, D   ② B, C

③ D, H   ④ G, K

⑤ H, L

11 K회사의 마케팅부, 영업부, 총무부에서 2명씩 대표로 회의에 참석하기로 하였다. 자리배치는 원탁 테이블에 같은 부서 사람이 옆자리로 앉는다고 할 때, 6명이 앉을 수 있는 경우의 수는?

① 15가지   ② 16가지

③ 17가지   ④ 18가지

⑤ 20가지

12 다음은 한국과 OECD 평균 기대여명 변화에 대한 자료이다. 이에 대한 설명으로 옳지 않은 것은?

〈65세, 80세의 한국 및 OECD 평균 기대여명 변화 추이〉

(단위 : 년)

구분		남성				여성			
		1974년	1994년	2014년	2024년	1974년	1994년	2014년	2024년
65세	한국	10.2	13.4	15.5	18.2	14.9	17.5	19.6	22.4
	OECD 평균	12.7	14.7	16.3	17.9	15.6	18.4	19.8	21.3
80세	한국	4.7	6.1	6.9	8.0	6.4	7.9	8.5	10.1
	OECD 평균	5.7	6.6	7.3	8.3	6.6	8.2	8.9	10.0

① 65세, 80세 여성의 기대여명은 2024년에 OECD 평균보다 모두 높아졌다.

② 80세 남성의 기대여명은 1974 ~ 2024년 동안 OECD 평균 기대여명과의 격차가 꾸준히 줄어들었다.

③ 1974 ~ 2014년 동안 65세 연령의 성별 기대여명과 OECD 평균 기대여명과의 격차는 남성보다 여성이 더 크다.

④ 남성의 기대여명보다 여성의 기대여명이 더 높다.

⑤ 2024년 80세 여성 기대여명의 1974년 대비 증가율은 OECD 평균보다 한국이 더 크다.

13 다음은 2020년부터 2024년까지 우리나라의 출생 및 사망에 관한 자료이다. 이에 대한 설명으로 옳지 않은 것은?

〈우리나라 출생 및 사망 현황〉

(단위 : 명)

구분	2020년	2021년	2022년	2023년	2024년
출생아 수	436,455	435,435	438,420	406,243	357,771
사망자 수	266,257	267,692	275,895	280,827	285,534

① 출생아 수가 가장 많았던 해는 2022년이다.

② 사망자 수는 2021년부터 2024년까지 매년 전년대비 증가하고 있다.

③ 2020년부터 2024년까지 사망자 수가 가장 많은 해와 가장 적은 해의 사망자 수 차이는 15,000명 이상이다.

④ 2022년 출생아 수는 같은 해 사망자 수의 1.7배 이상이다.

⑤ 2021년 출생아 수는 2024년 출생아 수보다 15% 이상 많다.

14 다음은 전통사찰 지정등록 현황에 관한 자료이다. 이에 대한 설명으로 옳은 것은?

〈연도별 전통사찰 지정등록 현황〉

(단위 : 개소)

구분	2016년	2017년	2018년	2019년	2020년	2021년	2022년	2023년	2024년
지정등록	17	15	12	7	4	4	2	1	2

① 전통사찰로 지정등록 되는 수는 계속 감소하고 있다.

② 2016년부터 2020년까지 전통사찰로 지정등록 된 수의 평균은 11개소이다.

③ 2018년과 2022년에 지정등록 된 전통사찰 수의 전년 대비 감소 폭은 같다.

④ 위의 자료를 통해 2024년 전통사찰 총 등록현황을 파악할 수 있다.

⑤ 2018년에 전통사찰로 지정등록 된 수는 전년도의 2배이다.

15 다음은 연도별 뺑소니 교통사고 통계현황에 대한 자료이다. 이에 대한 설명으로 옳은 것을 〈보기〉에서 모두 고르면?

〈연도별 뺑소니 교통사고 통계현황〉

(단위 : 건, 명)

구분	2020년	2021년	2022년	2023년	2024년
사고건수	15,500	15,280	14,800	15,800	16,400
검거 수	12,493	12,606	12,728	13,667	14,350
사망자 수	1,240	1,528	1,850	1,817	1,558
부상자 수	9,920	9,932	11,840	12,956	13,940

- [검거율(%)]$=\dfrac{(검거 수)}{(사고건수)}\times100$

- [사망률(%)]$=\dfrac{(사망자 수)}{(사고건수)}\times100$

- [부상률(%)]$=\dfrac{(부상자 수)}{(사고건수)}\times100$

───────〈보기〉───────

ㄱ. 사고건수는 매년 감소하지만 검거 수는 매년 증가한다.

ㄴ. 2022년의 사망률과 부상률이 2023년의 사망률과 부상률보다 모두 높다.

ㄷ. 2022 ~ 2024년의 사망자 수와 부상자 수의 증감추이는 반대이다.

ㄹ. 2021 ~ 2024년 검거율은 매년 높아지고 있다.

① ㄱ, ㄴ　　　　　　　　② ㄱ, ㄹ

③ ㄴ, ㄹ　　　　　　　　④ ㄷ, ㄹ

⑤ ㄱ, ㄷ, ㄹ

16 다음은 병역자원 현황에 대한 표이다. 총지원자수에 대한 2017·2018년 평균과 2023·2024년 평균의 차이는?

〈병역자원 현황〉

(단위 : 만 명)

구분	2017년	2018년	2019년	2020년	2021년	2022년	2023년	2024년
계	826.9	806.9	783.9	819.2	830.8	826.2	796.3	813.0
징·소집 대상	135.3	128.6	126.2	122.7	127.2	130.2	133.2	127.7
보충역 복무자 등	16.0	14.3	11.6	9.5	8.9	8.6	8.6	8.9
병력동원 대상	675.6	664.0	646.1	687.0	694.7	687.4	654.5	676.4

① 11.25만 명
② 11.75만 명
③ 12.25만 명
④ 12.75만 명
⑤ 13.25만 명

17 다음은 K그룹의 주요 경영지표이다. 이를 보고 판단한 내용으로 옳은 것은?

〈K그룹 경영지표〉

(단위 : 억 원)

구분	공정자산총액	부채총액	자본총액	자본금	매출액	당기순이익
2019년	2,610	1,658	952	464	1,139	170
2020년	2,794	1,727	1,067	481	2,178	227
2021년	5,383	4,000	1,383	660	2,666	108
2022년	5,200	4,073	1,127	700	4,456	−266
2023년	5,242	3,378	1,864	592	3,764	117
2024년	5,542	3,634	1,908	417	4,427	65

① 자본총액은 꾸준히 증가하고 있다.
② 직전 해의 당기순이익과 비교했을 때, 당기순이익이 가장 많이 증가한 해는 2020년이다.
③ 공정자산총액과 부채총액의 차가 가장 큰 해는 2024년이다.
④ 각 지표 중 총액 규모가 가장 큰 것은 매출액이다.
⑤ 2019 ~ 2022년 사이에 자본총액 중 자본금이 차지하는 비중은 계속 증가하고 있다.

18 다음은 어느 해 개최된 올림픽에 참가한 6개국의 성적이다. 이에 대한 설명으로 옳지 않은 것은?

〈국가별 올림픽 성적〉

(단위 : 명, 개)

국가	참가선수	금메달	은메달	동메달	메달 합계
A	240	4	28	57	89
B	261	2	35	68	105
C	323	0	41	108	149
D	274	1	37	74	112
E	248	3	32	64	99
F	229	5	19	60	84

① 획득한 금메달 수가 많은 국가일수록 은메달 수는 적었다.
② 금메달을 획득하지 못한 국가가 가장 많은 메달을 획득했다.
③ 참가선수의 수가 많은 국가일수록 획득한 동메달 수도 많았다.
④ 획득한 메달의 합계가 큰 국가일수록 참가선수의 수도 많았다.
⑤ 참가선수가 가장 적은 국가의 메달 합계는 전체 6위이다.

19 다음은 동근이가 사무용품을 구매했던 영수증을 정리한 내용의 일부이다. A4용지 1박스에 500매 6묶음이 들어있다고 할 때, 볼펜 1타(12자루)와 A4용지 500매 가격의 합으로 옳은 것은?

〈사무용품 구매 영수증〉

일자	구매 내역		금액
8월 13일	볼펜 3타	A4용지 5박스	90,300원
9월 11일	볼펜 5타	A4용지 7박스	133,700원

① 11,200원
② 11,700원
③ 12,100원
④ 12,300원
⑤ 12,600원

20 다음은 2023년과 2024년 디지털 콘텐츠 제작 분야의 영역별 매출 현황에 대한 자료이다. 이에 대한 설명으로 옳지 않은 것은?

<제작 분야의 영역별 매출 현황>

(단위 : 억 원, %)

구분	정보	출판	영상	음악	캐릭터	애니메이션	게임	기타	계
2023년	227 (10.8)	143 (6.8)	109 (5.2)	101 (4.8)	61 (2.9)	264 (12.6)	1,177 (56.1)	15 (0.7)	2,097 (100.0)
2024년	364 (13.0)	213 (7.6)	269 (9.6)	129 (4.6)	95 (3.4)	272 (9.7)	1,441 (51.4)	20 (0.7)	2,803 (100.0)

※ (   )는 총매출액에 대한 비율

① 2024년 총매출액은 2023년 총매출액보다 706억 원 더 많다.
② 2023년과 2024년 총 매출액에 대한 비율의 차이가 가장 적은 것은 음악 영역이다.
③ 음악, 애니메이션, 게임 영역은 2023년에 비해 2024년에 매출액 비중이 감소하였다.
④ 2023년과 2024년 모두 게임 영역이 차지하는 비율이 50% 이상이다.
⑤ 모든 분야에서 2023년보다 2024년이 매출액이 더 많다.

01 다음 도식의 기호들은 일정한 규칙에 따라 도형을 변화시킨다. 〈보기〉의 규칙을 찾고 ?에 들어갈 알맞은 도형을 고르면?

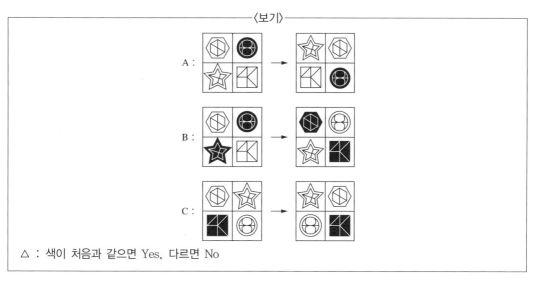

△ : 색이 처음과 같으면 Yes, 다르면 No

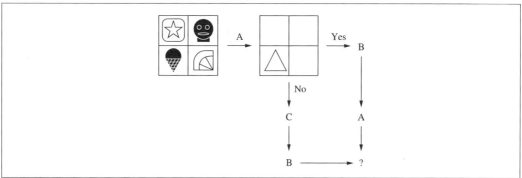

①

②

③

④

⑤

※ 다음 도식의 기호들은 일정한 규칙에 따라 도형을 변화시킨다. 〈보기〉의 규칙을 찾고 ?에 들어갈 알맞은 도형을 고르시오. [2~3]

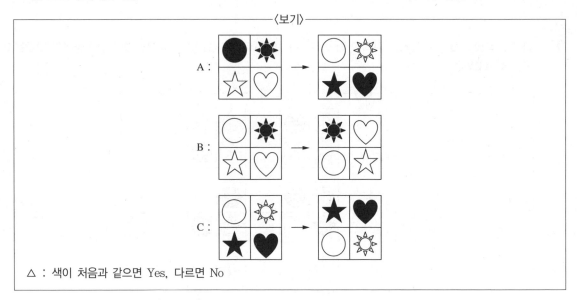

△ : 색이 처음과 같으면 Yes, 다르면 No

02

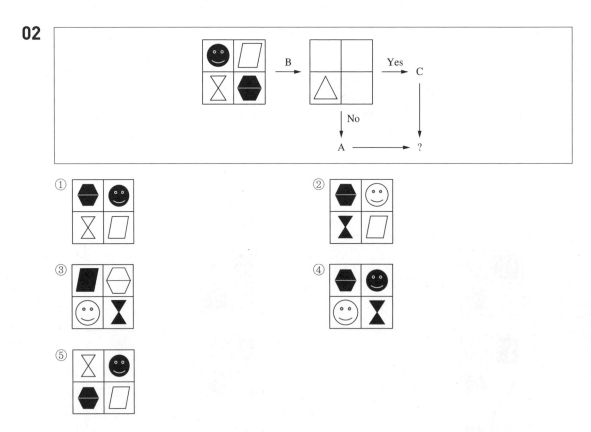

03

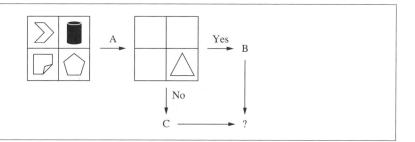

※ 다음 도식의 기호들은 일정한 규칙에 따라 도형을 변화시킨다. 〈보기〉의 규칙을 찾고 ?에 들어갈 알맞은 도형을 고르시오. [4~5]

〈보기〉

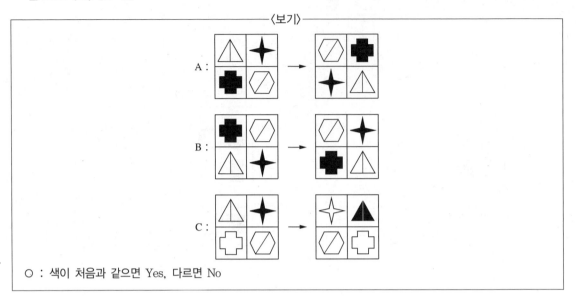

○ : 색이 처음과 같으면 Yes, 다르면 No

04

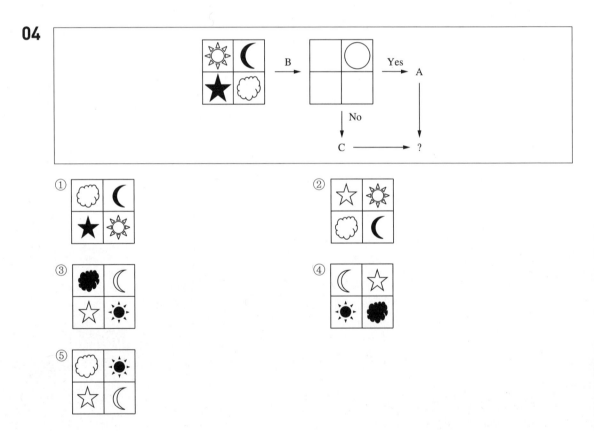

05

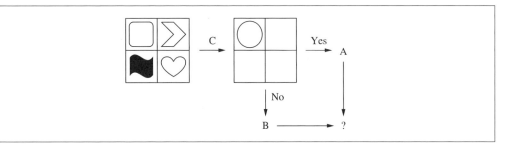

①

②

③

④

⑤

※ 다음 도식의 기호들은 일정한 규칙에 따라 도형을 변화시킨다. 〈보기〉의 규칙을 찾고 ?에 들어갈 알맞은 도형을 고르시오. [6~7]

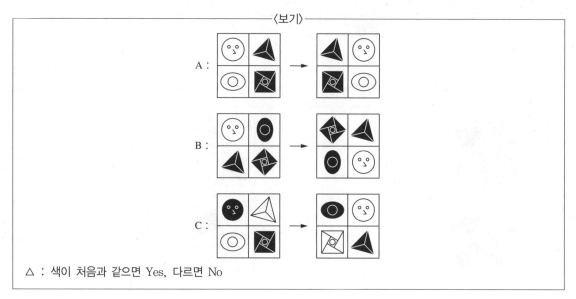

△ : 색이 처음과 같으면 Yes, 다르면 No

06

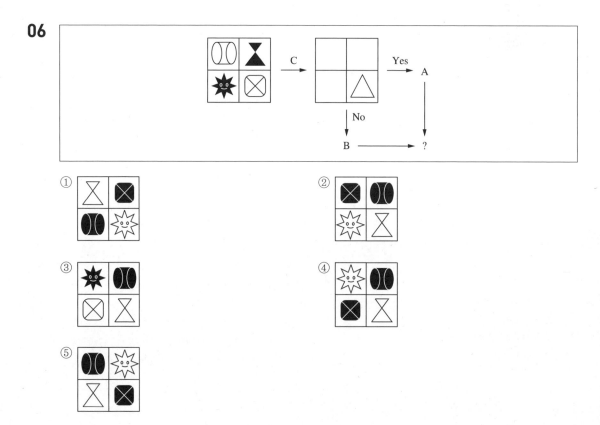

07

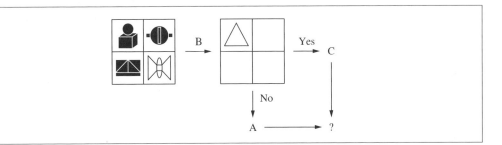

①

②

③

④

⑤

※ 다음 도식의 기호들은 일정한 규칙에 따라 도형을 변화시킨다. 〈보기〉의 규칙을 찾고 ?에 들어갈 알맞은 도형을 고르시오(단, 주어진 조건이 두 가지 이상일 때 모두 일치해야 Yes로 이동한다). [8~9]

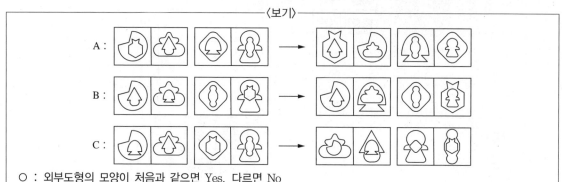

○ : 외부도형의 모양이 처음과 같으면 Yes, 다르면 No
□ : 내부도형의 모양이 처음과 같으면 Yes, 다르면 No
△ : 외부 · 내부도형의 모양이 처음과 같으면 Yes, 다르면 No

08

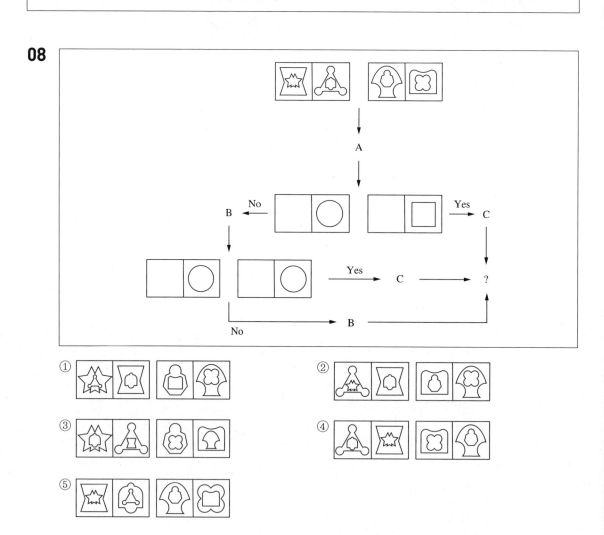

09

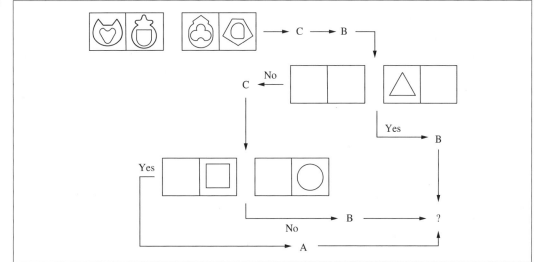

①

②

③

④

⑤

※ 다음 도식의 기호들은 일정한 규칙에 따라 도형을 변화시킨다. 〈보기〉의 규칙을 찾고 ?에 들어갈 알맞은 도형을 고르시오(단, 주어진 조건이 두 가지 이상일 때 모두 일치해야 Yes로 이동한다). [10~11]

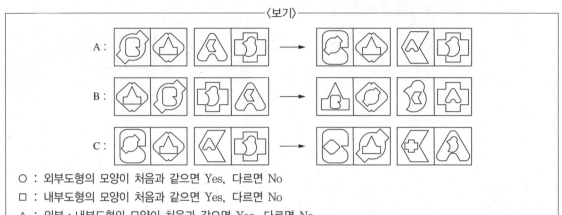

○ : 외부도형의 모양이 처음과 같으면 Yes, 다르면 No
□ : 내부도형의 모양이 처음과 같으면 Yes, 다르면 No
△ : 외부·내부도형의 모양이 처음과 같으면 Yes, 다르면 No

10

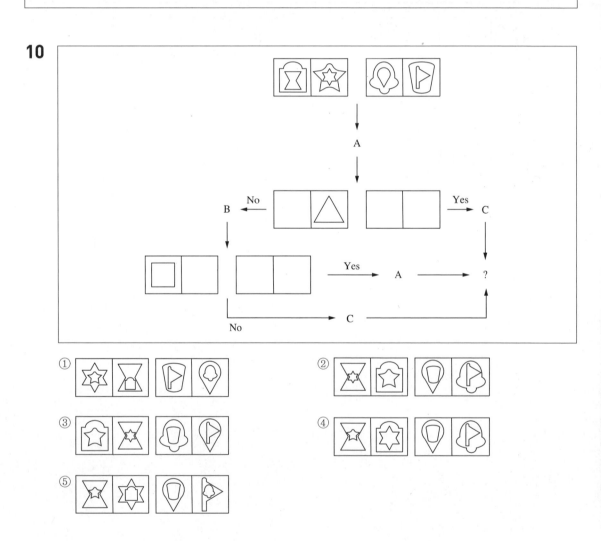

11

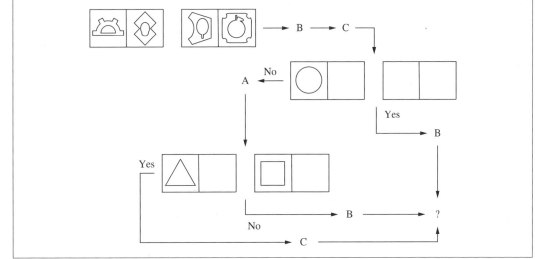

①

②

③

④

⑤

※ 다음 도식의 기호들은 일정한 규칙에 따라 도형을 변화시킨다. 〈보기〉의 규칙을 찾고 ?에 들어갈 알맞은 도형을 고르시오. [12~15]

12

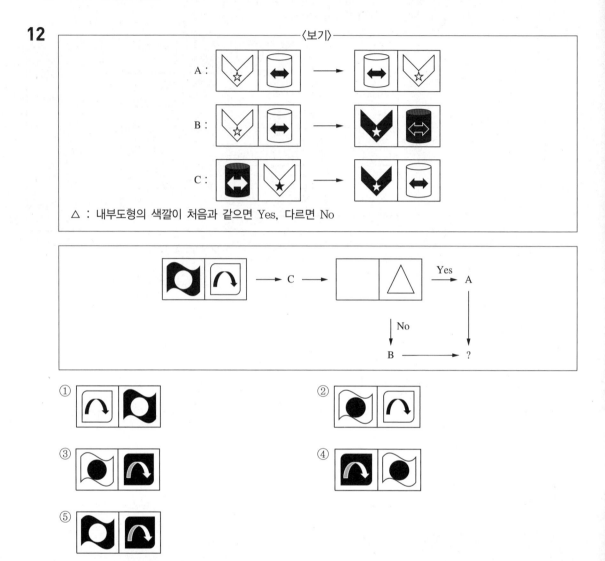

①
②
③
④
⑤

13

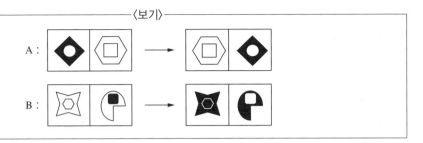

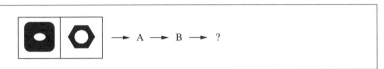

①    ②

③    ④

⑤

14

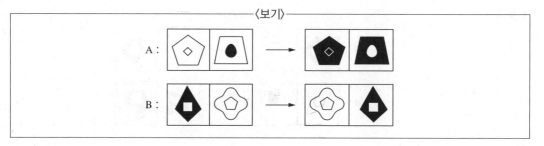

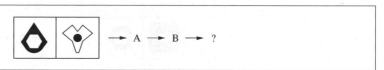

①    ②

③    ④

⑤

15

〈보기〉

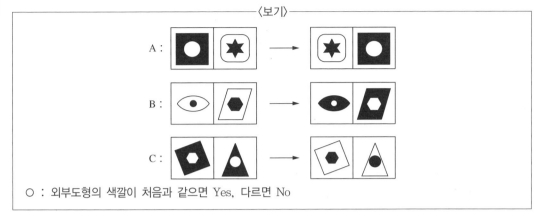

○ : 외부도형의 색깔이 처음과 같으면 Yes, 다르면 No

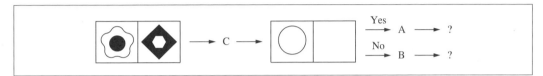

①    ②

③    ④

⑤

앞선 정보 제공! 도서 업데이트

언제, 왜 업데이트될까?

도서의 학습 효율을 높이기 위해 자료를 추가로 제공할 때!
공기업·대기업 필기시험에 변동사항 발생 시 정보 공유를 위해!
공기업·대기업 채용 및 시험 관련 중요 이슈가 생겼을 때!

01 시대에듀 도서
www.sdedu.co.kr/book
홈페이지 접속

02 상단 카테고리
「도서업데이트」
클릭

03 해당
기업명으로
검색

참고자료, 시험 개정사항 등 정보 제공으로 학습효율을 높여 드립니다.

사이다 기출응용
모의고사 시리즈

사일 동안
이것만 풀면
다 합격!

사이다

KT그룹
온라인
종합적성검사
4회분 | 정답 및 해설

SDC
SDC는 시대에듀 데이터 센터의 약자로 약 30만 개의 NCS · 적성 문제
데이터를 바탕으로 최신 출제경향을 반영하여 문제를 출제합니다.

편저 | SDC(Sidae Data Center)

시대에듀

KT그룹
온라인 종합적성검사
정답 및 해설

1일 차 기출복원 모의고사 정답 및 해설

제 1 영역 언어

01	02	03	04	05	06	07	08	09	10
④	③	③	②	⑤	④	②	③	④	①
11	12	13	14	15	16	17	18	19	20
②	③	④	④	②	②	②	⑤	③	②

01 　　　　　　　　　　　　　　　　　　정답 ④

방언이 유지되려는 힘이 크다는 것은 지역마다 자기 방언의 특성을 지키려는 노력이 강하다는 것을 의미한다. 따라서 방언이 유지되려는 힘이 커지면 방언의 통일성은 약화될 것이다.

02 　　　　　　　　　　　　　　　　　　정답 ③

제시문은 책을 사거나 빌리는 것만으로는 책을 진정으로 소유할 수 없다고 하며, 책을 진정으로 소유하기 위한 독서의 방법과 책을 고르는 기준을 제시하고 있다. 따라서 중심 내용으로 가장 적절한 것은 '독서의 목적은 책의 내용을 온전히 소유하는 것이다.'이다.

오답분석

① · ② 글 전체 내용을 포괄하지 못하므로 중심 내용이 될 수 없다.
④ · ⑤ 글의 논점에서 벗어난 내용이므로 중심 내용이 될 수 없다.

03 　　　　　　　　　　　　　　　　　　정답 ③

제시문은 1920년대 영화의 소리에 대한 부정적인 견해가 있었음을 이야기하며 화두를 꺼내고 있다. 이후 현대에는 소리와 영상을 분리해서 생각할 수 없음을 설명하고, 영화에서의 소리가 어떤 역할을 하는지에 대해 말하면서 현대 영화에서의 소리의 의의에 대해 서술하고 있다. 따라서 (라) 1920년대 영화의 소리에 대한 부정적인 견해 – (가) 현대 영화에서 분리해서 생각할 수 없는 소리와 영상 – (다) 영화 속 소리의 역할 – (나) 현대 영화에서의 소리의 의의 순으로 나열하는 것이 가장 적절하다.

04 　　　　　　　　　　　　　　　　　　정답 ②

가격이 저렴한 산업용 전기를 통한 기업의 이익은 '전기 에너지 부족 문제'라는 글의 주제와 관련도가 낮으며, 기업이 과도한 전기 에너지를 사용하고 있는 문제 상황에 대한 근거로도 적절하지 않다.

05 　　　　　　　　　　　　　　　　　　정답 ⑤

농작물 재배 능력이 낮고 영농 기반이 부족한 청년농업인들에게는 기존의 농업방식보다 자동화 재배 관리가 가능한 온프레시팜 방식이 농작물 재배에 더 용이할 수 있으나, 초기 시설비용이 많이 들고 재배 기술의 확보가 어려워 접근이 더 수월하다고 볼 수는 없다.

오답분석

① 온프레시팜 지원 사업은 청년농업인들이 더욱 쉽게 농작물을 재배하는 것은 물론 경제적으로도 정착할 수 있도록 도와주는 사업이다.
② 온프레시팜 방식은 농업에 이제 막 뛰어든 청년농업인들이 더욱 수월하게 농업을 경영할 수 있도록 돕는 사업이다.
③ · ④ 온프레시팜 방식은 토양 없이 식물 뿌리와 줄기에 영양분이 가득한 물을 분사해 농작물을 생산하는 방식이기 때문에 흙 속에 살고 있는 병해충으로 인한 피해를 예방할 수 있다. 또한 흙이 없어 다층으로의 재배도 가능하기에 동일한 면적에서 기존의 농업방식보다 더 많은 농작물을 재배할 것으로 예상된다.

06 　　　　　　　　　　　　　　　　　　정답 ④

제시문의 세 번째 문단을 통해 정부가 철도를 통한 탄소 감축을 위해 노력하고 있음을 알 수 있으나, 구체적으로 시행한 조치는 언급되지 않았다.

오답분석

① 첫 번째 문단을 통해 전 세계적으로 탄소중립이 주목받자 이에 대한 방안으로 등장한 것이 철도 수송임을 알 수 있다.
② 첫 번째 문단과 두 번째 문단을 통해 철도 수송의 확대가 온실가스 배출량의 획기적인 감축을 가져올 것임을 알 수 있다.
③ 네 번째 문단을 통해 '중앙선 안동 ~ 영천 간 궤도' 설계 시 탄소 감축 방안으로 저탄소 자재인 유리섬유 보강근이 철근 대신 사용되었음을 알 수 있다.
⑤ 네 번째 문단을 통해 S철도공단은 철도 중심 교통체계 구축을 위해 건설 단계에서부터 친환경·저탄소 자재를 적용하였고, 탄소 감축을 위해 2025년부터는 모든 철도 건축물을 일정한 등급 이상으로 설계하기로 결정하였음을 알 수 있다.

07 정답 ②

제시문은 이글루가 따뜻해질 수 있는 원리에 대해 설명하고 있다. 따라서 (나) 에스키모는 이글루를 연상시킴 – (라) 이글루는 눈으로 만든 집임에도 불구하고 따뜻함 – (가) 눈 벽돌로 이글루를 만들고 안에서 불을 피움 – (마) 온도가 올라가면 눈이 녹으면서 벽의 빈틈을 메우고, 눈이 녹으면 출입구를 열어 물을 얼림 – (다) 이 과정을 반복하면서 눈 벽돌집은 얼음집으로 변하여 내부가 따뜻해짐 순서로 나열되어야 한다.

08 정답 ③

제시문의 논지는 인간과 자연의 진정한 조화이다. 따라서 자연과 공존하는 삶을 주장하고 있는 ③이 제시문을 읽고 추론한 내용으로 가장 적절하다.

09 정답 ④

제시문을 통해 알 수 없는 내용이다.

오답분석

① 첫 번째 문단에서 미국 텍사스 지역에서 3D 프린터 건축 기술을 이용한 주택이 완공되었음을 알 수 있다.
② 두 번째 문단에서 전통 건축 기술에 비해 3D 프린터 건축 기술은 건축 폐기물 및 CO_2 배출량 감소 등 환경오염이 적음을 알 수 있다.
③ 네 번째 문단에서 코로나19 사태로 인한 인력 수급난을 해소할 수 있음을 알 수 있다.
⑤ 마지막 문단에서 우리나라의 3D 프린터 건축 기술은 아직 제도적 한계와 기술적 한계가 있음을 알 수 있다.

10 정답 ①

ㄱ. 화장품 시장에서 동물 및 환경 보호를 위해 친환경 성분의 원료를 구매해 이용하는 것은 녹색소비에 해당한다.
ㄴ. 로컬푸드란 반경 50km 이내에서 생산하는 농산물을 말하는 것으로, B레스토랑의 소비행위는 자신이 거주하는 지역에서 생산한 농산물을 소비하는 로컬소비에 해당한다.
ㄷ. 환경오염을 유발하는 폐어망 및 폐페트병을 재활용하여 또 다른 자원으로 사용한 제품을 구매하는 것은 녹색소비에 해당한다.
ㄹ. 제3세계란 개발도상국들을 총칭하는 것으로 D카페의 제3세계 원두 직수입은 이들의 경제성장을 위한 공정무역 소비 행위에 해당한다.
ㅁ. E사는 아시아 국가의 빈곤한 여성 생산자들의 경제적 자립을 위해 상품을 수입하여 판매하므로 이는 공정무역 소비 행위에 해당한다.

11 정답 ②

제시문은 관객이 영화를 보면서 흐름을 지각하는 것을 제대로 설명하지 못하는 동일시 이론에 대해 문제를 제기하고 이를 칸트의 무관심성을 통해 설명할 수 있다고 제시한다. 이어서 관객이 영화의 흐름을 생동감 있게 체험할 수 있는 이유로 '방향 공간'과 '감정 공간'을 제시하고 이에 대한 설명을 한 뒤 이것이 관객이 영화를 지각할 수 있는 원리가 될 수 있음을 정리하며 마무리한다. 따라서 (나) 영화를 보면서 흐름을 지각하는 것을 제대로 설명하지 못하는 '동일시 이론' – (가) 영화 흐름의 지각에 대해 설명할 수 있는 칸트의 '무관심성' – (라) 영화의 생동감을 체험할 수 있게 하는 '방향 공간' – (마) 영화의 생동감을 체험할 수 있게 하는 또 다른 이유인 '감정 공간' – (다) 관객이 영화를 지각하는 과정에 대한 정리 순으로 나열되어야 한다.

12 정답 ③

질소가 무조건 많이 함유된 것이 좋은 비료가 아니라 탄소와 질소의 비율이 잘 맞는 것이 중요하다.

오답분석

① 커피박을 이용해서 비료를 만들면 커피박을 폐기하는 데 필요한 비용을 절약할 수 있기 때문에 경제적으로도 이득이라고 할 수 있다.
② 비료에서 중요한 요소로 질소를 언급하고 있고, 유기 비료이기 때문에 유기물의 함량 또한 중요하다. 또한 질소와 유기물 함량을 분석하고 있기에 중요한 고려 요소라고 할 수 있다.
④ 비료를 만드는 데 발생하는 열로 유해 미생물을 죽일 수 있다고 언급하였다.
⑤ 부재료로 언급된 것 중에서 한약재찌꺼기가 가장 질소 함량이 높다고 하였다.

13 정답 ④

제시문 전체를 통해서 익살은 우리 민족의 삶의 정서를 반영한다는 내용을 확인할 수 있다. 나머지는 제시문의 내용에 어긋난다.

14 정답 ④

오답분석

① 은 왕조의 옛 도읍지는 허난성이다.
② 용골에는 은 왕조의 기록이 있었다.
③ 제시문에서 언급되지 않은 내용이다.
⑤ 사마천의 『사기』가 언제 만들어졌다는 내용은 없다.

15 정답 ②

체내 활성산소의 농도와 생물체의 생명 연장이 비례한다는 내용은 제시문에서 확인할 수 없다. 오히려 활성산소인 과산화수소는 체내에 쌓이면 독소가 된다는 점이 제시되어 있다.

16 정답 ②

'Ⅱ-2-가'는 기부 문화의 문제점보다는 기부 문화의 활성화 방안으로 적절하며, ⓒ은 이러한 방안이 필요한 문제점으로 적절하다. 따라서 서로 위치를 바꾸는 것은 적절하지 않다.

17 정답 ②

후추나 천초는 고추가 전래되지 않았던 조선 전기까지 주요 향신료였으며, 19세기 이후 고추가 향신료로서 절대적인 우위를 차지하면서 후추나 천초의 지위가 달라졌다고 하였다. 그러나 후추나 천초가 김치에 쓰였다는 언급은 없다.

18 정답 ⑤

(마)는 공포증을 겪는 사람들의 상황 해석 방식과 공포증에서 벗어나는 방법이 핵심 화제이다. 공포증을 겪는 사람들의 행동 유형은 나타나 있지 않다.

19 정답 ③

용융 탄산염형 연료전지는 고온에서 고가의 촉매제가 필요하지 않고, 열병합에 용이한 덕분에 발전 사업용으로 활용할 수 있다. 또한 고체 산화물형 연료전지는 $800 \sim 1,000°C$의 고온에서 작동하여 발전 시설로서 가치가 크다. 따라서 발전용으로 적절한 연료전지는 용융 탄산염형 연료전지와 고체 산화물형 연료전지이다.

오답분석

① 알칼리형 연료전지는 연료나 촉매에서 발생하는 이산화탄소를 잘 버티지 못한다는 단점 때문에 1960년대부터 우주선에 주로 사용해 왔다.
② 인산형 연료전지는 진한 인산을 전해질로, 백금을 촉매로 사용한다.
④ 고체 산화물형 연료전지는 전해질을 투입하지 않는 것이 아니라, 전해질이 고체 세라믹이어서 전지의 부식 문제를 보완한 형태이다.
⑤ 고분자 전해질형 연료전지는 수소에 일산화탄소가 조금이라도 들어갈 경우 백금과 루테늄의 합금을 촉매로 사용한다.

20 정답 ②

수직 계열화에서 사용자 중심으로 산업 패러다임이 변화되고 있음을 제시하는 (나) 문단이 가장 먼저 오는 것이 적절하며, 그 다음으로 가스경보기를 예로 들어 수평적 연결에 대해 설명하는 (다) 문단이 와야 한다. 그 뒤를 이어 이러한 수평적 연결이 사물인터넷 서비스로 새롭게 성장한다는 (가) 문단이, 마지막으로는 다양해지는 사물인터넷 서비스에 대해 설명하는 (라) 문단이 오는 것이 적절하다.

제2영역 언어 · 수추리

01	02	03	04	05	06	07	08	09	10
③	①	③	②	②	⑤	⑤	③	⑤	④
11	12	13	14	15	16	17	18	19	20
④	④	②	①	②	③	②	⑤	①	①

01 정답 ③

주어진 명제와 이의 대우를 정리하면 '진달래를 좋아함 → 감성적 → 보라색을 좋아함 → 백합을 좋아하지 않음'이다.
따라서 진달래를 좋아하는 사람은 보라색을 좋아한다.

02 정답 ①

주어진 내용을 정리하면 '일본어를 잘함 → 스페인어를 잘함 → 중국어를 잘함 → 불어를 못함'이다.
따라서 A만 옳고 B는 틀리다.

03 정답 ③

만약 민정이가 진실을 말한다면 영재가 거짓, 세희가 진실, 준수가 거짓, 성은이의 '민정이와 영재 중 1명만 진실을 말한다.'가 진실이 되면서 모든 조건이 성립한다.
반면, 만약 민정이가 거짓을 말한다면 영재가 진실, 세희가 거짓, 준수가 진실, 성은이의 '민정이와 영재 중 1명만 진실을 말한다.'가 거짓이 되면서 모순이 생긴다.
따라서 거짓을 말한 사람은 영재와 준수이다.

04 정답 ②

창조적인 기업은 융통성이 있고, 융통성이 있는 기업 중의 일부는 오래간다. 따라서 '창조적인 기업이 오래 갈지 아닐지 알 수 없다.'는 반드시 참이다.

05 정답 ②

제시된 내용을 정리하면 다음과 같다.
P : 원숭이를 좋아한다.
Q : 코끼리를 좋아한다.
R : 낙타를 좋아한다.
S : 토끼를 좋아한다.
• 원숭이를 좋아하면 코끼리를 좋아한다. : $P → Q$
• 낙타를 좋아하면 코끼리를 좋아하지 않는다. : $R → ~Q$
• 토끼를 좋아하면 원숭이를 좋아하지 않는다. : $S → ~P$

이를 바탕으로 내린 A, B의 결론에 대한 판단은 다음과 같다.
- A : 코끼리를 좋아하면 토끼를 좋아한다. ∴ 추론할 수 없음
- B : 낙타를 좋아하면 원숭이를 좋아하지 않는다. ∴ R → ~Q → ~P

따라서 B만 옳다.

06   정답 ⑤

월요일에 먹는 영양제는 비타민 B와 칼슘, 마그네슘 중 하나이다. 마그네슘의 경우 비타민 D보다 늦게 먹고, 비타민 B보다는 먼저 먹어야 하므로 마그네슘과 비타민 B는 월요일에 먹을 수 없다. 그러므로 K씨가 월요일에 먹는 영양제는 칼슘이다.
또한 비타민 B는 화요일 또는 금요일에 먹을 수 있는데, 화요일에 먹게 될 경우 마그네슘을 비타민 B보다 먼저 먹을 수 없게 되므로 비타민 B는 금요일에 먹는다. 나머지 조건에 따라 K씨가 요일별로 먹는 영양제를 정리하면 다음과 같다.

월	화	수	목	금
칼슘	비타민 C	비타민 D	마그네슘	비타민 B

따라서 회사원 K씨가 월요일에는 칼슘, 금요일에는 비타민 B를 먹는 것을 알 수 있다.

07   정답 ⑤

참인 명제는 그 대우 명제도 참이므로 두 번째 명제의 대우 명제인 '배를 좋아하지 않으면 귤을 좋아하지 않는다.' 역시 참이다. 이를 첫 번째, 세 번째 명제와 연결하면 '사과를 좋아함 → 배를 좋아하지 않음 → 귤을 좋아하지 않음 → 오이를 좋아함'이 성립한다.
따라서 '사과를 좋아하면 오이를 좋아한다.'는 참이다.

08   정답 ③

- A : 수요일에는 혜진, 수연, 태현이가 휴가 중이고, 목요일에는 수연, 지연, 태현이가 휴가 중이므로 수요일과 목요일에 휴가 중인 사람의 수는 같다.
- B : 태현이는 금요일까지 휴가이다.

따라서 A, B 모두 옳다.

09   정답 ⑤

대화 내용을 살펴보면 영석이의 말에 선영이가 동의했으므로 영석과 선영은 진실 혹은 거짓을 함께 말한다. 이때 지훈은 선영이가 거짓말만 한다고 하였으므로 반대가 된다. 그리고 동현의 말에 정은이가 부정했기 때문에 둘 다 진실일 수 없다. 하지만 정은이가 둘 다 좋아한다는 경우의 수가 있으므로 둘 모두 거짓일 수 있다. 또한 마지막 선영이의 말로 선영이가 진실일 경우에는 동현과 정은은 모두 거짓만을 말하게 된다. 이를 표로 나타내면 다음과 같다.

구분	경우 1	경우 2	경우 3
동현	거짓	거짓	진실
정은	거짓	진실	거짓
선영	진실	거짓	거짓
지훈	거짓	진실	진실
영석	진실	거짓	거짓

따라서 지훈이 거짓을 말할 때, 진실만을 말하는 사람은 선영, 영석이다.

10   정답 ④

제시된 명제를 정리하면 다음과 같다.
- 내구성을 따지지 않는 사람 → 속도에 관심이 없는 사람 → 디자인에 관심 없는 사람
- 연비를 중시하는 사람 → 내구성을 따지는 사람

따라서 반드시 참인 것은 ④이다.

11   정답 ④

앞의 항에 +7, -16를 번갈아 적용하는 수열이다.
따라서 (   )=49-16=33이다.

12   정답 ④

각 자릿수의 합이 다음 항의 수인 수열이다.
$\underline{A \ B \ C}$ → A : 8,521, B : 8+5+2+1=16, C : 1+6=7
따라서 (   )=7이다.

13   정답 ②

(앞의 항)-(뒤의 항)=(다음 항)인 수열이다.
따라서 (   )=-7-49=-56이다.

14   정답 ①

n번째 항일 때 $\dfrac{(2n-1)(2n+1)}{(2n+3)(2n+5)}$ 인 수열이다.

따라서 (   )$=\dfrac{(2\times4-1)(2\times4+1)}{(2\times4+3)(2\times4+5)}=\dfrac{7\times9}{11\times13}=\dfrac{63}{143}$이다.

15

정답 ②

n번째 항일 때 $n(n+1)(n+2)$인 수열이다.
따라서 (　)$=5\times6\times7=210$이다.

16

정답 ③

나열된 수를 각각 A, B, C라고 하면
$\underline{A\ B\ C} \rightarrow B^A = C$이다.
따라서 (　)$=4$이다.

17

정답 ②

홀수 항은 -3, -5, -7, …이고, 짝수 항은 2^2, 4^2, 6^2, …인
수열이다.
따라서 (　)$=8^2=64$이다.

18

정답 ⑤

분자는 $+3$, $+2$, $+1$, 0, …이고, 분모는 -7, -6, -5, -4,
…인 수열이다.
따라서 (　)$=\dfrac{33+0}{340-4}=\dfrac{33}{336}$ 이다.

19

정답 ①

앞의 항에 $\times7-1$, $\times7$, $\times7+1$, $\times7+2$, …인 수열이다.
따라서 (　)$=0.2\times7-1=0.4$이다.

20

정답 ①

나열된 수를 각각 A, B, C라고 하면
$\underline{A\ B\ C} \rightarrow A\times C=B$이다.
따라서 (　)$=\dfrac{12}{3}=4$이다.

제3영역 수리

01	02	03	04	05	06	07	08	09	10
③	①	④	④	②	④	①	⑤	③	⑤
11	12	13	14	15	16	17	18	19	20
⑤	④	④	③	①	④	③	②	④	③

01

정답 ③

시간×속력＝거리이므로 7시간이 지났다면 용민이는 $7\times7=49$km,
효린이는 $3\times7=21$km를 걸은 것이다.
용민이는 호수를 한 바퀴 돌고나서 효린이가 걸은 21km까지 더
걸은 것이므로 호수의 둘레는 $49-21=28$km이다.

02

정답 ①

농도 5%의 묽은 염산의 양을 xg이라고 하면 농도 20%의 묽은
염산과 농도 5%의 묽은 염산을 섞었을 때 농도가 10%보다 작거나
같아야 한다.

$$\frac{20}{100}\times300+\frac{5}{100}\times x \le \frac{10}{100}(300+x)$$

$\rightarrow 6{,}000+5x \le 10(300+x)$

$\rightarrow 5x \ge 3{,}000$

$\therefore x \ge 600$

따라서 농도가 5%인 묽은 염산의 최소 필요량은 600g이다.

03

정답 ④

각각의 상황에 따른 확률은 다음과 같다.

4번 중 2번은 10점을 쏠 확률 : $_4\mathrm{C}_2\times\left(\dfrac{1}{5}\right)^2=\dfrac{6}{25}$

남은 2번은 10점을 쏘지 못할 확률 : $_2\mathrm{C}_2\times\left(\dfrac{4}{5}\right)^2=\dfrac{16}{25}$

따라서 구하는 확률은 $\dfrac{6}{25}\times\dfrac{16}{25}=\dfrac{96}{625}$ 이다.

04

정답 ④

토마토의 개수를 x개, 배의 개수를 y개라고 하자.
$120\times x+450\times y=6{,}150-990$
$\rightarrow 4x+15y=172\cdots\bigcirc$
$90\times x+210\times y=3{,}150-300$
$\rightarrow 3x+7y=95\cdots\bigcirc$
$\bigcirc$과 $\bigcirc$을 연립하면 다음과 같다.
$\therefore x=13,\ y=8$
따라서 바구니 안에 배는 8개가 들어있다.

05   정답 ②

5명이 노란색 원피스 2벌, 파란색 원피스 2벌, 초록색 원피스 1벌 중 1벌씩 선택하는 경우의 수를 구하기 위해 먼저 5명을 2명, 2명, 1명으로 이루어진 3개의 팀으로 나누어야 한다. 이때 팀을 나누는 경우의 수는 다음과 같다.

$$_5C_2 \times {}_3C_2 \times {}_1C_1 \times \frac{1}{2!} = \frac{5 \times 4}{2} \times 3 \times 1 \times \frac{1}{2} = 15 \text{가지}$$

2벌인 원피스의 색깔은 노란색과 파란색 2가지이므로 선택할 수 있는 경우의 수는 $15 \times 2 = 30$가지이다.

06   정답 ④

A열차의 길이를 xm라고 하면 A열차의 속력은 $\frac{390+x}{9}$ m/s이고,

B열차의 길이는 350m이므로 B열차의 속력은 $\frac{365+335}{10} = 70$m/s 이다.

두 열차가 마주보는 방향으로 달려 완전히 지나가는 데 4.5초가 걸리므로, 두 열차가 4.5초 동안 달린 거리의 합은 두 열차의 길이의 합과 같다.

$$\left(\frac{390+x}{9} + 70 \right) \times 4.5 = x + 335$$

$$\rightarrow \frac{390+x}{2} + 315 = x + 335$$

$$\rightarrow 390 + x = 2x + 40$$

$$\therefore x = 350$$

따라서 A열차의 길이는 350m이다.

07   정답 ①

올라간 거리를 $x$km라고 하면 내려온 거리는 $(x+2)$km이고 올라간 시간과 내려간 시간이 같다.

$$\frac{x}{4} = \frac{x+2}{6}$$

$$\rightarrow 3x = 2(x+2)$$

$$\therefore x = 4$$

따라서 내려올 때 걸린 시간은 $\frac{4+2}{6} = 1$시간이다.

08   정답 ⑤

첫 번째 이벤트에서 같은 조였던 사람은 두 번째 이벤트에서 같은 조가 될 수 없다고 하였으므로 보기에 주어진 각 조의 조원들은 첫 번째 이벤트에서 모두 다른 조일 수밖에 없다. 그러므로 첫 번째 이벤트의 각 조에서 두 조원씩은 이미 1, 4조에 배정되었고 나머지 두 조원씩 8명을 2, 3조에 배정해야 한다.

두 번째 이벤트의 2, 3조 역시 첫 번째 이벤트에서 같은 조였던 사람은 두 번째 이벤트에서 같은 조가 될 수 없으므로 각 조에서 1명씩을 뽑아 배정해야 한다. 한 조를 정하고 나면 나머지 1개의 조는 자동으로 정해지므로 $_2C_1 \times {}_2C_1 \times {}_2C_1 \times {}_2C_1$라는 식을 세울 수 있다.

따라서 조를 정할 수 있는 경우의 수는 $2 \times 2 \times 2 \times 2 = 16$가지이다.

09   정답 ③

사과를 x개 산다고 하면 자두는 $(14-x)$개 살 수 있으므로 다음 식이 성립한다.

$$235 \le 15x + 20(14-x) \le 250$$

$$\therefore 6 \le x \le 9$$

따라서 사과를 최대 9개까지 살 수 있다.

10   정답 ⑤

문제 B를 맞힐 확률을 p라고 하자.

$$\left(1 - \frac{3}{5} \right) \times p = \frac{24}{100}$$

$$\rightarrow \frac{2}{5}p = \frac{6}{25}$$

$$\therefore p = \frac{3}{5}$$

따라서 문제 A는 맞히고, 문제 B는 맞히지 못할 확률은 $\left(1 - \frac{3}{5} \right)$

$\times \left(1 - \frac{3}{5} \right) = \frac{4}{25}$ 이므로 16%이다.

11   정답 ⑤

투자한 100,000원에 대한 주가 등락률과 그에 따른 주식가격을 계산하면 다음과 같다.

구분	1월 3일	1월 4일	1월 5일	1월 6일	1월 9일
등락률	×1.1	×1.2	×0.9	×0.8	×1.1
주식가격	100,000 ×1.1 =110,000	110,000 ×1.2 =132,000	132,000 ×0.9 =118,800	118,800 ×0.8 =95,040	95,040 ×1.1 =104,544

오답분석

① 1월 5일 주식가격은 118,800원이므로, 매도할 경우 $118,800 - 100,000 = 18,800$원 이익이다.

②·④ 1월 6일 주식 가격은 95,040원이므로, 매도할 경우 $100,000 - 95,040 = 4,960$원 손실이며, 1월 2일 대비 주식가격 감소율(이익률)은 $\frac{100,000 - 95,040}{100,000} \times 100 = 4.96\%$이다.

③ 1월 4일 주식가격은 132,000원이므로, 매도할 경우 이익률은 $\frac{132,000 - 100,000}{100,000} \times 100 = 32\%$이다.

12 정답 ④

제조업용 로봇 생산액의 2021년 대비 2023년의 성장률은
$\frac{7,016-6,272}{6,272} \times 100 \fallingdotseq 11.9\%$이다.

13 정답 ④

각 연령대를 기준으로 남성과 여성의 인구비율을 계산하면 다음과 같다.

구분	남성	여성
0~14세	$\frac{323}{627} \times 100 \fallingdotseq 51.5\%$	$\frac{304}{627} \times 100 \fallingdotseq 48.5\%$
15~29세	$\frac{453}{905} \times 100 \fallingdotseq 50.1\%$	$\frac{452}{905} \times 100 \fallingdotseq 49.9\%$
30~44세	$\frac{565}{1,110} \times 100 \fallingdotseq 50.9\%$	$\frac{545}{1,110} \times 100 \fallingdotseq 49.1\%$
45~59세	$\frac{630}{1,257} \times 100 \fallingdotseq 50.1\%$	$\frac{627}{1,257} \times 100 \fallingdotseq 49.9\%$
60~74세	$\frac{345}{720} \times 100 \fallingdotseq 47.9\%$	$\frac{375}{720} \times 100 \fallingdotseq 52.1\%$
75세 이상	$\frac{113}{309} \times 100 \fallingdotseq 36.6\%$	$\frac{196}{309} \times 100 \fallingdotseq 63.4\%$

남성 인구가 40% 이하인 연령대는 75세 이상(36.6%)이며, 여성 인구가 50% 초과 60% 이하인 연령대는 60~74세(52.1%)이다.

14 정답 ③

바레니클린의 시장가격에서 국가 지원액을 제외한 본인부담금은 1,767-1,000=767원/정이다. 하루에 2정씩 총 28일(∵ 1월 투여기간)을 복용하므로 본인부담금은 767×2×28=42,952원이다. 금연 패치는 하루에 1,500원이 지원되므로 본인부담금이 없다.

15 정답 ①

메달 및 상별 점수는 다음 표와 같다.

구분	금메달	은메달	동메달	최우수상	우수상	장려상
총개수 (개)	40	31	15	41	26	56
개당 점수 (점)	3,200 ÷40 =80	2,170 ÷31 =70	900 ÷15 =60	1,640 ÷41 =40	780 ÷26 =30	1,120 ÷56 =20

따라서 금메달은 80점, 은메달은 70점, 동메달은 60점임을 알 수 있다.

오답분석
② 경상도가 획득한 메달 및 상의 총개수는 4+8+12=24개이며, 가장 많은 지역은 13+1+22=36개인 경기도이다.

③ 동메달이 아닌 장려상이 16+18+22=56개로 가장 많은 것을 알 수 있다.
④ 울산에서 획득한 메달 및 상의 총점은 (3×80)+(7×30)+(18×20)=810점이다.
⑤ 장려상을 획득한 지역은 대구, 울산, 경기도이며 세 지역 중 금·은·동메달의 총개수가 가장 적은 지역은 금메달만 2개인 대구이다.

16 정답 ④

국민연금 전체·운용수익률은 연평균기간이 짧을수록 5.24% → 3.97% → 3.48% → -0.92%로 감소하고 있다.

오답분석
① 2023년 운용수익률에서 기타부문은 흑자를 기록했고, 공공부문은 알 수 없다.
② 금융부문 운용수익률은 연평균기간이 짧을수록 감소하고 있다.
③ 공공부문의 경우 11년 연평균(2013~2023년)의 수치만 있으므로 알 수 없다.
⑤ 기간별 연평균으로 분류하여 수익률을 나타내므로 매년 증가하고 있는지는 알 수 없다.

17 정답 ③

브랜드별 중성세제의 변경 후 판매 용량에 대한 가격에서 변경 전 가격을 빼면 다음과 같다.
- A브랜드 : (8,200×1.2)-(8,000×1.3)=9,840-10,400 =-560원
- B브랜드 : (6,900×1.6)-(7,000×1.4)=11,040-9,800 =1,240원
- C브랜드 : (4,000×2.0)-(3,960×2.5)=8,000-9,900 =-1,900원
- D브랜드 : (4,500×2.5)-(4,300×2.4)=11,250-10,320 =930원

따라서 A브랜드는 560원 감소, B브랜드는 1,240원 증가, C브랜드는 1,900원 감소, D브랜드는 930원 증가했다.

18 정답 ②

이산화탄소의 농도가 계속해서 증가하고 있는 것과 달리 오존전량은 2016년부터 2019년까지 차례로 감소하고 있다.

오답분석
① 이산화탄소의 농도는 2016년 387.2ppm에서 시작하여 2022년 395.7ppm으로 해마다 증가했다.
③ 2022년 오존전량은 335DU로, 2016년의 331DU보다 4DU 증가했다.
④ 2022년 이산화탄소 농도는 2017년의 388.7ppm에서 395.7ppm으로 7ppm 증가했다.
⑤ 2017년 오존전량은 1DU 감소하였고, 2018년에는 2DU, 2019년에는 3DU 감소하였다. 2022년에는 8DU 감소하였다.

19

우리나라는 30개의 OECD 회원국 중에서 순위가 매년 20위 이하이므로 상위권이라 볼 수 없다.

오답분석
① 우리나라의 CPI는 2020년에 5.6으로 가장 높아 가장 청렴했다고 볼 수 있다.
② 2021년에 39위를 함으로써 처음으로 30위권에 진입했다.
③ 청렴도는 2016년에 4.5점으로 가장 낮고, 2022년과의 차이는 5.4−4.5=0.9점이다.
⑤ 자료를 통해 확인할 수 있다.

20

각각 비중을 구하면 다음과 같다.

• 1인 1일 사용량에서 영업용 사용량이 차지하는 비중 : $\frac{80}{282} \times 100 ≒ 28.37\%$

• 1인 1일 가정용 사용량의 하위 두 항목이 차지하는 비중 : $\frac{20+13}{180} \times 100 ≒ 18.33\%$

01	02	03	04	05	06	07	08	09	10	11	12	13	14	15					
③	⑤	①	③	①	④	②	④	④	⑤	③	②	④	②	②					

01

정답 ③

A : 왼쪽 내부 도형과 오른쪽 내부 도형 위치 변경

외부도형	①	②	③	④
내부도형	1	2	3	4

→

①	②	③	④
2	1	4	3

B : 시계 방향으로 두 칸 이동

외부도형	①	②	③	④
내부도형	1	2	3	4

→

2	1	4	3
②	①	④	③

C : 오른쪽 외부 도형과 오른쪽 내부 도형 위치 변경

외부도형	①	②	③	④
내부도형	1	2	3	4

→

①	2	③	4
1	②	3	④

외부도형	①	②	③	④
내부도형	1	2	3	4

A →

①	②	③	④
2	1	4	3

No B →

1	2	3	4
②	①	④	③

No A →

1	2	3	4
①	②	③	④

02

A : 왼쪽 내부 도형과 오른쪽 내부 도형 위치 변경

외부도형	①	②	③	④
내부도형	1	2	3	4

→

①	②	③	④
2	1	4	3

B : 시계 방향으로 두 칸 이동

외부도형	①	②	③	④
내부도형	1	2	3	4

→

2	1	4	3
②	①	④	③

C : 오른쪽 외부 도형과 오른쪽 내부 도형 위치 변경

외부도형	①	②	③	④
내부도형	1	2	3	4

→

①	2	③	4
1	②	3	④

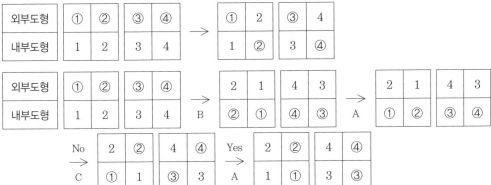

외부도형	①	②	③	④
내부도형	1	2	3	4

B →

2	1	4	3
②	①	④	③

A →

2	1	4	3
①	②	③	④

No → C

2	②	4	④
①	1	③	3

Yes → A

2	②	4	④
1	①	3	③

03

A : 왼쪽 내부 도형과 오른쪽 외부 도형 위치 변경

외부도형	①	②	③	④
내부도형	1	2	3	4

→

①	1	③	3
②	2	④	4

B : 왼쪽 전체 도형과 오른쪽 전체 도형 위치 변경

외부도형	①	②	③	④
내부도형	1	2	3	4

→

②	①	④	③
2	1	4	3

C : 왼쪽 외부 도형과 오른쪽 내부 도형 위치 변경

외부도형	①	②	③	④
내부도형	1	2	3	4

→

2	②	4	④
1	①	3	③

외부도형	①	②	③	④
내부도형	1	2	3	4

C →

2	②	4	④
1	①	3	③

Yes → B

②	2	④	4
①	1	③	3

No → A

②	①	④	③
2	1	4	3

04

정답 ③

A : 왼쪽 내부 도형과 오른쪽 외부 도형 위치 변경

B : 왼쪽 전체 도형과 오른쪽 전체 도형 위치 변경

C : 왼쪽 외부 도형과 오른쪽 내부 도형 위치 변경

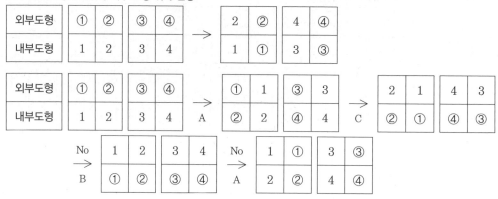

05

정답 ①

A : 색 반전
B : 상하 반전(도형의 위치 고정)
C : 도형의 좌우 위치 변경(도형의 색상 고정)

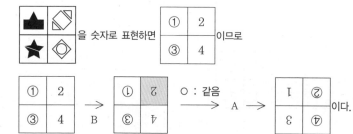

06

정답 ④

A : 색 반전
B : 시계 방향으로 도형 한 칸 이동
C : 도형의 상하 위치 변경(도형의 색상 고정)

 을 숫자로 표현하면

①	2
3	④

이므로

①	2
3	④

→ A →

1	②
③	4

□ : 같음 → C →

③	4
1	②

이다.

07

정답 ②

A : 왼쪽 외부도형과 오른쪽 내부도형 위치 변경

외부도형	①	②	③	④
내부도형	1	2	3	4

→

2	②	4	④
1	①	3	③

B : 왼쪽 외부도형과 오른쪽 외부도형 위치 변경

외부도형	①	②	③	④
내부도형	1	2	3	4

→

②	①	④	③
1	2	3	4

C : 오른쪽 외부도형과 오른쪽 내부도형 위치 변경

외부도형	①	②	③	④
내부도형	1	2	3	4

→

①	2	③	4
1	②	3	④

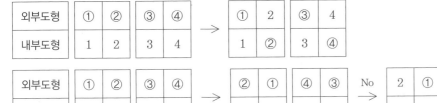

외부도형	①	②	③	④
내부도형	1	2	3	4

→ B →

②	①	④	③
1	2	3	4

→ No, A →

2	①	4	③
1	②	3	④

Yes → B →

①	2	③	4
1	②	3	④

A : 왼쪽 외부도형과 오른쪽 내부도형 위치 변경

외부도형	①	②	③	④		2	②	4	④
내부도형	1	2	3	4	→	1	①	3	③

B : 왼쪽 외부도형과 오른쪽 외부도형 위치 변경

외부도형	①	②	③	④		②	①	④	③
내부도형	1	2	3	4	→	1	2	3	4

C : 오른쪽 외부도형과 오른쪽 내부도형 위치 변경

외부도형	①	②	③	④		①	2	③	4
내부도형	1	2	3	4	→	1	②	3	④

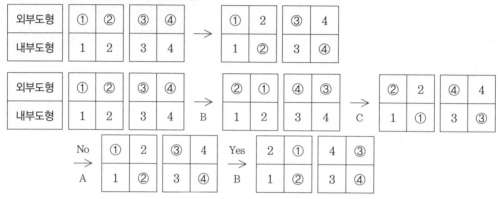

외부도형	①	②	③	④		②	①	④	③		②	2	④	4
내부도형	1	2	3	4	B →	1	2	3	4	C →	1	①	3	③

No → A

①	2	③	4
1	②	3	④

Yes → B

2	①	4	③
1	②	3	④

A : 시계 반대 방향으로 도형 및 색상 한 칸 이동
B : 색 반전
C : 시계 방향으로 도형 및 색상 한 칸 이동

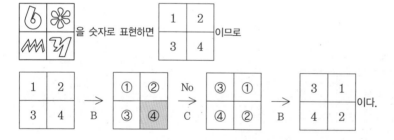

을 숫자로 표현하면

1	2
3	4

이므로

1	2
3	4

B →

①	②
③	④

No → C

③	①
④	②

→ B

3	1
4	2

이다.

10

A : 시계 반대 방향으로 도형 및 색상 한 칸 이동
B : 색 반전
C : 시계 방향으로 도형 및 색상 한 칸 이동

 을 숫자로 표현하면

①	2
3	④

이므로

①	2
3	④

$\xrightarrow{B}$

1	②
③	4

$\xrightarrow[C]{No}$

③	1
4	②

$\xrightarrow{C}$

4	③
②	1

이다.

11

A : 오른쪽 외부도형과 오른쪽 내부도형 위치 변경

외부도형	①	②	③	④
내부도형	1	2	3	4

→

①	2	③	4
1	②	3	④

B : 왼쪽 외부도형과 왼쪽 내부도형 위치 변경

외부도형	①	②	③	④
내부도형	1	2	3	4

→

1	②	3	④
①	2	③	4

C : 오른쪽 내부도형과 왼쪽 내부도형 위치 변경

외부도형	①	②	③	④
내부도형	1	2	3	4

→

①	②	③	④
2	1	4	3

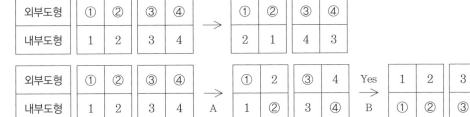

외부도형	①	②	③	④
내부도형	1	2	3	4

$\xrightarrow{A}$

①	2	③	4
1	②	3	④

$\xrightarrow[B]{Yes}$

1	2	3	4
①	②	③	④

$\xrightarrow[C]{No}$

1	2	3	4
②	①	④	③

12
정답 ②

A : 오른쪽 외부도형과 오른쪽 내부도형 위치 변경

외부도형	①	②	③	④
내부도형	1	2	3	4

→

외부도형	①	2	③	4
내부도형	1	②	3	④

B : 왼쪽 외부도형과 왼쪽 내부도형 위치 변경

외부도형	①	②	③	④
내부도형	1	2	3	4

→

외부도형	1	②	3	④
내부도형	①	2	③	4

C : 오른쪽 내부도형과 왼쪽 내부도형 위치 변경

외부도형	①	②	③	④
내부도형	1	2	3	4

→

외부도형	①	②	③	④
내부도형	2	1	4	3

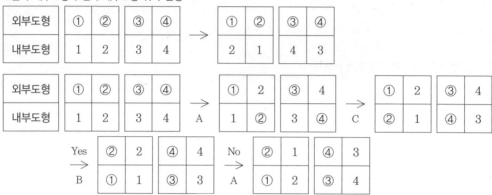

외부도형	①	②	③	④
내부도형	1	2	3	4

A →

외부도형	①	2	③	4
내부도형	1	②	3	④

C →

외부도형	①	2	③	4
내부도형	②	1	④	3

Yes → B

②	2	④	4
①	1	③	3

No → A

②	1	④	3
①	2	③	4

13
정답 ④

A : 왼쪽 외부도형과 오른쪽 외부도형 위치 변경

외부도형	①	②	③	④
내부도형	1	2	3	4

→

외부도형	②	①	④	③
내부도형	1	2	3	4

B : 시계 방향으로 두 칸 이동

외부도형	①	②	③	④
내부도형	1	2	3	4

→

외부도형	2	1	4	3
내부도형	②	①	④	③

C : 시계 반대 방향으로 한 칸 이동

외부도형	①	②	③	④
내부도형	1	2	3	4

→

외부도형	②	2	④	4
내부도형	①	1	③	3

외부도형	①	②	③	④
내부도형	1	2	3	4

B →

외부도형	2	1	4	3
내부도형	②	①	④	③

No → A

1	2	3	4
②	①	④	③

No → C

2	①	4	③
1	②	3	④

14

A : 왼쪽 외부도형과 오른쪽 외부도형 위치 변경

외부도형	①	②	③	④	→	②	①	④	③
내부도형	1	2	3	4		1	2	3	4

B : 시계 방향으로 두 칸 이동

외부도형	①	②	③	④	→	2	1	4	3
내부도형	1	2	3	4		②	①	④	③

C : 시계 반대 방향으로 한 칸 이동

외부도형	①	②	③	④	→	②	2	④	4
내부도형	1	2	3	4		①	1	③	3

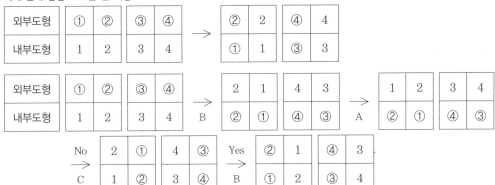

15

A : 왼쪽 내부도형과 오른쪽 내부도형 위치 변경

외부도형	①	②	③	④	→	①	②	③	④
내부도형	1	2	3	4		2	1	4	3

B : 왼쪽 외부도형과 오른쪽 내부도형 위치 변경

외부도형	①	②	③	④	→	2	②	4	④
내부도형	1	2	3	4		1	①	3	③

C : 오른쪽 외부도형과 오른쪽 내부도형 위치 변경

외부도형	①	②	③	④	→	①	2	③	4
내부도형	1	2	3	4		1	②	3	④

외부도형	①	②	③	④	→	①	②	③	④
내부도형	1	2	3	4	A	2	1	4	3

No → C

①	1	③	3
2	②	4	④

Yes → A

①	1	③	3
②	2	④	4

1일 차 정답 및 해설 **17**

2일 차 기출응용 모의고사 정답 및 해설

제 1 영역 언어

01	02	03	04	05	06	07	08	09	10
①	①	②	①	④	⑤	③	③	④	②
11	12	13	14	15	16	17	18	19	20
④	④	④	⑤	②	⑤	⑤	④	④	③

01
정답 ①

제시문은 CCTV가 인공지능(AI)과 융합되면 기대할 수 있는 효과에 대해 말하고 있다. 따라서 ①이 글의 제목으로 가장 적절하다.

02
정답 ①

'모범적 소수 인종'의 인종적 정체성은 백인의 특성이 장점이라고 생각하는 것과 동양인의 특성이 단점이라고 생각하는 것의 사이에서 구성된다고 설명한다. 따라서 '모범적 소수 인종'은 특유의 인종적 정체성을 내면화하고 있음을 추론할 수 있다.

오답분석

② 제시문의 논점은 '동양계 미국인 학생들(모범적 소수 인종)'이 성공적인 학교 생활을 통해 주류 사회에 동화되고 있는 것이 사실인지의 여부이다. 그에 따라 사회적 삶에서 인종주의의 영향이 약화될 수 있는지에 대한 문제이다. '모범적 소수 인종'의 성공이 일시적·허구적인지에 대한 내용은 확인할 수 없다.
③ 동양계 미국인 학생들은 인종적인 차별을 의식하고 있다고 할 수 있지만 소수 인종 모두가 의식하고 있는지는 추론할 수 없다.
④ 인종차별을 의식하는 것은 알 수 있지만 한정된 자원의 배분을 놓고 갈등하는지는 알 수 없다.
⑤ 인종차별을 은폐된 형태로 지속한다는 것은 알 수 없다.

03
정답 ②

제시문은 상품과 시장의 관계에 대해 설명하고 있다. 따라서 (가) 상품 생산자와 상품의 관계 제시 - (다) '자립적인 삶'의 부연 설명 - (라) 내용 첨가 : 시장 법칙의 지배 아래에서 사람과 사람과의 관계 - (나) 결론 : 인간의 소외 순으로 나열하는 것이 가장 적절하다.

04
정답 ①

제시문은 아리스토텔레스의 목적론에 대한 논쟁에 대해 설명하고 있다. 따라서 (가) 근대에 등장한 아리스토텔레스의 목적론에 대한 비판 - (나) 근대 사상가들의 구체적인 비판 - (라) 근대 사상가들의 비판에 대한 반박 - (다) 근대 사상가들의 비판에 대한 현대 학자들의 비판 순으로 나열하는 것이 가장 적절하다.

05
정답 ④

스마트시티 전략은 정보통신기술을 적극적으로 활용하여 도시의 혁신을 이끌고 도시 문제를 해결하는 것으로 볼 수 있다. ④는 물리적 기반시설 확대의 경우로 정보통신기술의 활용과는 거리가 멀다.

06
정답 ⑤

제시문에서는 호랑이 카멜레온이 세이셸 제도에 살게 된 이유를 대륙의 분리 및 이동으로 설명하고 있으므로 이를 반증하는 사례를 통해 반박해야 한다. 만약 아프리카 동부의 카멜레온과 호랑이 카멜레온의 가장 가까운 공동 조상이 마다가스카르의 카멜레온과 호랑이 카멜레온의 가장 가까운 공동 조상보다 더 나중에 출현했다면, 세이셸 제도가 속했던 본래의 곤드와나 초대륙에서는 마다가스카르가 먼저 분리되어야 한다. 그러나 글에 따르면 아프리카가 마다가스카르보다 먼저 분리되어 나왔으므로 이는 글의 논지를 약화하는 사례가 된다.

오답분석

①·②·③·④ 대륙 이동의 증거가 되는 내용이므로 글의 논지를 약화하지 않는다.

07
정답 ③

제시문은 인류의 발전과 미래에 인류에게 닥칠 문제를 해결하기 위해 우주 개발이 필요하다는, 즉 우주 개발의 정당성에 대해 논의하고 있다.

08
정답 ③

'예술가가 무엇인가를 선택하는 정신적인 행위와 작업이 예술의 본질'이라는 내용과 마르셀 뒤샹, 잭슨 폴록 작품에 대한 설명을 통해 퐁피두 미술관이 전통적인 예술작품을 선호할 것이라고 추론하기는 어렵다.

① · ④ · ⑤ 마르셀 뒤샹과 잭슨 폴록의 작품 성격을 통해 추론할
    수 있다.

② 마르셀 뒤샹과 잭슨 폴록이 서로 작품을 표현한 방식이 다르듯
    이 다른 작가들 역시 다양한 방식으로 표현한 작품이 있을 것
    을 추론함으로써, 퐁피두 미술관을 찾는 사람들의 목적이 다양
    할 것이라는 추론을 도출할 수 있다.

09 정답 ④

개요에서는 현재의 소비 생활을 살펴봄으로써 문제점을 발견하고,
이에 대해 환경 친화적 제품을 구매하고 제품 사용 시 환경에 끼칠
영향을 고려하는 소비 생활의 변화가 필요하다는 대안을 제시하고
있다. 따라서 빈칸에는 환경 친화적 소비 생활을 촉구하는 ④가
들어가는 것이 가장 적절하다.

10 정답 ②

제시문에서는 인지부조화의 개념과 과정을 설명한 후, 인지부조
화를 감소시키는 행동에 자기방어적인 행동을 유발하는 비합리적
인 면이 있음을 지적하며, 이러한 행동이 부정적 결과를 초래할
수 있다고 밝히고 있다.

11 정답 ④

'Ⅱ - 1 - 나'에 따르면 온라인상에서 저작권 침해 문제가 발생하
는 원인으로 주로 해외 서버를 통해 이루어지는 불법 복제를 단속
하기 위해 필요한 다른 나라와의 협조 체제가 부족함을 제시하고
있다. ㉣의 '업로드 속도를 향상하기 위한 국내 서버 증설'은 이러
한 내용과 어긋날 뿐만 아니라 불법 복제를 단속하기 위한 방안으
로 보기 어렵다.

12 정답 ④

'하찮고 더러운 일(똥 치우는 일)을 주옥(珠玉)처럼 소중히 여겼으
나 이는 그 사람의 청렴한 인격에는 아무런 손상을 가져오지 않았
다.'라는 서술은 사람을 평가할 때 그 사람이 하는 일을 가지고
판단하지 말라는 말이다. 따라서 제시문의 입장과 가장 가까운 견
해는 ④로, 사람을 평가할 때는 그 사람의 인격을 우선적으로 고려
해야 한다는 견해이다.

13 정답 ④

제시문은 나전칠기의 개념을 제시하고 우리나라 나전칠기의 특징,
제작방법 그리고 더 나아가 국내 나전칠기 특산지에 대해 설명하고
있다. 따라서 (라) 나전칠기의 개념 - (가) 우리나라 나전칠기의 특
징 - (다) 나전칠기의 제작방법 - (나) 나전칠기 특산지 소개 순으로
나열하는 것이 가장 적절하다.

14 정답 ⑤

제시문은 귀납과 귀납의 정당화에 대해 설명하고 있다. 따라서
(나) 귀납에 대해 설명하고 있음 - (라) 특성으로 인한 귀납의 논리
적 한계가 나타남 - (다) 이러한 한계에 대한 흄의 의견 문단과 구
체적인 흄의 주장 - (가) 귀납의 정당화 문제 순으로 나열하는 것
이 가장 적절하다.

15 정답 ②

제시문은 5060세대에 대해 설명하는 글로, 기존에는 5060세대들
이 사회로부터 배척당했다면 최근에는 사회적인 면이나 경제적인
면에서 그 위상이 높아졌고, 이로 인해 마케팅 전략 또한 변화될
것으로 보고 있다. 따라서 글의 제목으로는 ②가 가장 적절하다.

16 정답 ⑤

제시문에서는 금융의 디지털 전환이 가속화됨에 따라 디지털금융
의 중요성이 커지고 있음을 이야기한다. 마지막 문단에서는 디지
털금융의 중요성을 인식하여 법과 제도를 정비하고 있는 해외 국
가들에 비해 국내의 전자금융거래법은 이렇다 할 변화가 없음을
지적한다. 따라서 다음에 이어질 내용으로는 디지털금융의 발전
을 위해서 전자금융거래법의 개정이 필요하다는 내용의 ⑤가 가장
적절하다.

17 정답 ⑤

자신의 상황에 불만족하여 불안정한 정신 상태를 갖게 되는 사람
에게 리플리 증후군이 잘 나타나는 것은 사실이나, 자신의 상황
에 불만족하는 모든 이가 불안정한 정신 상태를 갖는 것은 아니다.

18 정답 ④

'Ⅲ. 끝'을 통해 글의 주제는 도시 광산의 활성화를 위해서는 폐전
자제품 수거에 대한 관심이 필요하다는 관점에 있음을 알 수 있다.
따라서 ㉣은 'Ⅱ - 2.'의 하위 항목으로 옮기는 것이 아니라 삭제
하는 것이 적절하다.

19 정답 ④

'Ⅱ - 2' 청소년 디지털 중독의 요인과 관련지어 'Ⅱ - 3'의 해결방
안을 살펴보면, ㉣에서는 '디지털 기기의 사용 시간 제한'이 아닌
'자극적이고 중독적인 디지털 콘텐츠의 무분별한 유통'에 대한 해
결 방안이 제시되어야 한다.

20 정답 ③

제시문의 내용은 크게 두 부분으로 나눌 수 있다. 처음부터 두 번
째 문단까지는 맥주의 주원료에 대해서, 그 이후부터 글의 마지막
부분까지는 맥주의 제조공정 중 발효에 대해 설명하며 이에 따른
맥주의 종류를 설명하고 있다.

01	02	03	04	05	06	07	08	09	10
②	④	③	①	⑤	①	⑤	②	④	①
11	12	13	14	15	16	17	18	19	20
④	①	②	②	⑤	④	③	⑤	④	④

01　　　　　　　　　　　　　　　　　　정답 ②

갈색과 노란색 가방에는 주머니가 있다고 했고, 주머니가 있으면 손잡이가 없다고 했으므로 B만 옳다.

구 분	갈색 가방	노란색 가방	녹색 가방
손잡이	×	×	○
주머니	○	○	×

02　　　　　　　　　　　　　　　　　　정답 ④

D가 산악회 회원인 경우와 아닌 경우로 나누어보면 다음과 같다.
• D가 산악회 회원인 경우
　네 번째 조건에 따라 D가 산악회 회원이면 B와 C도 산악회 회원이 되며, A는 두 번째 조건의 대우에 따라 산악회 회원이 될 수 없다. 그러므로 B, C, D가 산악회 회원이다.
• D가 산악회 회원이 아닌 경우
　세 번째 조건에 따라 D가 산악회 회원이 아니면 B가 산악회 회원이 아니거나 C가 산악회 회원이어야 한다. 그러나 첫 번째 조건의 대우에 따라 C는 산악회 회원이 될 수 없으므로 B가 산악회 회원이 아님을 알 수 있다. 따라서 B, C, D 모두 산악회 회원이 아니다. 이때 최소 1명 이상은 산악회 회원이어야 하므로 A는 산악회 회원이다.
따라서 항상 옳은 것은 ④이다.

03　　　　　　　　　　　　　　　　　　정답 ③

C사원은 10개의 도장에서 2개의 도장이 모자라므로 현재 8개의 도장을 모았으며, A사원은 C사원보다 1개의 도장이 적으므로 현재 7개의 도장을 모은 것을 알 수 있다. 또한 B사원은 A사원보다 2개 적은 5개의 도장을 모았으며, D사원은 무료 음료 1잔을 포함하여 3잔을 주문하였으므로 10개의 도장을 모은 쿠폰을 반납하고, 새로운 쿠폰에 2개의 도장을 받았음을 추론할 수 있다. 따라서 D사원보다 6개의 도장을 더 모은 E사원은 8개의 도장을 받아 C사원의 도장 개수와 동일함을 알 수 있다.

04　　　　　　　　　　　　　　　　　　정답 ①

홍대리가 건강검진을 받을 수 있는 요일은 월요일 또는 화요일이며, 이사원 역시 월요일 또는 화요일에 건강검진을 받을 수 있다. 이때 이사원이 홍대리보다 늦게 건강검진을 받는다고 하였으므로 홍대리가 월요일, 이사원이 화요일에 건강검진을 받는 것을 알 수 있다. 나머지 수 · 목 · 금요일의 일정은 박과장이 금요일을 제외한 수요일과 목요일 각각 건강검진을 받는 2가지 경우에 따라 나눌 수 있다.
• 박과장이 수요일에 건강검진을 받을 경우
　목요일은 최사원이, 금요일은 김대리가 건강검진을 받는다.
• 박과장이 목요일에 건강검진을 받을 경우
　수요일은 최사원이, 금요일은 김대리가 건강검진을 받는다.
따라서 반드시 참인 것은 ①이다.

05　　　　　　　　　　　　　　　　　　정답 ⑤

B와 C가 초콜릿 과자를 먹고 D와 E 중 1명 역시 초콜릿 과자를 먹으므로 C가 초콜릿 과자 1개를 먹었음을 알 수 있다. 그리고 남은 커피 과자 3개는 A, D, E가 나눠 먹게 되는데, 이때 A가 커피 과자 1개를 먹었다면 D와 E 중 1명은 초콜릿 과자 1개와 커피 과자 1개를 먹고, 나머지 1명은 커피 과자 1개를 먹는다. 따라서 A와 D가 커피 과자를 1개씩 먹었다면, E는 초콜릿과 커피 2종류의 과자를 하나씩 먹게 된다.

06　　　　　　　　　　　　　　　　　　정답 ①

어떤 학생은 음악을 즐기고, 음악을 즐기는 것은 나무로 되어 있으며, 나무로 되어 있는 것은 모두 악기이다.
따라서 어떤 학생은 악기이다.

07　　　　　　　　　　　　　　　　　　정답 ⑤

A나 C가 농구를 한다면 진실만 말해야 하는데, 모두 다른 사람이 농구를 한다고 말하고 있으므로 거짓을 말한 것이 되어 모순이 된다. 따라서 농구를 하는 사람은 B 또는 D이다.
• B가 농구를 하는 경우
　C는 야구, D는 배구를 하고 남은 A가 축구를 한다. A가 한 말은 모두 거짓이고, C와 D는 진실과 거짓을 1개씩 말하므로 모든 조건이 충족된다.
• D가 농구를 하는 경우
　B은 야구, A는 축구, C는 배구를 한다. 이 경우 A가 진실과 거짓을 함께 말하고, B와 C는 거짓만 말한 것이 되므로 모순이 된다. 그러므로 D는 농구를 하지 않는다.
따라서 A는 축구, B는 농구, C는 야구, D는 배구를 한다.

08
정답 ②

첫 번째와 두 번째 명제를 통해 '어떤 안경은 유리로 되어 있다.'라는 결론을 도출할 수 있다.
따라서 유리로 되어 있는 것 중 안경이 있다.

09
정답 ④

한나는 장미를 좋아하고, 장미를 좋아하면 사과를 좋아한다. 즉, 한나는 사과를 좋아하는데, 두 번째 문장의 대우 명제는 '사과를 좋아하면 노란색을 좋아하지 않는다.'이므로 '한나는 노란색을 좋아하지 않는다.'를 추론할 수 있다.

오답분석
① 세 번째 문장의 대우 명제는 '사과를 좋아하지 않는 사람은 장미를 좋아하지 않는다.'이다.
② 주어진 문장은 두 번째 문장의 '이' 명제이다. 따라서 옳은지 판단할 수 없다.
③ 두 번째 문장과 세 번째 문장의 대우 명제를 결합하면 '노란색을 좋아하는 사람은 장미를 좋아하지 않는다.'를 추론할 수 있다.
⑤ 주어진 문장을 통해 추론할 수 없다.

10
정답 ①

• A상자 첫 번째 안내문이 참, 두 번째 안내문이 거짓인 경우
  B, D상자 첫 번째 안내문, C상자 두 번째 안내문이 참이다.
  따라서 ①·②가 참, ③·④·⑤가 거짓이다.
• A상자 첫 번째 안내문이 거짓, 두 번째 안내문이 참인 경우
  B, C상자 첫 번째 안내문, D상자 두 번째 안내문이 참이다.
  따라서 ①·③·⑤가 참, ②가 거짓, ④는 참인지 거짓인지 알 수 없다.
따라서 항상 옳은 것은 ①이다.

11
정답 ④

(앞의 항)×(뒤의 항)×(−2)=(다음 항)인 수열이다.
따라서 (　)=16×(−256)×(−2)=8,192이다.

12
정답 ①

앞의 항에 -2^1, $+2^2$, -2^3, $+2^4$, -2^5, …를 더하는 수열이다.
따라서 (　)=$43-2^7=43-128=-85$이다.

13
정답 ②

앞의 항에 3의 제곱수(3, 9, 27, 81, 243, …)를 더하는 수열이다.
따라서 (　)=$125+3^5=125+243=368$이다.

14
정답 ②

앞의 항에 ×2, −3을 반복하는 수열이다.
따라서 (　)=4×2=8이다.

15
정답 ⑤

앞의 항에 $+\dfrac{1}{2}$, $-\dfrac{2}{3}$, $+\dfrac{3}{4}$, $-\dfrac{4}{5}$, $+\dfrac{5}{6}$, …을 더하는 수열이다.
따라서 (　)=$\dfrac{13}{12}-\dfrac{4}{5}=\dfrac{17}{60}$이다.

16
정답 ④

홀수 항은 ×3, 짝수 항은 ×4를 하는 수열이다.
따라서 (　)=12×3=36이다.

17
정답 ③

홀수 항은 ÷2, 짝수 항은 ÷4를 하는 수열이다.
따라서 (　)=20÷4=5이다.

18
정답 ⑤

나열된 수를 각각 A, B, C라고 하면
$\underline{A\ B\ C} \rightarrow (A\times B)+1=C$이다.
따라서 (　)=5×6+1=31이다.

19
정답 ④

11, 12, 13, 14, 15의 제곱수를 나열한 수열이다.
따라서 (　)=$14^2=196$이다.

20
정답 ④

각 항을 3개씩 묶고 각각 A, B, C라고 하면
$\underline{A\ B\ C} \rightarrow B=A^2-C^2$이다.
따라서 (　)=$8^2-5^2=64-25=39$이다.

01	02	03	04	05	06	07	08	09	10
④	⑤	③	⑤	⑤	④	④	⑤	②	②

11	12	13	14	15	16	17	18	19	20
②	②	④	④	②	③	②	④	④	②

01
정답 ④

집에서 휴게소까지의 거리를 x km라고 하면 다음과 같은 식이 성립한다.

$$\frac{x}{40} + \frac{128-x}{60} = 3$$
$$\rightarrow 3x + 256 - 2x = 360$$
$$\therefore x = 104$$

따라서 집에서 휴게소까지의 거리는 104km이다.

02
정답 ⑤

5인승 차량에 팀원들을 먼저 배치한 후 나머지를 7인승 차량에 배치하면 된다. 운전자는 2명이므로 그중 1명을 선택하여 배치한 후, 나머지 좌석에 팀원들을 각각 4명, 3명, 2명 배치할 수 있으므로 식을 세우면 다음과 같다.

$$2 \times ({}_8C_4 + {}_8C_3 + {}_8C_2)$$
$$= 2 \times \left(\frac{8 \times 7 \times 6 \times 5}{4!} + \frac{8 \times 7 \times 6}{3!} + \frac{8 \times 7}{2!} \right)$$
$$= 2 \times (70 + 56 + 28) = 308$$

따라서 경우의 수는 총 308가지이다.

03
정답 ③

깃발은 2개이고, 깃발을 5번 들어서 표시할 수 있는 신호의 개수는 $2 \times 2 \times 2 \times 2 \times 2 = 32$가지이다. 여기서 5번 모두 흰색 깃발만 사용하거나 검은색 깃발만 사용하는 경우의 수 2가지를 빼면 $32 - 2 = 30$가지이다.

04
정답 ⑤

농도 7%의 소금물 300g에 들어있는 소금의 양은 $300 \times 0.07 = 21$g, 농도 4%의 소금물 150g에 들어있는 소금의 양은 $150 \times 0.04 = 6$g이다.

$$\frac{21+6}{300+150} \times 100 = \frac{27}{450} \times 100 = 6$$

따라서 두 소금물을 섞으면 농도가 6%인 소금물 450g이 생성된다. 농도를 반으로 줄이기 위해서는 용액의 양이 두 배가 되어야 하므로 추가로 넣은 물의 양은 450g이다.

05
정답 ⑤

3번 안에 승패가 가려질 확률은 1−(3번 모두 승패가 가려지지 않을 확률)이다.

- 1번의 가위바위보에서 3명이 낼 수 있는 경우의 수
  : $3 \times 3 \times 3 = 27$가지
- 승패가 나오지 않는 경우의 수
  - 모두 같은 것을 내는 경우 : 3가지
  - 모두 다른 것을 내는 경우 : 6가지
- 1번의 시행에서 승패가 가려지지 않을 확률 : $\frac{9}{27} = \frac{1}{3}$

따라서 3번 안에 승자와 패자가 가려질 확률은 $1 - \left(\frac{1}{3}\right)^3 = \frac{26}{27}$ 이다.

06
정답 ④

다음 해는 윤년으로 2월 29일까지 있으므로 각 달의 일수를 계산하면 $30 + 30 + 31 + 31 + 29 + 1 = 152$일이 된다. 10월 1일이 월요일이고, 한 주가 7일이므로 $152 \div 7 = 21 \cdots 5$이다.

따라서 나머지가 5이므로 3월 1일은 토요일이 된다.

07
정답 ④

A, B, C에 해당되는 청소 주기 6, 8, 9일의 최소공배수는 $2 \times 3 \times 4 \times 3 = 72$이다. 9월은 30일, 10월은 31일까지 있으므로 9월 10일에 청소를 하고 72일 이후인 11월 21일에 3명이 같이 청소하게 된다.

08
정답 ⑤

'매우 불만족'으로 평가한 고객 수는 전체 150명 중 15명이므로 10%의 비율을 차지한다. 따라서 응답한 전체 고객 중 $\frac{1}{10}$ 이 '매우 불만족'으로 평가했다는 것을 알 수 있다.

오답분석

① 응답자의 합계를 확인하면 150명이므로 옳은 설명이다.
② '매우 만족'이라고 평가한 응답자의 비율이 20%이므로, $150 \times 0.2 = 30$명(A)이다.
③ '보통'이라고 평가한 응답자의 수를 역산하여 구하면 48명(B)이고, 비율은 32%(C)이다. 따라서 약 $\frac{1}{3}$ 이라고 볼 수 있다.
④ '불만족' 이하 구간은 '불만족' 16%와 '매우 불만족' 10%의 합인 26%이다.

09
정답 ②

2024년 4/4분기의 생활물가지수가 95.9라면, 총합은 407포인트이므로 이를 4분기로 나누면 101.75포인트이다. 따라서 상승지수는 2포인트 미만이다.

① 2023년 소비자물가지수 분기 총합이 401.4으로, 1분기당 평균 100.35이므로 2011년 지수 100과 거의 같다고 할 수 있다.
③ 2019년 이후 분기마다 지수가 약간씩 상승하고 있으므로 매년 상승했다.
④ 2023년에는 소비자물가지수가 생활물가지수보다 약 0.2포인트 높으므로 올바른 판단이다.
⑤ 전년 동기와 비교하여 상승 폭이 가장 큰 것은 2021년 4/4분기 소비자물가지수(4.2)이고, 가장 낮은 것은 2022년 2/4분기 생활물가지수(2.4)와 2022년 3/4분기 소비자물가지수(2.4)이다.

10   정답 ②

ㄱ. $\dfrac{10,023+200\times4}{4}=\dfrac{10,823}{4}=2,705.75$만 개

ㄷ. • 평균 주화 공급량 : $\dfrac{10,023}{4}=2,505.75$만 개

   • 주화 공급량 증가량 : $3,469\times0.1+2,140\times0.2+2,589\times0.2+1,825\times0.1=1,475.2$만 개

   • 증가한 평균 주화 공급량 : $\dfrac{10,023+1,475.2}{4}=2,874.55$만 개

   $2,505.75\times1.15>2,874.55$이므로, 증가율은 15% 이하이다.

ㄴ. • 10원 주화의 공급기관당 공급량 : $\dfrac{3,469}{1,519}≒2.3$만 개

   • 500원 주화의 공급기관당 공급량 : $\dfrac{1,825}{953}≒1.9$만 개

ㄹ. 총주화 공급액이 변하면 주화 종류별 공급량 비율이 당연히 변화한다.

11   정답 ②

반월시화공단의 평균 고용인원은 $\dfrac{195,635}{12,548}≒15.6$명, 울산공단평균 고용인원은 $\dfrac{101,677}{1,116}≒91.1$명이므로 그 차이는 75.5명이다.

12   정답 ②

ㄱ. 서울과 경기의 인구수 차이는 2018년에 $10,463-10,173=290$천 명, 2024년에 $11,787-10,312=1,475$천 명으로 2021년에 차이가 더 커졌다.

ㄷ. 광주는 2024년에 22천 명이 증가하여 가장 많이 증가했다.

ㄴ. 2018년 대비 2024년 인구가 감소한 지역은 부산, 대구이다.

ㄹ. 대구는 전년 대비 2019년부터 인구가 감소하다가 2024년에 다시 증가했다.

13   정답 ④

고령자 경제활동 참가율을 보면, 2024년 7월부터 12월까지 매월 전월 대비 1.2%p씩 증가하는 것을 알 수 있다.
따라서 2024년 10월의 고령자 경제활동 참가율은 $67.7+1.2=68.9$%이다.

14   정답 ④

광고경기 체감도가 $80\sim99$점이라고 선택한 수도권 업체 수는 $5,128\times0.305≒1,564$개이며, 체감도가 120점 이상인 경상권 업체 수는 $1,082\times0.118≒128$개이다.
따라서 광고경기 체감도가 $80\sim99$점이라고 답한 수도권 업체 수는 체감도가 120점 이상이라고 답한 경상권 업체 수의 $1,564\div128≒12$배이다.

15   정답 ②

여자는 매년 30명씩 증가했으므로 2024년도 여자 신입사원은 $260+30=290$명이고, 남자 신입사원은 $500-290=210$명이다.
따라서 남녀 성비는 $\dfrac{210}{290}\times100≒72.4$이다.

16   정답 ③

기타 해킹 사고가 가장 많았던 연도는 2023년이고, 전년 대비 감소했으므로 증감률은 $\dfrac{16,135-21,230}{21,230}\times100≒-24$%이다.

17   정답 ②

2016년 강북의 주택전세가격을 100이라고 한다면, 그래프는 전년 대비 증감률을 나타내므로 2017년에는 약 5% 증가해 $100\times1.05=105$이고, 2018년에는 전년 대비 약 10% 증가해 $105\times1.1=115.5$라고 할 수 있다.

따라서 2018년 강북의 주택전세가격은 2016년 대비 약 $\dfrac{115.5-100}{100}\times100=15.5$% 증가했다고 볼 수 있다.

① 전국 주택전세가격의 증감률은 2015년부터 2024년까지 모두 양의 값(+)이므로 매년 증가하고 있다고 볼 수 있다.
③ 2022년 이후 서울의 주택전세가격 증가율이 전국 평균 증가율보다 높은 것을 확인할 수 있다.
④ 강남 지역의 주택전세가격 증가율이 가장 높은 시기는 2018년인 것을 확인할 수 있다.
⑤ 주택전세가격이 전년 대비 감소했다는 것은 전년 대비 증감률이 음의 값(−)을 가지고 있다는 것이므로 2015년 강남뿐이다.

18

2024년 15세 미만 인구를 x, 65세 이상 인구를 y, 15 ~ 64세 인구를 a라고 하면, 15세 미만 인구 대비 65세 이상 인구 비율은 $\dfrac{y}{x} \times 100$이다.

(2024년 유소년부양비)$= \dfrac{x}{a} \times 100 = 19.5$

$\rightarrow a = \dfrac{x}{19.5} \times 100 \cdots \bigcirc$

(2024년 노년부양비)$= \dfrac{y}{a} \times 100 = 17.3$

$\rightarrow a = \dfrac{y}{17.3} \times 100 \cdots \bigcirc$

$\bigcirc$, $\bigcirc$을 연립하면 $\dfrac{x}{19.5} = \dfrac{y}{17.3} \rightarrow \dfrac{y}{x} = \dfrac{17.3}{19.5}$

따라서 15세 미만 인구 대비 65세 이상 인구의 비율은 $\dfrac{17.3}{19.5} \times 100$ ≒ 88.7%이다.

19

흡연자 A씨가 금연프로그램에 참여하면서 진료 및 상담 비용과 금연보조제(니코틴패치) 구매에 지불해야 하는 부담금은 지원금을 제외한 나머지이다.

따라서 A씨가 부담하는 금액은 총 $30,000 \times 0.1 \times 6 + 12,000 \times 0.25 \times 3 = 18,000 + 9,000 = 27,000$원이다.

20

초·중·고등학교 수의 총합은 2022년에 $6,001 + 3,209 + 2,353 = 11,563$교, 2024년에 $6,064 + 3,214 + 2,358 = 11,636$교로, 2022년 대비 2024년에 증가하였다.

오답분석

ㄱ. 2024년의 고등학교 수는 전년 대비 감소하였지만 초등학교 수는 증가하였다.

ㄴ. 2020년부터 2024년까지 초등학교 수와 중학교 수의 차이를 구하면
- 2020년 : $5,934 - 3,186 = 2,748$교
- 2021년 : $5,978 - 3,204 = 2,774$교
- 2022년 : $6,001 - 3,209 = 2,792$교
- 2023년 : $6,040 - 3,213 = 2,827$교
- 2024년 : $6,064 - 3,214 = 2,850$교

따라서 초등학교 수와 중학교 수의 차이가 가장 큰 해는 2024년이다.

01	02	03	04	05	06	07	08	09	10	11	12	13	14	15				
②	③	②	⑤	⑤	⑤	③	①	④	③	②	⑤	②	③	⑤				

01 정답 ②

A : 시계 반대 방향으로 도형 및 색상 두 칸 이동
B : 색 반전
C : 시계 방향으로 도형만 한 칸 이동

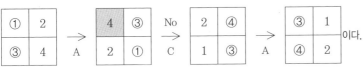

02 정답 ③

A : 도형 및 색상 상하 위치 변경
B : 도형 및 색상 좌우 위치 변경
C : 대각 방향으로 도형 및 색상 변경

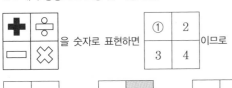

03 정답 ②

A : 도형 및 색상 상하 위치 변경
B : 도형 및 색상 좌우 위치 변경
C : 대각 방향으로 도형 및 색상 변경

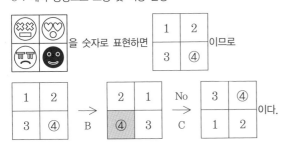

04

정답 ⑤

A : 시계 방향으로 도형 및 색상 한 칸 이동
B : 제자리에서 도형 상하 대칭
C : 색 반전

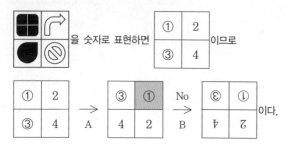

05

정답 ⑤

A : 시계 방향으로 도형 및 색상 한 칸 이동
B : 제자리에서 도형 상하 대칭
C : 색 반전

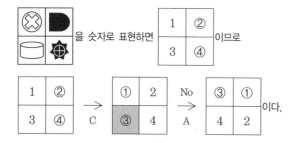

06

정답 ⑤

A : 색상만 상하 위치 변경
B : 도형만 좌우 위치 변경
C : 색 반전

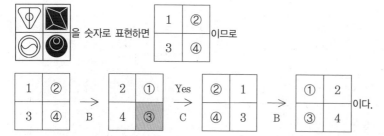

07

A : 색상만 상하 위치 변경
B : 도형만 좌우 위치 변경
C : 색 반전

08

정답 ①

A : 오른쪽 내부도형과 왼쪽 외부도형 위치 변경

B : 시계 방향으로 한 칸 이동

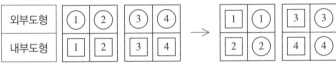

C : 왼쪽 내부도형과 오른쪽 내부도형 위치 변경

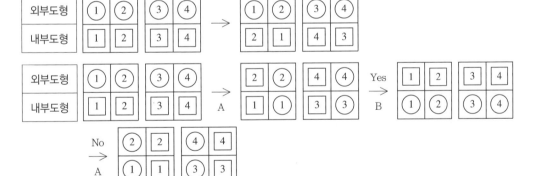

09

정답 ④

A : 오른쪽 내부도형과 왼쪽 외부도형 위치 변경

외부도형			

B : 시계 방향으로 한 칸 이동

C : 왼쪽 내부도형과 오른쪽 내부도형 위치 변경

Yes → B

No → A

10

정답 ③

A : 시계 반대 방향으로 한 칸 이동

B : 오른쪽 내부도형과 왼쪽 내부도형 위치 변경

C : 시계 방향으로 한 칸 이동

No → B

No → A

11

A : 시계 반대 방향으로 한 칸 이동

B : 오른쪽 내부도형과 왼쪽 내부도형 위치 변경

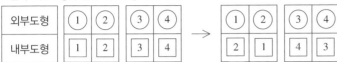

C : 시계 방향으로 한 칸 이동

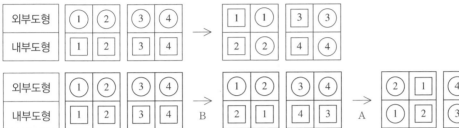

12

A :

B :

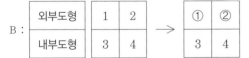

C :

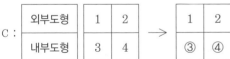

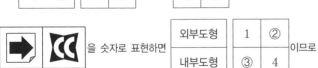 을 숫자로 표현하면

| 외부도형 | 1 | ② |
| 내부도형 | ③ | 4 |

이므로

 이다.

13

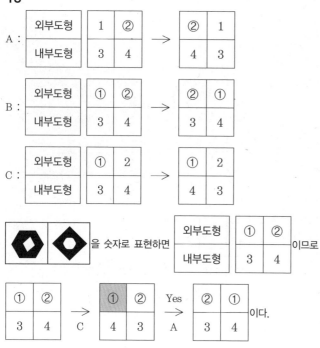

14

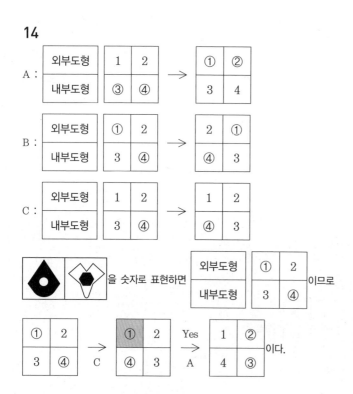

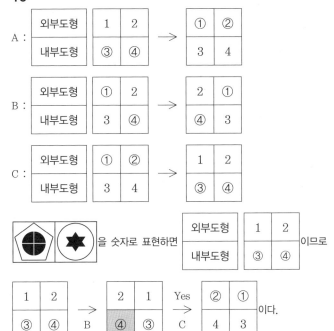

A :

외부도형	1	2	→	①	②
내부도형	③	④		3	4

B :

외부도형	①	2	→	2	①
내부도형	3	④		④	3

C :

외부도형	①	②	→	1	2
내부도형	3	4		③	④

을 숫자로 표현하면

외부도형	1	2
내부도형	③	④

이므로

1	2	→	2	1	Yes	②	①
③	④	B	④	③	C	4	3

이다.

KT그룹 온라인 종합적성검사

3일 차 기출응용 모의고사 정답 및 해설

제 1 영역 언어

01	02	03	04	05	06	07	08	09	10
③	②	②	④	②	②	①	③	⑤	③
11	12	13	14	15	16	17	18	19	20
②	③	④	④	③	③	⑤	①	②	③

01　　　　　　　　　　　　　　　　　　　정답 ③

경우에 따른 한국과 다른 회원국의 이익을 표로 나타내면 다음과
같다.

구분	다른 회원국이 협조하는 경우		다른 회원국이 비협조하는 경우	
	한국	회원국	한국	회원국
A안	+30억 원	+230억 원	0	+150억 원
B안	+20억 원	+200억 원	-10억 원	+180억 원

다른 회원국의 비협조를 가정할 경우 한국은 손실보다는 현상유지
를 할 수 있는 A안을 선택해야 하므로 ③은 적절하지 않다.

오답분석
① 한국의 입장에서는 다른 회원국들이 협조할 것으로 판단되면
　 30억 원의 이득을 볼 수 있는 A안을 선택해야 한다.
② 회원국의 협조를 가정할 경우 A안은 총 260억 원, B안은 총
　 220억 원의 이득을 내므로 ASEM은 A안을 선택할 것이다.
④ A안이 선택되어 협조하는 경우 총이득이 260억 원으로, 협조
　 하지 않는 경우의 150억 원보다 이득을 더 많이 창출하므로
　 회원국들이 협조할 것으로 예상할 수 있다.
⑤ A안이 선택된 경우 다른 회원국들의 협조가 없다면 한국이 얻
　 을 수 있는 경제적 이익은 없다.

02　　　　　　　　　　　　　　　　　　　정답 ②

제시문은 세계 대공황의 원인으로 작용한 '보이지 않는 손'과 그에
대한 해결책으로 새롭게 등장한 케인스의 '유효수요이론'을 설명
하고 있다. 따라서 글의 주제로 가장 적절한 것은 '세계 대공황의
원인과 해결책'이다.

오답분석
① 세이 법칙의 이론적 배경에 대한 내용은 제시되지 않았다.

③・④ 유효수요이론은 해결책 중 하나로 언급되었으며, 일부에
　 지나지 않으므로 글 전체를 포괄하는 주제가 될 수 없다.
⑤ 고전학파 경제학자들이 주장한 '보이지 않는 손'은 세계 대공황
　 의 원인에 해당하므로 글 전체를 포괄하는 주제가 될 수 없다.

03　　　　　　　　　　　　　　　　　　　정답 ②

제시문은 조각보와 클레, 몬드리안의 비교에 대한 글이다. 따라서
(나) 조각보의 정의, 클레와 몬드리안의 비교가 잘못된 이유 - (가)
조각보는 클레와 몬드리안보다 100여 년 이상 앞서 제작된 작품이
며 독특한 예술성을 지니고 있음 - (다) 조각보가 아름답게 느껴지
는 이유는 일상 속에서 삶과 예술을 함께 담았기 때문의 순으로
나열하는 것이 가장 적절하다.

04　　　　　　　　　　　　　　　　　　　정답 ④

제시문은 인간의 신체 반응과 정서에 대한 제임스와 랑에의 견해
를 제시하고 이것이 시사하는 바를 설명하고 있다. 또한 이에 반하
는 캐넌과 바드의 견해를 제시하고 이를 통해 제임스와 랑에의 의
견이 한계가 있음에 대해 설명하고 있다. 따라서 (라) 인간의 신체
반응과 정서의 관계에 대한 제임스와 랑에의 견해 - (다) 제임스와
랑에의 견해가 시사하는 점 - (가) 제임스와 랑에의 견해에 반론을
제시한 캐넌과 바드 - (나) 캐넌과 바드의 견해에 따른 제임스와
랑에 이론의 한계 순으로 나열하는 것이 가장 적절하다.

05　　　　　　　　　　　　　　　　　　　정답 ②

세 번째 문단의 첫 문장에서 전자 감시는 파놉티콘의 감시 능력을
전 사회로 확장했다고 말하고 있으므로, 정보 파놉티콘은 발전된
감시 체계라고 할 수 있다. 따라서 결국에는 감시 체계 자체를 소
멸시킬 것이라는 추론은 적절하지 않다.

06　　　　　　　　　　　　　　　　　　　정답 ②

제시문에서는 OECD 회원국 가운데 꼴찌를 차지한 한국인의 부족
한 수면 시간에 대해 언급하며, 이로 인해 수면장애 환자가 늘어나
고 있음을 설명하고 있다. 또한 불면증, 수면무호흡증, 렘수면 행
동장애 등 다양한 수면장애를 설명하며, 이러한 수면장애들이 심
혈관계질환, 치매, 우울증 등의 원인이 될 수 있다는 점을 통해
심각성을 이야기한다. 마지막으로 수면장애를 방치해서는 안 되며,

전문적인 치료가 필요하다고 제시하고 있다. 따라서 이 글을 바탕으로 '한국인의 수면 시간'과 관련된 글을 쓴다고 할 때, 글의 주제로 적절하지 않은 것은 수면 마취제의 부작용과 관련된 내용이다.

07 정답 ①

제시문은 유전자 치료를 위해 프로브와 겔 전기영동법을 통해 비정상적인 유전자를 찾아내는 방법을 설명하고 있다.

08 정답 ③

제시문은 유명인 모델의 광고 중복 출연이 광고 효과가 크지 않음을 지적하며 광고 효과를 극대화하기 위한 방안을 제시하고 있다. 따라서 (나) 유명인 모델이 여러 광고에 중복 출연하는 것이 높은 광고 효과를 보장할 수 있는지 의문을 제기 – (가) (나)의 질문에 대한 대답으로, 유명인이 자신의 이미지와 상관없이 여러 상품 광고에 출연하면 광고 효과가 줄어들 수 있음을 언급 – (라) 유명인의 이미지가 여러 상품으로 분산되어 상품 간의 결합력을 떨어뜨린다는 내용으로 유명인 광고 중복 출연의 또 다른 단점을 제시 – (다) (가)와 (라)를 종합하여 유명인이 자신과 잘 어울리는 한 상품의 광고에만 지속적으로 나오는 것이 좋음의 순으로 나열하는 것이 적절하다.

09 정답 ⑤

도요타 자동차는 소비자의 관점이 아닌 생산자의 관점에서 문제를 해결하려다 소비자들의 신뢰를 잃게 됐다. 따라서 기업은 생산자가 아닌 소비자의 관점에서 문제를 해결하기 위해 노력해야 한다.

10 정답 ③

제시문의 마지막 문장에서 '언어 변화의 여러 면을 이해할 수 있다.'라고 언급했으므로 맨 앞에 나오는 문장은 일반적인 상위 진술인 ③ '접촉의 형식도 언어 변화에 영향을 미치는 요소로 지적되고 있다.'가 가장 적절함을 알 수 있다.

11 정답 ②

제시문은 인권 신장을 위해 빈곤 퇴치가 UN의 핵심적인 목표가 되어야 한다는 주장을 시작으로 UN과 시민사회의 긴밀한 협력 그리고 UN과 인도네시아 정부가 노력하여 평화와 독립 의지 실현을 이루길 바라는 내용을 담고 있다. 따라서 UN이 세계 평화와 번영을 위한 사명을 수행하는 것을 지지하는 ②가 결론으로 오는 것이 가장 적절하다.

오답분석

①·④ 구체적인 사실에 대한 논의이므로 결론의 내용으로 적절하지 않다.
③ 과제 제시와 해결 방안 모색을 촉구하는 내용이므로 서론에 적절하다.
⑤ 마지막 단락의 내용과 이어지지만 글의 전체적인 내용을 포괄하지 못하므로 결론으로 적절하지 않다.

12 정답 ③

감정선이 직선에 가까우면 솔직하고 감정 표현에 직설적이며, 곡선에 가까울수록 성격이 부드럽고 여성스럽다.

오답분석

① 월구가 발달하면 예술가의 기질이 많다.
② 두뇌선이 직선형이면 의사나 과학자 등 이공 계열과 맞다.
④ 수성구가 발달하면 사업적 기질이 풍부하다.
⑤ 금성구가 발달한 사람은 운동을 잘하며 정이 많다.

13 정답 ④

제시문은 미술 작품을 올바르게 감상하기 위해 우리가 지녀야 할 태도에 대해 언급하고 있다. 작품을 올바르게 이해하기 위해서는 기존의 편협한 사고방식이나 태도에 얽매이지 말고 나름대로의 날카로운 안목과 감수성을 길러야 함을 강조하고 있다.

14 정답 ④

'Ⅱ-2'의 항목을 보면 '미디어 교육의 중요성에 대한 인식 부족'을 미디어 교육의 장애 요소라고 하였으므로 미디어 교육의 활성화 방안으로 미디어 교육의 중요성에 대한 인식을 고취하는 내용을 제시해야 한다. 그러나 ⓔ에서는 '사이버 폭력에 대한 규제 강화'라는 항목을 제시하였으므로 'Ⅱ-2'의 항목을 고려한 것으로 볼 수 없다.

15 정답 ③

핵융합발전은 원자력발전에 비해 같은 양의 원료로 3~4배의 전기를 생산할 수 있다고 하였으나, 핵융합발전은 수소의 동위원소를 원료로 사용하는 반면 원자력발전은 우라늄을 원료로 사용한다. 즉, 전력 생산에 서로 다른 원료를 사용하므로 생산된 전력량으로 연료비를 서로 비교할 수 없다.

오답분석

① 핵융합 에너지는 화력발전을 통해 생산되는 전력 공급량을 대체하기 어려운 태양광에 대한 대안이 될 수 있으므로 핵융합발전이 태양열발전보다 더 많은 양의 전기를 생산할 수 있음을 추론할 수 있다.
② 원자력발전은 원자핵이 분열하면서 방출되는 에너지를 이용하며, 핵융합발전은 수소 원자핵이 융합해 헬륨 원자핵으로 바뀌는 과정에서 방출되는 에너지를 이용해 전기를 생산한다. 따라서 원자의 핵을 다르게 이용한다는 것을 알 수 있다.
④ 미세먼지와 대기오염을 일으키는 오염물질은 전혀 나오지 않고 헬륨만 배출된다는 내용을 통해 헬륨은 대기오염을 일으키는 오염물질에 해당하지 않음을 알 수 있다.
⑤ 발전장치가 꺼지지 않도록 정밀하게 제어하는 것이 중요하다는 내용을 통해 알 수 있다.

16 정답 ③

두 번째 문단에 따르면 농업경제의 역사에서 정원이 갖는 의미는 시대와 지역에 따라 매우 달랐으나, 여성들의 입장은 지역적인 편차가 없었으므로 ③은 '정원'에 대한 설명으로 적절하지 않다.

17 정답 ⑤

저맥락 문화는 멤버 간에 공유하고 있는 맥락의 비율이 낮고 개인주의와 다양성이 발달했다. 미국은 이러한 저맥락 문화의 대표국가로 선악의 확실한 구분, 수많은 말풍선을 사용한 스토리 전개 등이 특징이다. 다채로운 성격의 캐릭터 등장은 일본 만화의 특징이다.

18 정답 ①

두 번째 문단에서 '강한 핵력의 강도가 겨우 0.5% 다르거나 전기력의 강도가 4% 다를 경우에도 탄소나 산소는 우주에서 합성되지 않는다. 따라서 생명 탄생의 가능성도 사라진다.'라고 했으므로 탄소가 없어도 생명은 자연적으로 진화할 수 있다고 한 ①은 글을 지지하는 내용이 아니다.

19 정답 ②

개요의 흐름상 '전력 소비에 대한 잘못된 인식'은 '대기전력의 발생 원인'에 해당하므로 'Ⅱ-1'의 하위 항목으로 새로 추가하기보다는 'Ⅱ-1-1)'의 내용으로 들어가는 것이 적절하다.

20 정답 ③

'Ⅱ-2'에서는 나트륨 과다 섭취의 원인을 개인적 측면과 사회적 측면에서 나누어 제시하고 있으므로 ⓒ에는 사회적 측면에서의 원인이 들어가야 한다. ③의 '국과 찌개류를 즐겨 먹는 식습관'은 사회적 측면보다는 개인적 측면에 가까우므로 ⓒ에 들어갈 내용으로 적절하지 않다. 또한 'Ⅱ-3-2)'에서 제시하는 정부의 급식소를 확대해야 한다는 개선 방안에 대한 원인으로 보기도 어렵다.

제2영역 언어·수추리

01	02	03	04	05	06	07	08	09	10
③	④	③	⑤	①	③	④	②	①	⑤
11	12	13	14	15	16	17	18	19	20
①	④	②	④	④	②	③	③	③	②

01 정답 ③

마지막 조건에 따르면 필석이는 야구와 축구를 좋아하고, 세 번째 조건에 따르면 야구를 좋아하는 사람은 농구를 좋아한다고 했다. 그러므로 필석이는 농구와 축구, 야구를 좋아하고 볼링은 좋아하지 않는다. 또한 네 번째 조건의 대우를 통해 하나는 농구를 좋아하지 않는다는 것을 알 수 있다.

02 정답 ④

주어진 명제를 정리하면 다음과 같다.
• p : 근대화
• q : 전통 사회의 생활양식 변화
• r : 전통 사회의 고유성 유지
• s : 문화적 전통 확립
p → q, q → ~r, r → s이며, 두 번째 명제의 대우인 r → ~q가 성립함에 따라 '전통 사회의 고유성을 유지한다면 생활양식의 변화 없이 문화적 전통을 확립할 수 있다.'라는 명제는 반드시 참이된다.

03 정답 ③

명제가 참이면 대우 명제도 참이다. 즉, '유민이가 좋아하는 과일은 신혜가 싫어하는 과일이다.'가 참이면 '신혜가 좋아하는 과일은 유민이가 싫어하는 과일이다.'도 참이다. 따라서 신혜는 딸기를 좋아하고, 유민이는 사과와 포도를 좋아한다.

04 정답 ⑤

• 깔끔한 사람 → 정리정돈을 잘함 → 집중력이 좋음 → 성과 효율이 높음
• 주변이 조용함 → 집중력이 좋음 → 성과 효율이 높음
따라서 깔끔한 사람은 주변이 조용한지는 판단할 수 없다.

오답분석
① 세 번째 명제와 첫 번째 명제로 추론할 수 있다.
② 두 번째 명제와 네 번째 명제로 추론할 수 있다.
③ 세 번째 명제, 첫 번째 명제, 네 번째 명제로 추론할 수 있다.
④ 네 번째 명제의 대우와 두 번째 명제의 대우로 추론할 수 있다.

05
정답 ①

현명한 사람은 거짓말을 하지 않고, 거짓말을 하지 않으면 다른 사람의 신뢰를 얻는다. 따라서 현명한 사람은 다른 사람의 신뢰를 얻는다.

06
정답 ③

이동 시간이 긴 순서대로 나열하면 'D-B-C-A'이다. 이때 이동 시간은 거리가 멀수록 많이 소요된다고 하였으므로 서울과의 거리가 먼 순서에 따라 D는 강릉, B는 대전, C는 세종, A는 인천에서 근무하는 것을 알 수 있다.

07
정답 ④

돼지꿈을 꾼 다음 날 복권을 사는 사람들은 모두가 미신을 따르는 사람들이고, 미신을 따르는 사람 중 과학자는 없다. 따라서 돼지꿈을 꾼 다음 날 복권을 사는 사람이라면 과학자가 아니다.

08
정답 ②

• A의 진술이 참인 경우
 A가 1위, C가 2위이다. 그러면 B의 진술은 참이다. 따라서 B가 3위, D가 4위이다. 그러나 D가 C보다 순위가 낮음에도 C의 진술은 거짓이다. 이는 제시된 조건에 위배된다.
• A의 진술이 거짓인 경우
 제시된 조건에 따라 A의 진술이 거짓이라면 C는 3위 또는 4위일 것인데, 자신보다 높은 순위의 사람에 대한 진술이 거짓이므로 C는 3위, A는 4위이다. 그러면 B의 진술은 거짓이므로, D가 1위, B가 2위이다.
따라서 반드시 참인 것은 ②이다.

09
정답 ①

E의 말이 진실인 경우와 거짓인 경우로 나누어 보면 다음과 같다.
• E가 진실을 말하는 경우
 E와 C가 범인이므로, B의 말은 진실, A의 말은 거짓이 되고 C, D의 말은 진실이 된다.
• E가 거짓을 말하는 경우
 E와 C는 범인이 아니므로, B의 말은 거짓, A의 말은 거짓, C의 말과 D의 말은 각각 진실이 된다. 따라서 거짓을 말한 사람이 3명이 되므로 성립하지 않는다.
따라서 A만 거짓을 말하고 B, C, D, E는 진실을 말했다.

10
정답 ⑤

5명 중 1명만이 거짓말을 하고 있다는 조건이 가장 중요하다.
• A 또는 D가 거짓말을 하는 경우 : C가 거짓말을 하므로 모순이다.
• B가 거짓말을 하는 경우 : C와 D가 거짓말을 하므로 모순이다.
• C가 거짓말을 하는 경우 : E가 거짓말을 하므로 모순이다.
따라서 거짓말을 하고 있는 사람은 E임을 알 수 있다.

11
정답 ①

앞의 항에 $\times 9$, $+1.7$을 번갈아 적용하는 수열이다.
따라서 ( )$=-145 \times 9=-1,305$이다.

12
정답 ④

n을 자연수라고 하면 n항$\div(-2)+4=(n+1)$항인 수열이다.
따라서 ( )$=-16 \div (-2)+4=12$이다.

13
정답 ②

n을 자연수라고 하면 n항$\times 3-(n+1)$항이 $(n+2)$항인 수열이다.
따라서 ( )$=-23 \times 3-74=-143$이다.

14
정답 ④

n을 자연수라 하면 $(n+1)$항과 n항을 더하고 $+2$를 한 값이 $(n+2)$항이 되는 수열이다.
따라서 ( )$=48+29+2=79$이다.

15
정답 ④

-2, $\times 2$, -3, $\times 3$, -4, $\times 4$, …인 규칙으로 이루어진 수열이다.
따라서 ( )$=35 \times 4=140$이다.

16
정답 ②

앞의 항에 $+10$, -8이 번갈아 가며 적용되는 수열이다.
따라서 ( )$=13+10=23$이다.

17
정답 ③

나열된 수를 각각 A, B, C라고 하면
$\underline{A \ B \ C} \rightarrow (A+B) \times 2=C$이다.
따라서 ( )$=(2+4) \times 2=12$이다.

18
정답 ③

나열된 수를 각각 A, B, C 라고 하면
$\underline{A\ B\ C} \to A + B + C = 53$이다.
따라서 ( ) $= 53 - (20 + 7) = 26$이다.

19
정답 ③

분자와 분모의 합이 500인 수열이다.
따라서 ③은 분자와 분모의 합이 500이므로 정답이다.

20
정답 ②

(앞의 항)×3−2=(뒤의 항)인 수열이다.
따라서 ( ) $= 34 \times 3 - 2 = 102 - 2 = 100$이다.

제3영역 수리

01	02	03	04	05	06	07	08	09	10
⑤	③	④	③	②	②	④	⑤	②	③
11	12	13	14	15	16	17	18	19	20
②	⑤	③	④	②	②	③	④	①	③

01
정답 ⑤

처음 퍼낸 설탕물의 양을 xg이라 하면 다음과 같은 식이 성립한다.
(농도 4% 설탕물의 양)$= 400 - (300 - x) + x = 100$g
$\dfrac{8}{100} \times (300 - x) + \dfrac{4}{100} \times 100 = \dfrac{6}{100} \times 400$
$\to 2,400 - 8x + 400 = 2,400$
$\to 8x = 400$
$\therefore x = 50$
따라서 처음 퍼낸 설탕물은 50g이다.

02
정답 ③

경주용 차 B의 속력을 $x$km/h라고 하면 2시간 만에 경주용 차 A와 한 바퀴 차이가 나므로 다음 식이 성립한다.
$2x - 400 = 6$
$\therefore x = 203$
따라서 경주용 차 B의 속력은 203km/h이다.

03
정답 ④

우유 1팩의 정가를 x원이라고 하면 다음과 같은 식이 성립한다.
$0.8(x + 800) = 2,000$
$\to 0.8x = 1,360$
$\therefore x = 1,700$
따라서 우유 1팩의 정가는 1,700원이다.

04
정답 ③

장난감 A기차와 B기차가 터널을 완전히 지났을 때의 이동거리는 터널의 길이에 기차의 길이를 더한 값이다. A, B기차의 길이를 각각 $a$cm, $b$cm로 가정하고, 터널을 나오는 데 걸리는 시간에 대한 방정식을 세우면 다음과 같다.
• A기차 길이 : $12 \times 4 = 30 + a \to 48 = 30 + a \to a = 18$
• B기차 길이 : $15 \times 4 = 30 + b \to 60 = 30 + b \to b = 30$
따라서 A, B기차의 길이는 각각 18cm, 30cm이며, 합은 48cm이다.

05

정답 ②

그릇, 책, 책장의 개당 무게를 각각 x, y, $z$kg이라고 하자.

$3x+8y=2z \cdots \bigcirc$

$5y+z=3x \cdots \bigcirc$

$\bigcirc$과 $\bigcirc$을 연립하면 $z=13y$이고, 이를 $\bigcirc$에 대입하면 $18y=3x$

→ $x=6y$이다.

그릇 2개와 책장 1개의 무게는 $2x+z$이다.

따라서 $12y+13y=25y$이고, 책 25권의 무게와 같다.

06

정답 ②

가위바위보 게임에서 A가 이긴 횟수를 x회, 진 횟수를 y회라고 하면 A가 받은 금액은 다음과 같다.

$10 \times x - 7 \times y = 49 - 20$

→ $10x - 7y = 29 \cdots \bigcirc$

B가 받은 금액은 다음과 같다.

$10 \times y - 7 \times x = 15 - 20$

→ $-7x + 10y = -5 \cdots \bigcirc$

$\bigcirc$과 $\bigcirc$을 연립하면 다음과 같다.

$100x - 49x = 290 - 35$

→ $51x = 255$

∴ $x = 5$

따라서 A는 5회 이겼다.

07

정답 ④

같은 양의 물건을 k라고 하면 갑, 을, 병 1명이 하루에 사용하는 양은 각각 $\dfrac{k}{30}$, $\dfrac{k}{60}$, $\dfrac{k}{40}$ 이며, 3명이 함께 하루 동안 사용하는 양은 $\dfrac{k}{30} + \dfrac{k}{60} + \dfrac{k}{40} = \dfrac{9k}{120} = \dfrac{3k}{40}$ 이다.

3명에게 나누어 줄 물건의 양을 합하면 $3k$이며, $3k$의 물건을 세 3명이 하루에 사용하는 양으로 나누면 $3k \div \dfrac{3k}{40} = 40$이다.

따라서 3명이 함께 모두 사용하는데 걸리는 시간은 40일이다.

08

정답 ⑤

선택지에 해당되는 연도의 고용률과 실업률의 차이는 다음과 같다.

• 2017년 : $40.4 - 7.6 = 32.8\%$p

• 2018년 : $40.3 - 7.5 = 32.8\%$p

• 2021년 : $41.2 - 9.1 = 32.1\%$p

• 2023년 : $42.1 - 9.8 = 32.3\%$p

• 2024년 : $42.7 - 9.5 = 33.2\%$p

따라서 2024년 고용률과 실업률의 차이가 가장 크다.

09

정답 ②

곡류의 수입 물량은 2021년과 2022년 사이에 증가하였고, 수입 금액은 2022년과 2023년 사이에 감소하였다.

오답분석

① 2019년 대비 2024년의 농산물 전체 수입 물량은 $\dfrac{3,430 - 2,450}{2,450} \times 100 = 40\%$ 증가하였다.

③ 2019년 대비 2024년의 과실류 수입 금액은 $\dfrac{175 - 50}{50} \times 100 = 250\%$ 급증하였다.

④ 곡류, 과실류, 채소류의 2019년과 2024년의 수입 물량 차이를 구하면 다음과 같다.

• 곡류 : $1,520 - 1,350 = 170$만 톤

• 과실류 : $130 - 65 = 65$만 톤

• 채소류 : $110 - 40 = 70$만 톤

따라서 곡류가 가장 많이 증가했다.

⑤ 2020 ~ 2024년 동안 과실류와 채소류 수입 금액의 전년 대비 증감추이는 '증가 – 감소 – 증가 – 감소 – 증가'로 같다.

10

정답 ③

2024년 말 기준으로 가맹점 수는 52개점이다. 2024년도에 11개점이 개업을 하고 5개점이 폐업을 하였으므로 2023년 말 가맹점 수는 $52 - (11-5) = 46$개점이다. 이러한 방식으로 계산하면 다음과 같은 결과를 얻을 수 있다.

• 2023년 말 : $52 - (11-5) = 46$개점

• 2022년 말 : $46 - (1-6) = 51$개점

• 2021년 말 : $51 - (0-7) = 58$개점

• 2020년 말 : $58 - (5-0) = 53$개점

• 2019년 말 : $53 - (1-2) = 54$개점

따라서 가장 많은 가맹점을 보유하고 있었던 시기는 58개점인 2021년 말이다.

11

정답 ②

전년 대비 국·영·수의 월 최대 수강자 수가 증가한 해는 2020년과 2024년이고, 증가율은 다음과 같다.

• 2020년 : $\dfrac{388 - 368}{368} \times 100 ≒ 5.4\%$

• 2024년 : $\dfrac{381 - 359}{359} \times 100 ≒ 6.1\%$

따라서 증가율은 2024년이 가장 높다.

오답분석

ㄱ. 2021년 국·영·수의 월 최대 수강자 수는 전년 대비 감소했지만, 월 평균 수강자 수는 전년에 비해 증가하였다.

ㄴ. 2021년은 전년에 비해 월 최대 수강자 수가 감소했지만, 월 평균 수업료는 증가하였다.

ㄹ. 2019 ~ 2024년까지 월 평균 수강자 수가 국·영·수 과목이 최대, 최소인 해는 각각 2021년, 2019년이고, 탐구는 2022년, 2020년이다.

12

정답 ⑤

ㄱ. 2022년 대비 2024년 의사 수의 증가율은 $\frac{11.40-10.02}{10.02}\times$

$100 \fallingdotseq 13.77\%$이며, 간호사 수의 증가율은 $\frac{19.70-18.60}{18.60}\times$

$100 \fallingdotseq 5.91\%$이다.

따라서 의사 수의 증가율은 간호사 수의 증가율보다 $13.77-5.91=7.86$%p 높다.

ㄷ. 2015 ~ 2019년 동안 의사 한 명당 간호사 수를 구하면 다음과 같다.

- 2015년 : $\frac{11.06}{7.83} \fallingdotseq 1.41$명
- 2016년 : $\frac{11.88}{8.45} \fallingdotseq 1.40$명
- 2017년 : $\frac{12.05}{8.68} \fallingdotseq 1.38$명
- 2018년 : $\frac{13.47}{9.07} \fallingdotseq 1.48$명
- 2019년 : $\frac{14.70}{9.26} \fallingdotseq 1.58$명

따라서 2019년도의 의사 한 명당 간호사 수가 약 1.58명으로 가장 많다.

ㄹ. 2018 ~ 2021년까지 간호사 수 평균은

$\frac{13.47+14.70+15.80+18.00}{4} \fallingdotseq 15.49$만 명이다.

오답분석

ㄴ. 2016 ~ 2024년 동안 전년 대비 의사 수 증가량이 2천 명 이하인 해는 2019년이며, 2019년의 의사와 간호사 수의 차이는 $14.7-9.26=5.44$만 명이다.

13

정답 ③

A국가의 하층 비율 증가 폭은 $59-26=33$%p이고, B국가의 증가 폭은 $66-55=11$%p이다.

오답분석

① A국가의 상층 비율은 11%p 증가하였다.
② 중층 비율은 A국가에서 44%p, B국가에서 17%p 감소하였다.
④ B국가는 2004년과 2024년 모두 하층 비율이 가장 높다.
⑤ 2004년 대비 2024년 B국가의 하층 비율의 증가율

: $\frac{66-55}{55}\times100=20\%$

14

정답 ④

전체 보육교직원 중 원장이 차지하는 비율을 구하면

$\frac{39,546}{248,635}\times100 \fallingdotseq 15.9\%$이다.

따라서 나머지 인원이 차지하는 비율은 $100-15.9=84.1\%$이다.

15

정답 ②

전년 대비 소각 증가율은 다음과 같다.

- 2022년 : $\frac{11,604-10,609}{10,609}\times100 \fallingdotseq 9.4\%$
- 2023년 : $\frac{12,331-11,604}{11,604}\times100 \fallingdotseq 6.3\%$

전년 대비 2022년도 소각 증가율은 2023년 소각 증가율의 2배인 약 12.6%보다 작으므로 옳지 않다.

오답분석

① 매년 재활용량은 전체 생활 폐기물 처리량 중 50% 이상을 차지한다.
③ 5년간 소각량 대비 매립량 비율은 다음과 같다.

- 2020년 : $\frac{9,471}{10,309}\times100 \fallingdotseq 91.9\%$
- 2021년 : $\frac{8,797}{10,609}\times100 \fallingdotseq 82.9\%$
- 2022년 : $\frac{8,391}{11,604}\times100 \fallingdotseq 72.3\%$
- 2023년 : $\frac{7,613}{12,331}\times100 \fallingdotseq 61.7\%$
- 2024년 : $\frac{7,813}{12,648}\times100 \fallingdotseq 61.8\%$

따라서 매년 소각량 대비 매립량 비율은 60% 이상임을 알 수 있다.

④ 2020년부터 2023년까지 매립량은 감소하고 있다.
⑤ 2024년 재활용된 폐기물량 비율은 $\frac{30,454}{50,915}\times100 \fallingdotseq 59.8\%$로

2020년 소각량 비율 $\frac{10,309}{50,906}\times100 \fallingdotseq 20.3\%$의 3배인 60.9%보다 작으므로 옳다.

16

정답 ②

직급별 사원 수를 알 수 없으므로 전 사원의 주 평균 야근 빈도는 구할 수 없다.

오답분석

① 자료를 통해 알 수 있다.
③ 0.2시간은 $60분\times0.2=12$분이다. 따라서 4.2시간은 4시간 12분이다.
④ 대리급 사원은 주 평균 1.8일 야근을 하고 주 평균 6.3시간을 야간 근무하므로, 야근 1회 시 $6.3\div1.8=3.5$시간 근무로 가장 긴 시간 동안 일한다.
⑤ 0.8시간은 48분이므로 조건에 따라 1시간으로 야근수당을 계산한다. 따라서 과장급 사원의 주 평균 야근 시간은 5시간이므로 $5\times10,000원=50,000원$을 받는다.

17 정답 ③

자기계발 과목에 따라 해당되는 지원 금액과 신청 인원은 다음과 같다.

구분	영어회화	컴퓨터 활용	세무회계
지원 금액	70,000원×0.5 =35,000원	50,000원×0.4 =20,000원	60,000원×0.8 =48,000원
신청 인원	3명	3명	3명

교육프로그램마다 3명씩 지원했으므로, 지원하는 총교육비는 $(35,000+20,000+48,000) \times 3 = 309,000$원이다.

18 정답 ④

2023년 하반기 대출·금융 이메일 스팸 비율은 전년 동기 대비 $7.9 \div 1.9 \fallingdotseq 4.16$배 증가하였다.

오답분석

① · ③ 제시된 자료를 통해 확인할 수 있다.

② 2022년 상반기와 2024년 하반기의 전체 이메일 스팸 수신량이 제시되지 않았으므로 비율을 통해 비교할 수 없다.

⑤ 2022년 상반기 대비 2024년 상반기 성인 이메일 스팸 비율 증가율은 $\dfrac{19.2-14.8}{14.8} \times 100 \fallingdotseq 29.7\%$이다.

19 정답 ①

(초·중·고등학교 학생의 사교육 참여율의 합)÷3+2=(전체 학생의 사교육 참여율)이므로 2019년 전체 학생의 사교육 참여율은 $(88+72.5+53.4) \div 3 + 2 = 73.3$이다.

20 정답 ③

남자는 전체의 60%이므로 300명, 여자는 200명이다.

• 41 ~ 50회를 기록한 남자 수 : $\dfrac{35}{100} \times 300 = 105$명

• 11 ~ 20회를 기록한 여자 수 : $\dfrac{17}{100} \times 200 = 34$명

따라서 둘의 차이는 $105-34=71$명이다.

01	02	03	04	05	06	07	08	09	10	11	12	13	14	15					
③	①	②	①	⑤	④	③	③	③	④	②	⑤	③	①	②					

01

정답 ③

A : 색 반전
B : 도형만 좌우 위치 변경
C : 대각 방향으로 도형 및 색상 이동

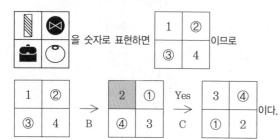

02

정답 ①

A : 시계 방향으로 도형 및 색상 한 칸 이동
B : 색 반전
C : 시계 반대 방향으로 도형 및 색상 한 칸 이동

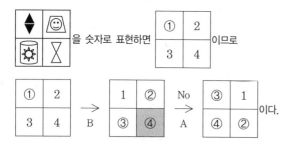

03

정답 ②

A : 시계 방향으로 도형 및 색상 한 칸 이동
B : 색 반전
C : 시계 반대 방향으로 도형 및 색상 한 칸 이동

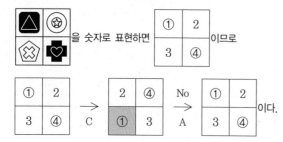

04

A : 도형 및 색상 좌우 위치 변경
B : 도형 및 색상 상하 위치 변경
C : 대각 방향으로 도형 위치 변경 및 색 반전

05

A : 도형 및 색상 좌우 위치 변경
B : 도형 및 색상 상하 위치 변경
C : 대각 방향으로 도형 위치 변경 및 색 반전

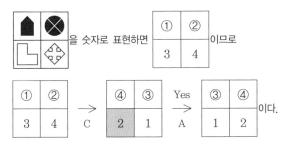

06

A : 시계 반대 방향으로 도형만 한 칸 이동
B : 색 반전
C : 도형 및 색상 상하 위치 변경

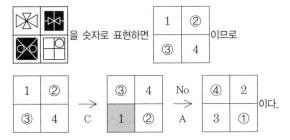

07

A : 시계 반대 방향으로 도형만 한 칸 이동
B : 색 반전
C : 도형 및 색상 상하 위치 변경

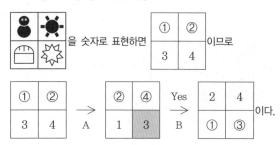

08

A : 시계 반대 방향으로 한 칸 이동

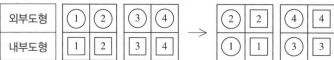

B : 왼쪽 외부도형과 왼쪽 내부도형 위치 변경

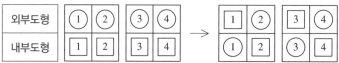

C : 오른쪽 내부도형과 왼쪽 외부도형 위치 변경

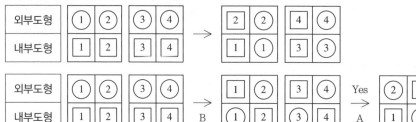

09

A : 시계 반대 방향으로 한 칸 이동

B : 왼쪽 외부도형과 왼쪽 내부도형 위치 변경

C : 오른쪽 내부도형과 왼쪽 외부도형 위치 변경

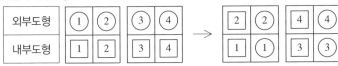

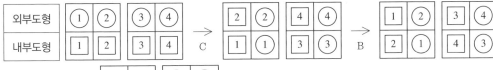

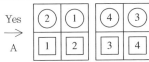

10

A : 오른쪽 외부도형과 왼쪽 내부도형 위치 변경

B : 같은 쪽끼리 외부도형과 내부도형 위치 변경

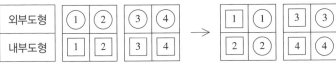

C : 시계방향으로 한 칸 이동

11

A : 오른쪽 외부도형과 왼쪽 내부도형 위치 변경

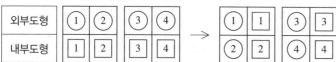

B : 같은 쪽끼리 외부도형과 내부도형 위치 변경

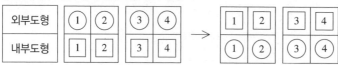

C : 시계방향으로 한 칸 이동

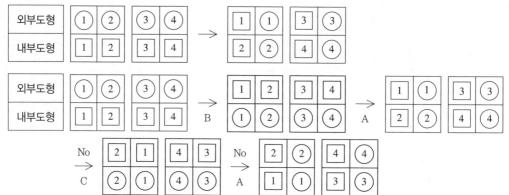

12

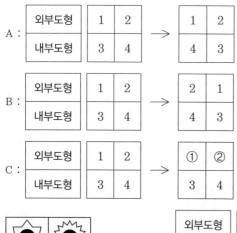

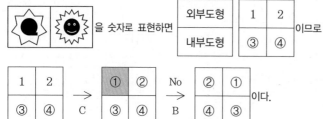

A :

외부도형	1	②
내부도형	③	4

→

②	1
4	③

B :

외부도형	①	2
내부도형	3	④

→

1	②
③	4

C :

외부도형	①	②
내부도형	3	4

→

1	2
3	4

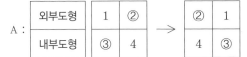

을 숫자로 표현하면

외부도형	1	②
내부도형	③	4

이므로

1	②
③	4

→ B

①	2
3	④

No → C

1	②
3	④

이다.

A :

외부도형	1	②
내부도형	③	4

→

1	②
4	③

B :

외부도형	①	2
내부도형	3	④

→

2	①
④	3

C :

외부도형	①	2
내부도형	3	④

→

2	①
3	④

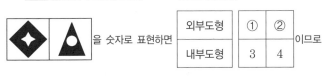

을 숫자로 표현하면

외부도형	①	②
내부도형	3	4

이므로

①	②
3	4

→ C

②	①
3	4

Yes → A

②	①
4	3

이다.

A :

외부도형	1	②
내부도형	③	4

→

③	4
1	②

B :

외부도형	1	2
내부도형	③	④

→

2	1
③	④

을 숫자로 표현하면

외부도형	①	2
내부도형	3	④

이므로

①	2
3	④

→ A →

3	④
①	2

→ B →

④	3
①	2

이다.

4일 차 기출응용 모의고사 정답 및 해설

제1영역 언어

01	02	03	04	05	06	07	08	09	10
④	⑤	③	③	③	④	①	④	③	②
11	12	13	14	15	16	17	18	19	20
④	④	②	④	②	①	③	⑤	⑤	⑤

01
정답 ④

임마누엘 칸트는 단순히 이 세상의 행복을 얻으려는 욕심의 지배를 받아 이를 실천의 원리로 삼는 것을 악으로 규정했을 뿐, 행복 그 자체를 악으로 판단하진 않았다.

02
정답 ⑤

제시문에서 말하는 '단순한 수행자'는 자발적 독서가 갖는 의미와 만족감이 훼손된 채로 보상체계에 의해 독서를 하는 학생들을 일컫는다. 따라서 책을 잘 읽지 않는 학생들은 아직 보상에 의한 독서로 유인되지 못한 상태이기 때문에 수행자의 위치에 있다고조차 할 수 없다.

03
정답 ③

제시문은 민요의 시김새가 무엇인지 설명하고 있다. 또한 시김새가 '삭다'라는 말에서 나온 단어라고 서술하고 있다. 따라서 글의 주제는 시김새의 정의와 어원이라고 할 수 있다.

04
정답 ③

제시문은 환율과 관련된 경제 현상을 설명한 것으로, 환율은 기초 경제 여건을 반영하여 수렴된다는 (가) 문단이 먼저 오는 것이 적절하며, '그러나' 환율이 예상과 다르게 움직이는 경우가 있다는 (라) 문단이 그 뒤에 와야 한다. 다음으로 이러한 경우를 오버슈팅으로 정의하는 (나) 문단이, 그 뒤를 이어 오버슈팅이 발생하는 원인인 (다) 문단이 오는 것이 가장 적절하다.

05
정답 ③

제시문은 풀기 어려운 문제에 둘러싸인 기업적 · 개인적 상황을 제시하고, 위기의 시대임을 언급하고 있다. 그리고 그 위기를 이겨내는 자가 성공하는 자가 될 수 있음을 말하며, 위기를 이겨내기 위해서 지혜가 필요하다는 것에 대해 설명하고 있다. 따라서 (나) 풀기 어려운 문제에 둘러싸인 현재의 상황 – (라) 위험과 기회라는 이중의미를 가지는 '위기' – (다) 위기를 이겨내는 것이 필요 – (가) 위기를 이겨내기 위한 지혜와 성공이라는 결과 순으로 나열하는 것이 가장 적절하다.

06
정답 ④

아이들이 따뜻한 구들에 누워 자는 것이 습관이 되어 사지의 활동량이 적어 발육이 늦어진 것이지, 체온을 높였기 때문에 발육이 늦어진 것은 아니다.

오답분석
① · ③ 두 번째 문단 두 번째 줄을 통해 알 수 있다.
② 두 번째 문단 세 번째 줄을 통해 알 수 있다.
⑤ 두 번째 문단 마지막 줄을 통해 알 수 있다.

07
정답 ①

사카린은 설탕보다 당도가 약 500배 정도 높고, 아스파탐의 당도는 설탕보다 약 200배 이상 높다. 따라서 사카린과 아스파탐 모두 설탕보다 당도가 높고, 사카린은 아스파탐보다 당도가 높다.

오답분석
② 사카린은 화학 물질의 산화 반응을 연구하던 중에, 아스파탐은 위궤양 치료제를 개발하던 중에 우연히 발견되었다.
③ 사카린은 무해성이 입증되어 미국 FDA의 인증을 받았고, 현재도 설탕의 대체재로 사용되고 있다.
④ 미국의 설탕, 옥수수 시럽, 기타 천연당의 1인당 연평균 소비량인 140파운드는 중국보다 9배 많은 수치이므로, 중국의 소비량은 약 15파운드였을 것이다.
⑤ 아스파탐은 미국 암협회가 안전하다고 발표했지만, 이탈리아의 과학자가 쥐를 대상으로 한 실험에서 암을 유발한다고 내린 결론 때문에 논란이 끊이지 않고 있다.

08 정답 ④

① 조성은 음악에서 화성이나 멜로디가 하나의 음 또는 하나의 화음을 중심으로 일정한 체계를 유지하는 것이다.
② 무조 음악은 조성에서 벗어나 자유롭게 표현하고자 한 것이므로, 발전한 형태라고 말할 수 없다.
③ 무조 음악은 한 옥타브 안의 음 각각에 동등한 가치를 두었다.
⑤ 쇤베르크의 12음 기법은 무조 음악이 지닌 자유로움에 조성의 체계성을 더하고자 탄생한 기법이다.

09 정답 ③

제시문에 따르면 역사의 가치는 변하는 것이며, 시대나 사회의 흐름에 따라 달라지는 상대적인 것이다.

10 정답 ②

직장에서의 프라이버시 침해 위협에 대해 우려하는 것이 제시문의 논지이므로 ②는 글의 내용과 부합하지 않는다.

11 정답 ④

두 번째 문단에서 마이크로비드는 '면역체계 교란, 중추신경계 손상 등의 원인이 되는 잔류성 유기오염물질을 흡착한다.'라고 설명하고 있다.

12 정답 ④

제시문은 「한글 맞춤법」 총칙 제1항의 내용을 소개하면서 이를 통해 '한글 맞춤법'의 원리를 개괄적으로 설명하고 있다. 「한글 맞춤법」 총칙 제1항이 어떤 의미를 가지고 있는지를 예를 통해 분석하여 소개한 뒤, 표준어를 어떻게 적어야 하는지에 대해 설명하고 있다.

13 정답 ②

제시문은 언어가 주변 지역으로 전파되는 원리 중 한 가지인 파문설을 소개하고 이것에서 사용되는 용어와 이에 대한 구체적인 설명을 하고 있다. 따라서 (다) 언어가 주변 지역으로 퍼져 나가는 원리 - (가) 이러한 원리대로 언어의 전파 과정을 설명하는 파문설 - (라) 파문설에서 사용되는 용어 - (나) 파문설에서 사용되는 용어의 구체적인 설명 순으로 나열하는 것이 가장 적절하다.

14 정답 ④

제시문은 '본성 대 양육 논쟁'에 대해 설명하고 있다. 따라서 (나) '본성 대 양육 논쟁'이라는 화제를 제기 - (다)의 '이러한 추세'가 가리키는 것이 (나)에서 언급한 '양육쪽이 일방적인 승리를 거두게 된 것' - (라) 첫 번째 문장, '더욱이'는 앞 내용과 연결되는 내용을 덧붙여 앞뒤 문장을 이어주는 말 - (가) 본성과 양육 논쟁의 가열을 전망하면서 본성과 양육 모두 인간 행동에 필수적인 요인 순으로 나열하는 것이 가장 적절하다.

15 정답 ②

제시문에서 옵트인 방식은 수신 동의 과정에서 발송자와 수신자 양자에게 모두 비용이 발생한다고 했으므로 수신자의 경제적 손실을 막을 수 있다는 ②의 내용은 옳지 않다.

16 정답 ①

각각 두 번째 문단과 마지막 문단에서 확인할 수 있다.

ⓒ · ⓔ 네 번째 문단에서 악보로 정리된 시나위를 연주하는 것은 시나위 본래 취지에 어긋난다는 내용과 두 번째 문단에서 곡의 일정한 틀은 유지한다는 내용을 보면 즉흥성을 잘못 이해한 것을 알 수 있다.

17 정답 ③

첫 번째 문단 여섯 번째 줄의 '이들이 문제 삼는 ~ 허용될 수 있다.'에서 알 수 있다.

① ㉠은 이성이나 언어 능력에서 인간과 동물의 차이가 있더라도 동물실험이 정당화되는 것은 아니라고 주장한다. 따라서 인간과 동물의 언어와 이성 능력 차이를 부정하는 것은 아니다.
② ㉡은 각 동물 개체가 삶의 주체로서 가치를 지닌다고 보지만, 그 이유가 동물이 고통을 느낄 수 있는 존재이기 때문은 아니다.
④ ㉡은 각 동물 개체가 삶의 주체로서 가치를 지니고 실험에 이용되지 않을 권리가 있다고 보며, 인간과 동물의 차이에 대하여 언급한 부분은 없다.
⑤ ㉠과 ㉡ 모두 인간과 동물의 차이에 집중하고 있지 않다.

18
정답 ⑤

현존하는 가장 오래된 실록은 전주에 전주 사고에 보관되어 있던 것으로, 강화도 마니산에 봉안되었다가 1936년 병자호란에 의해 훼손된 것을 현종 때 보수하여 숙종 때 강화도 정족산에 다시 봉안했다가 현재 서울대학교에서 보관하고 있다.

오답분석
① 원본을 포함해 모두 5벌의 실록을 갖추게 되었으므로 재인쇄하였던 실록은 모두 4벌이다.
② 강원도 태백산에 보관하였던 실록은 서울대에 있다.
③ 현재 한반도에 남아 있는 실록은 강원도 태백산, 강화도 정족산, 장서각의 것으로 모두 3벌이다.
④ 적상산에 보관하였던 실록은 구황국 장서각으로 옮겨졌으며, 이는 6 · 25 전쟁 때 북한으로 옮겨져 현재 김일성종합대학에서 소장하고 있다.

19
정답 ⑤

'세계화의 바람직한 방향'이라는 문단에서는 '세계 시민으로서 책무를 다루어야 하겠지만, 세계화가 곧 주체성 상실로 나아가서는 안 된다.'라는 경계의 내용도 포함하여 담고 있는 것이 좋다.

20
정답 ⑤

'무분별한 개발로 훼손되고 있는 도시 경관'은 지역 내 휴식 공간 조성을 위한 해결 방안으로 보기 어려우며, 휴식 공간 조성의 장애 요인으로도 볼 수 없다. 따라서 ⑩은 ⑤와 같이 위치를 변경하는 것보다 개요에서 삭제하는 것이 적절하다.

제2영역 언어 · 수추리

01	02	03	04	05	06	07	08	09	10
①	⑤	④	③	⑤	④	④	④	③	⑤
11	12	13	14	15	16	17	18	19	20
②	②	②	②	①	⑤	②	②	③	③

01
정답 ①

'병원을 가지 않음 → 사고가 나지 않음, 무단 횡단을 함 → 병원에 감'에서 주어진 명제가 성립하려면 '무단 횡단을 하면 사고가 난다.'라는 명제가 필요하다. 따라서 이 명제의 대우 명제인 ①이 적절하다.

02
정답 ⑤

승원이가 연호와 같은 강의를 선택했다고 해도, 과목에 대한 선호가 같은지는 알 수 없다. 또한 연호의 사회에 대한 선호를 평가할 수 있는 근거는 없다.

03
정답 ④

두 번째 내용에 따라 둘째 날에는 2시간 또는 1시간 30분의 발 마사지 코스를 선택할 수 있다.
• 둘째 날에 2시간의 발 마사지 코스를 선택하는 경우
  첫째 날에는 2시간, 셋째 날에는 1시간, 넷째 날에는 1시간 30분 동안 발 마사지를 받는다.
• 둘째 날에 1시간 30분의 발 마사지 코스를 선택하는 경우
  첫째 날에는 2시간, 셋째 날에는 30분, 넷째 날에는 1시간 또는 1시간 30분 동안 발 마사지를 받는다.
따라서 현수는 셋째 날에 가장 짧은 마사지 코스를 선택하였다.

04
정답 ③

주어진 내용에 따라 A ~ E의 시험 결과를 정리하면 다음과 같다.

구분	맞힌 문제의 수	틀린 문제의 수
A	19개	1개
B	10개	10개
C	20개	0개
D	9개 이하	11개 이상
E	16개 이상 19개 이하	1개 이상 4개 이하

따라서 B는 D보다 많은 문제의 답을 맞혔지만, E보다는 적게 답을 맞혔다.

05
정답 ⑤

발견 연도를 토대로 정리하면 목걸이는 100년 전에 발견되어 제시된 왕의 유물 중 가장 먼저 발견되었다. 또한 신발은 목걸이와 편지보다 늦게 발견되었으나 반지보다 먼저 발견되었고, 초상화는 가장 최근에 발견되었다. 따라서 왕의 유물을 발견된 순서대로 나열하면 '목걸이 – 편지 – 신발 – 반지 – 초상화'가 된다.

06
정답 ④

B를 주문한 손님들만 D를 추가로 주문할 수 있으므로 A를 주문한 사람은 D를 주문할 수 없다. 즉, 이와 같은 결론은 ④이다.

07
정답 ④

A와 C의 진술은 서로 모순되므로 동시에 거짓이거나 참일 경우 성립하지 않는다. 또한 A가 거짓인 경우 불참한 스터디원이 2명 이상이 되므로 A는 반드시 참이어야 한다. 그러므로 성립 가능한 경우는 다음과 같다.
• B와 C가 거짓인 경우
  A와 C, E는 스터디에 참석했으며 B와 D가 불참하였으므로 B와 D가 벌금을 내야 한다.
• C와 D가 거짓인 경우
  A와 D, E는 스터디에 참석했으며 B와 C가 불참하였으므로 B와 C가 벌금을 내야 한다.
• C와 E가 거짓인 경우
  불참한 스터디원이 C, D, E 3명이 되므로 성립하지 않는다.
따라서 B와 D 또는 B와 C가 함께 벌금을 내야 한다.

08
정답 ④

진실을 말하는 사람이 1명뿐인데, 만약 E의 말이 거짓이라면 5명 중에 먹은 사과의 개수가 겹치는 사람은 없어야 한다. 그런데 먹은 사과의 개수가 겹치지 않고 5명이 12개의 사과를 나누어 먹는 것은 불가능하다. 따라서 E의 말은 참이고, A, B, C, D의 말은 거짓이므로 이를 정리하면 다음과 같다.
• A보다 사과를 적게 먹은 사람이 있다.
• B는 사과를 3개 이상 먹었다.
• C는 D보다 사과를 많이 먹었고, B보다 사과를 적게 먹었다.
• 사과를 가장 많이 먹은 사람은 A가 아니다.
• E는 사과를 4개 먹었고, 먹은 사과의 개수가 같은 사람이 있다.
E가 먹은 개수를 제외한 나머지 사과의 개수는 모두 8개이고, D<C<B(3개 이상)이며, 이 중에서 A보다 사과를 적게 먹은 사람이 있어야 한다. 이를 모두 충족시키는 먹은 사과 개수는 B 3개, C 2개, D 1개, A 2개이다.
따라서 사과를 가장 많이 먹은 사람은 E, 가장 적게 먹은 사람은 D이다.

09
정답 ③

B와 D는 상반된 이야기를 하고 있다. 만일 B가 참이고 D가 거짓이라면 합격자는 C, D가 되는데 합격자는 1명이어야 하므로 모순이다. 따라서 B는 거짓을 말했고 합격자는 C이다.

10
정답 ⑤

A와 C의 성적 순위에 대한 B와 E의 진술이 서로 엇갈리고 있으므로, B의 진술이 참인 경우와 E의 진술이 참인 경우로 나누어 생각해 본다.
• B의 진술이 거짓이고 E의 진술이 참인 경우
  B가 거짓을 말한 것이 되어야 하므로 'B는 E보다 성적이 낮다.'도 거짓이 되어야 하는데, 만약 B가 E보다 성적이 높다면 A의 진술 중 'E는 1등이다.' 역시 거짓이 되어야 하므로 거짓이 2명 이상이 되어 모순이다. 그러므로 B의 진술이 참이어야 한다.
• B의 진술이 참이고 E의 진술이 거짓인 경우
  1등은 E, 2등은 B, 3등은 D, 4등은 C, 5등은 A가 되므로 모든 조건이 성립한다.
따라서 바르게 추론한 것은 'D가 3등이다'인 ⑤이다.

11
정답 ②

홀수 항에는 $+0.5$, $+1.5$, $+2.5$ …를, 짝수 항에는 $+\frac{1}{2}$, $+\frac{1}{4}$, $+\frac{1}{6}$ …을 적용하는 수열이다.
따라서 (　)$=-5+0.5=-4.5$이다.

12
정답 ②

항을 3개씩 묶고 각각 A, B, C라고 하면
$\underline{A\ B\ C} \rightarrow A-B=C$이다.
따라서 (　)$=20-12=8$이다.

13
정답 ②

앞의 항에 1, 2, 3, 4, …씩 곱하는 수열이다.
따라서 (　)$=\frac{4}{3}\times2=\frac{8}{3}$이다.

14
정답 ②

나열된 수를 각각 A, B, C라고 하면
$\underline{A\ B\ C} \rightarrow A^2+B^2=C$이다.
따라서 (　)$=1+25=26$이다.

15 정답 ①

n을 자연수라고 하면, n항은 $\dfrac{n \times 6}{n+7}$의 규칙을 갖는 수열이다.

따라서 ( )$= \dfrac{4 \times 6}{4+7} = \dfrac{24}{11}$이다.

16 정답 ⑤

나열된 수를 각각 A, B, C라고 하면
$\underline{A\ B\ C} \rightarrow A \times B + 1 = C$이다.
따라서 ( )$= 5 \times 6 + 1 = 31$이다.

17 정답 ②

앞의 항에 0.1, 0.15, 0.2, 0.25 …을 더하는 수열이다.
따라서 ( )$= 1.1 + 0.3 = 1.4$이다.

18 정답 ②

나열된 수를 각각 A, B, C라고 하면
$\underline{A\ B\ C} \rightarrow A \times B - 1 = C$이다.
따라서 ( )$\times 5 - 1 = 19$이므로 ( )$= 4$이다.

19 정답 ③

앞의 항에 $\times 4$, $\div 2$을 번갈아 적용하는 수열이다.
따라서 ( )$= 48 \div 2 = 24$이다.

20 정답 ③

나열된 수를 각각 A, B, C라고 하면
$\underline{A\ B\ C} \rightarrow (A+C) \times 2 = B$이다.
따라서 ( )$= (2+4) \times 2 = 12$이다.

제3영역 수리

01	02	03	04	05	06	07	08	09	10
②	②	④	②	②	①	④	③	③	②
11	12	13	14	15	16	17	18	19	20
②	③	④	②	④	③	③	③	①	②

01 정답 ②

집으로 다시 돌아갈 때 거리 2.5km를 5km/h의 속력으로 걸었기 때문에 이때 걸린 시간은 $\dfrac{2.5}{5} = 0.5$시간(30분)이고, 회사로 자전거를 타고 출근하는 데 걸린 시간은 $\dfrac{5}{15} = \dfrac{20}{60}$ 시간(20분)이다.
따라서 총 50분이 소요되어 회사에 도착한 시각은 오전 7시 10분 +50분=오전 8시이다.

02 정답 ②

임원진 1명이 원탁의 아홉 자리 중 하나에 앉는 방법은 1가지이다. 다른 임원진 1명은 앉은 임원진의 왼쪽 혹은 오른쪽에 가까이 앉게 되므로 2가지이다. 외부 인사들끼리 일렬로 앉는 방법은 3!=6 가지이고 팀장들끼리 일렬로 앉는 방법은 4!=24가지이다.
따라서 모든 경우의 수는 $1 \times 2 \times 6 \times 24 = 288$가지이다.

03 정답 ④

욕조를 가득 채우는 데 필요한 물의 양을 1이라 하고, A관과 B관을 동시에 틀고 배수를 할 때 욕조가 가득 채워질 때까지 걸리는 시간을 x분이라고 하자.
A관에서 1분 동안 나오는 물의 양은 $\dfrac{1}{30}$, B관에서 1분 동안 나오는 물의 양은 $\dfrac{1}{40}$이고 1분 동안 배수되는 양은 $\dfrac{1}{20}$이다.
$\left(\dfrac{1}{30} + \dfrac{1}{40} - \dfrac{1}{20}\right)x = 1$
$\rightarrow \dfrac{1}{120}x = 1$
$\therefore x = 120$
따라서 욕조를 가득 채우는 데 120분이 걸린다.

04 정답 ②

A의 집과 B의 집 사이의 거리를 $x$km, A의 집에서 전시회장 주차장까지 걸린 시간을 y시간이라고 하자.
A의 집과 B의 집 사이의 거리와 B의 집에서 전시회장 주차장까지의 거리를 구하면 다음과 같다.
$70 \times \left(y + \dfrac{30}{60}\right) - 55 \times y = x \cdots \bigcirc$

$$70 \times \left(y + \frac{30}{60}\right) = 49\text{km}$$

$$\rightarrow \ y + \frac{30}{60} = \frac{49}{70}$$

$$\rightarrow \ y + 0.5 = 0.7$$

$$\therefore \ y = 0.2$$

y는 0.2시간이고, ㉠에 y를 대입하여 x를 구하면 $49 - 55 \times 0.2 = 38$이다.

따라서 A의 집과 B의 집 사이의 거리는 38km이다.

05 정답 ②

A가 이긴 횟수를 x회, B가 이긴 횟수를 y회라고 하면 다음과 같은 식이 성립한다.

$2x - y = 11 \cdots$ ㉠

$2y - x = 2 \rightarrow x = 2y - 2 \cdots$ ㉡

㉠과 ㉡을 연립하면 다음과 같다.

$\therefore \ x = 8, \ y = 5$

따라서 A가 이긴 횟수는 8번이다.

06 정답 ①

더 넣은 소금의 양을 $x\text{g}$라고 하면 다음과 같다.

농도 12%의 소금물에 들어있는 소금의 양은

$$500 \times \frac{8}{100} + x = (500 + x) \times \frac{12}{100}$$ 이다.

$$\therefore \ x = \frac{250}{11}\text{g}$$

따라서 더 넣은 소금의 양은 $\frac{250}{11}\text{g}$이다.

07 정답 ④

각 팀은 3명씩 구성된다. 부장과 과장이 같은 팀일 경우, 나머지 4명 중 팀원으로 남자 대리를 뽑을 확률은 25%이다. 부장과 과장이 다른 팀일 경우, 팀을 나누는 전체 경우의 수는 $_4C_2 \times _2C_2 \times \frac{1}{2!} \times 2 = 6$가지이고, 그중 부장과 남자 대리가 같은 팀일 경우는 3가지이다.

따라서 구하는 확률은 $0.3 \times 0.25 + 0.7 \times 0.5 = 0.425$, 42.5%이다.

08 정답 ③

곡물별 2021년과 2022년의 소비량 변화는 다음과 같다.

• 소맥 : | 680 − 697 | = 17백만 톤

• 옥수수 : | 860 − 880 | = 20백만 톤

• 대두 : | 240 − 237 | = 3백만 톤

따라서 소비량의 변화가 가장 작은 곡물은 대두이다.

① 제시된 자료를 통해 확인할 수 있다.

② 제시된 자료를 통해 2023년에 모든 곡물의 생산량과 소비량이 다른 해에 비해 많았음을 알 수 있다.

④ • 2021년 전체 곡물 생산량 : 695 + 885 + 240 = 1,820백만 톤

• 2023년 전체 곡물 생산량 : 750 + 950 + 260 = 1,960백만 톤

따라서 2021년과 2023년의 전체 곡물 생산량의 차이는 1,960 − 1,820 = 140백만 톤이다.

⑤ 2023년의 곡물별 생산량 대비 소비량의 비중을 구하면 다음과 같다.

• 소맥 : $\frac{735}{750} \times 100 = 98\%$

• 옥수수 : $\frac{912}{950} \times 100 = 96\%$

• 대두 : $\frac{247}{260} \times 100 = 95\%$

따라서 2023년에 생산량 대비 소비량의 비중이 가장 낮았던 곡물은 대두이다.

09 정답 ③

남자의 소설 대여 횟수는 690회이고, 여자의 소설 대여 횟수는 1,060회이므로 $\frac{690}{1,060} \times 100 = 65\%$이다.

① 소설 전체 합계는 1,750회, 비소설 전체 합계는 1,620회이므로 옳다.

② 40세 미만 전체 합계는 1,950회, 40세 이상 전체 합계는 1,420회이므로 옳다.

④ 40세 미만의 전체 대여 수는 1,950회이고, 그중 비소설 대여는 900회이므로 $\frac{900}{1,950} \times 100 = 46.1\%$이다.

⑤ 40세 이상의 전체 대여 수는 1,420회이고, 그중 소설 대여는 700회이므로 $\frac{700}{1,420} \times 100 = 49.3\%$이다.

10 정답 ②

$$\frac{(\text{대학졸업자 중 취업자})}{(\text{전체 대학졸업자})} \times 100 = (\text{대학졸업자 취업률}) \times (\text{대학졸업자의 경제활동인구 비중}) \times \frac{1}{100}$$

따라서 OECD 평균은 $50 \times 40 \times \frac{1}{100} = 20\%$이고, 이보다 높은 국가는 B, C, E, F, G, H이다.

11
정답 ②

2명씩 짝을 지어 한 그룹으로 보고 원탁에 앉는 방법은 원순열 공식 $(n-1)!$를 이용한다. 2명씩 세 그룹이므로 $(3-1)!=2\times1=2$가지이다. 또한 그룹 내에서 2명이 자리를 바꿔 앉을 수 있는 경우는 2가지씩이다.

따라서 6명이 원탁에 앉을 수 있는 방법은 $2\times2\times2\times2=16$가지이다.

12
정답 ③

1974 ~ 2014년 동안 65세 연령의 성별 기대여명과 OECD 평균 기대여명과의 연도별 격차는 다음과 같다.

• 남성
 - 1974년 : $12.7-10.2=2.5$년
 - 1994년 : $14.7-13.4=1.3$년
 - 2014년 : $16.3-15.5=0.8$년
• 여성
 - 1974년 : $15.6-14.9=0.7$년
 - 1994년 : $18.4-17.5=0.9$년
 - 2014년 : $19.8-19.6=0.2$년

따라서 남성의 격차가 더 크므로 옳지 않은 설명이다.

오답분석
① 65세, 80세 여성의 기대여명은 2024년 이전까지 모두 OECD 평균보다 낮았으나, 2024년에 OECD 평균보다 모두 높아진 것을 확인할 수 있다.
② 연도별 80세 남성의 기대여명과 OECD 평균과의 격차는 다음과 같다.
 • 1974년 : $5.7-4.7=1.0$년
 • 1994년 : $6.6-6.1=0.5$년
 • 2014년 : $7.3-6.9=0.4$년
 • 2024년 : $8.3-8.0=0.3$년
 따라서 80세 남성의 기대여명은 1974 ~ 2024년 동안 OECD 평균과의 격차가 꾸준히 줄어들었다.
④ 연령별 및 연도별 남성의 기대여명보다 여성의 기대여명이 더 높은 것을 확인할 수 있다.
⑤ 한국의 2024년 80세 여성 기대여명의 1974년 대비 증가율은
 $\dfrac{10.1-6.4}{6.4}\times100≒57.8\%$이고, OECD 평균의 증가율은
 $\dfrac{10.0-6.6}{6.6}\times100≒51.5\%$이므로 옳은 설명이다.

13
정답 ④

2022년 출생아 수는 같은 해 사망자 수의 $\dfrac{438,420}{275,895}≒1.59$이며, 1.7배 미만이므로 옳지 않은 설명이다.

오답분석
① 출생아 수가 가장 많았던 해는 2022년이므로 옳은 설명이다.
② 표를 보면 사망자 수가 2021년부터 2024년까지 매년 전년대비 증가하고 있음을 알 수 있다.

③ 사망자 수가 가장 많은 2024년은 사망자 수가 285,534명이고, 가장 적은 2020년은 사망자 수가 266,257명으로, 두 연도의 사망자 수 차이는 $285,534-266,257=19,277$명으로 15,000명 이상이다.
⑤ 2021년 출생아 수는 2024년의 출생아 수보다
 $\dfrac{435,435-357,771}{357,771}≒22\%$ 더 많으므로 옳은 설명이다.

14
정답 ②

$(17+15+12+7+4)\div5=11$개소이다.

오답분석
① 2024년 전통사찰 지정등록 수는 2023년보다 증가했다.
③ 2018년 전년 대비 지정등록 감소 폭은 3개소, 2022년은 2개소이다.
④ 해당 자료만으로는 전통사찰 총 등록현황을 알 수 없다.
⑤ 전년도(2017년)에 비해 오히려 감소했다.

15
정답 ④

ㄷ. 2022 ~ 2024년 사망자 수는 1,850명 → 1,817명 → 1,558명으로 감소하고 있고, 부상자 수는 11,840명 → 12,956명 → 13,940명으로 증가하고 있다.
ㄹ. 각 연도의 검거율을 구하면 다음과 같다.
 • 2021년 : $\dfrac{12,606}{15,280}\times100=82.5\%$
 • 2022년 : $\dfrac{12,728}{14,800}\times100=86\%$
 • 2023년 : $\dfrac{13,667}{15,800}\times100=86.5\%$
 • 2024년 : $\dfrac{14,350}{16,400}\times100=87.5\%$
 따라서 검거율은 매년 높아지고 있다.

오답분석
ㄱ. 사고건수는 2022년까지 감소하다가 2023년부터 증가하고 있고, 검거 수는 매년 증가하고 있다.
ㄴ. 2022년과 2023년의 사망률 및 부상률은 다음과 같다.
 • 2022년 사망률 : $\dfrac{1,850}{14,800}\times100=12.5\%$
 • 2022년 부상률 : $\dfrac{11,840}{14,800}\times100=80\%$
 • 2023년 사망률 : $\dfrac{1,817}{15,800}\times100=11.5\%$
 • 2023년 부상률 : $\dfrac{12,956}{15,800}\times100=82\%$
 따라서 사망률은 2022년이 더 높지만 부상률은 2023년이 더 높다.

16 정답 ③

총지원자수에 대한 평균을 구하면 다음과 같다.

- (2017 · 2018년의 평균)$=\dfrac{826.9+806.9}{2}=816.9$만 명
- (2023 · 2024년의 평균)$=\dfrac{796.3+813.0}{2}=804.65$만 명

따라서 $816.9-804.65=12.25$만 명이다.

17 정답 ③

2019년부터 공정자산총액과 부채총액의 차를 순서대로 나열하면
952, 1,067, 1,383, 1,127, 1,864, 1,908억 원이다.
따라서 2024년이 가장 차이가 크다.

오답분석

① 2022년에는 자본총액이 전년 대비 감소했다.
② 직전 해에 비해 당기순이익이 가장 많이 증가한 해는 2023년이다.
④ 총액 규모가 가장 큰 것은 공정자산총액이다.
⑤ 2019년 ~ 2022년의 자본총액 중 자본금의 비율을 구하면 다음과 같다.

- 2019년 : $\dfrac{434}{952}\times100≒45.6\%$
- 2020년 : $\dfrac{481}{1,067}\times100≒45.1\%$
- 2021년 : $\dfrac{660}{1,383}\times100≒47.7\%$
- 2022년 : $\dfrac{700}{1,127}\times100≒62.1\%$

따라서 2020년에는 자본금의 비중이 감소했다.

18 정답 ③

A국과 F국을 비교해보면 참가선수는 A국이 더 많지만, 동메달 수는 F국이 더 많다.

오답분석

① 금메달은 F>A>E>B>D>C 순서로 많고 은메달은 C>D>B>E>A>F 순서로 많다.
② C국은 금메달을 획득하지 못했지만 획득한 메달 수는 149개로 가장 많다.
④ 참가선수와 메달 합계의 순위는 동일하다.
⑤ 참가선수가 가장 적은 국가는 F국으로 메달 합계는 6위이다.

19 정답 ①

볼펜 1타의 가격을 x원, A4용지 1박스의 가격을 y원이라고 하면 다음과 같은 식이 성립한다.
$3x+5y=90,300 \cdots ㉠$
$5x+7y=133,700 \cdots ㉡$
㉠과 ㉡을 연립하면 $x=9,100$, $y=12,600$이다.
A4용지 1박스에는 500매가 6묶음 들어있으므로 500매 1묶음의 가격은 $12,600÷6=2,100$원이다.
따라서 볼펜 1타와 A4용지 500매 가격의 합은 $9,100+2,100=11,200$원이다.

20 정답 ②

2023년과 2024년 총 매출액에 대한 비율의 차이가 가장 적은 것은 2023년과 2024년의 비율이 동일한 기타 영역이다.

오답분석

① 2024년 총매출액은 2,803억 원, 2023년 총매출액은 2,097억 원으로, 2024년 총매출액은 2023년 총매출액보다 706억 원 많다.
③ 음악(4.8 → 4.6), 애니메이션(12.6 → 9.7), 게임(56.1 → 51.4) 영역은 모두 2023년에 비해 2024년에 매출액 비중이 감소하였다.
④ 게임 영역은 2023년에 56.1, 2024년에 51.4로 매출액 비중이 50% 이상이다.
⑤ 전체 매출액이 2023년에 비해 2024년에 증가했으므로, 매출액 비중이 증가한 분야는 당연히 매출액이 증가했다. 음악, 애니메이션, 게임은 매출액 비중이 감소했지만, 증가한 매출액으로 계산하면 매출액 자체는 증가했음을 알 수 있다. 따라서 모든 분야에서 2023년보다 2024년 매출액이 더 많다.

01	02	03	04	05	06	07	08	09	10	11	12	13	14	15					
②	③	⑤	③	①	⑤	①	②	③	④	①	③	④	⑤	②					

01
정답 ②

A : 시계 방향으로 도형 및 색상 한 칸 이동
B : 색 반전
C : 도형 및 색상 좌우 위치 변경

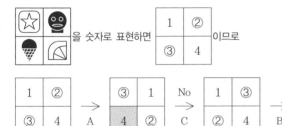

02
정답 ③

A : 색 반전
B : 시계 반대 방향으로 도형 및 색상 한 칸 이동
C : 도형 및 색상 상하 위치 변경

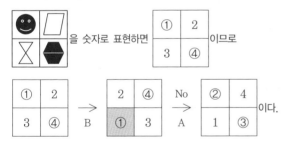

03
정답 ⑤

A : 색 반전
B : 시계 반대 방향으로 도형 및 색상 한 칸 이동
C : 도형 및 색상 상하 위치 변경

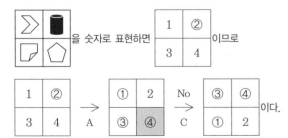

04

A : 대각 방향으로 도형 및 색상 변경
B : 시계 반대 방향으로 도형 및 색상 한 칸 이동
C : 도형만 좌우 위치 변경

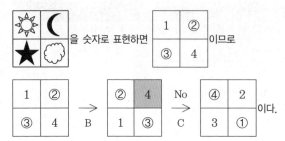

05

정답 ①

A : 대각 방향으로 도형 및 색상 변경
B : 시계 반대 방향으로 도형 및 색상 한 칸 이동
C : 도형만 좌우 위치 변경

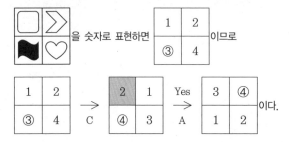

06

정답 ⑤

A : 도형 및 색상 좌우 위치 변경
B : 대각 방향으로 도형 및 색상 변경
C : 시계 방향으로 도형만 한 칸 이동

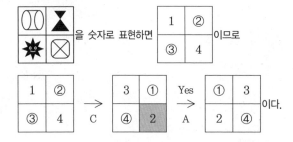

07

A : 도형 및 색상 좌우 위치 변경
B : 대각 방향으로 도형 및 색상 변경
C : 시계 방향으로 도형만 한 칸 이동

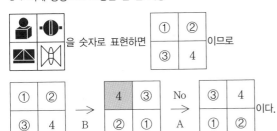

①	②
③	4

이므로

이다.

08

A : 시계 방향으로 한 칸 이동

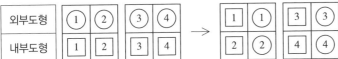

B : 오른쪽 내부도형 및 오른쪽 외부도형 위치 변경

C : 시계 반대 방향으로 한 칸 이동

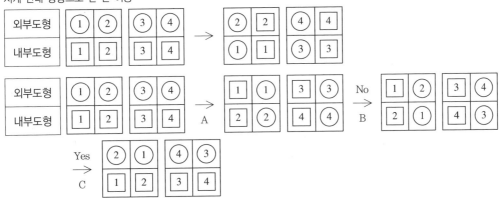

09

정답 ③

A : 시계 방향으로 한 칸 이동

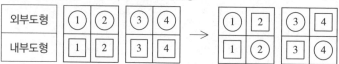

B : 오른쪽 내부도형 및 오른쪽 외부도형 위치 변경

C : 시계 반대 방향으로 한 칸 이동

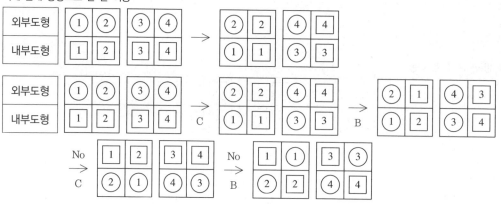

10

정답 ④

A : 왼쪽 외부도형 및 왼쪽 내부도형 위치 변경

B : 시계 방향으로 한 칸 이동

C : 오른쪽 외부도형 및 왼쪽 내부도형 위치 변경

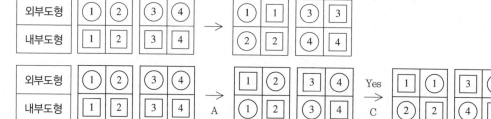

11

A : 왼쪽 외부도형 및 왼쪽 내부도형 위치 변경

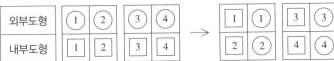

B : 시계 방향으로 한 칸 이동

C : 오른쪽 외부도형 및 왼쪽 내부도형 위치 변경

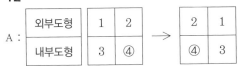

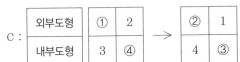

12

A :

외부도형	1	2		2	1
내부도형	3	④	→	④	3

B :

외부도형	1	2		①	②
내부도형	3	④	→	3	④

C :

외부도형	①	2		②	1
내부도형	3	④	→	4	③

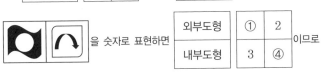 을 숫자로 표현하면

외부도형	①	2
내부도형	3	④

이므로

 이다.

13

정답 ④

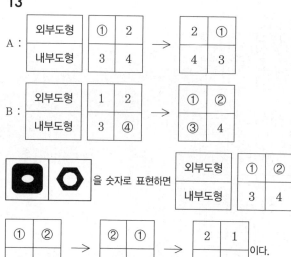

A :

외부도형	①	2
내부도형	3	4

→

2	①
4	3

B :

외부도형	1	2
내부도형	3	④

→

①	②
③	4

■● ⬡ 을 숫자로 표현하면

외부도형	①	②
내부도형	3	4

이므로

①	②
3	4

→ A

②	①
4	3

→ B

2	1
④	③

이다.

14

정답 ⑤

A :

외부도형	1	2
내부도형	3	④

→

①	②
③	4

B :

외부도형	①	2
내부도형	3	4

→

2	①
4	3

◇⬡ ♥● 을 숫자로 표현하면

외부도형	①	2
내부도형	3	④

이므로

①	2
3	④

→ A

1	②
③	4

→ B

②	1
4	③

이다.

15

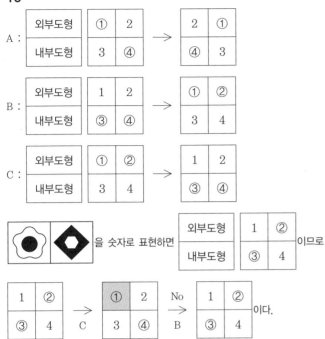

A :

외부도형	①	2
내부도형	3	④

→

2	①
④	3

B :

외부도형	1	2
내부도형	③	④

→

①	②
3	4

C :

외부도형	①	②
내부도형	3	4

→

1	2
③	④

을 숫자로 표현하면

외부도형	1	②
내부도형	③	4

이므로

1	②
③	4

→
C

①	2
3	④

No
→
B

1	②
③	4

이다.

합격의공식
시대
에듀

www.sdedu.co.kr

2025 최신판 시대에듀 All-New 사이다 모의고사 KT그룹 온라인 종합적성검사

개정12판1쇄 발행	2025년 03월 20일 (인쇄 2025년 01월 23일)
초 판 발 행	2019년 04월 05일 (인쇄 2019년 03월 08일)
발 행 인	박영일
책 임 편 집	이해욱
편 저	SDC(Sidae Data Center)
편 집 진 행	안희선 · 정수현
표지디자인	하연주
편집디자인	최미림 · 고현준
발 행 처	(주)시대고시기획
출 판 등 록	제10-1521호
주 소	서울시 마포구 큰우물로 75 [도화동 538 성지 B/D] 9F
전 화	1600-3600
팩 스	02-701-8823
홈 페 이 지	www.sdedu.co.kr
I S B N	979-11-383-8703-3 (13320)
정 가	18,000원

사이다

사일 동안
이것만 풀면
다 합격!

KT그룹
온라인
종합적성검사